Hans Dieter Zimmermann

Der Wahnsinn des Jahrhunderts

Die Verantwortung der Schriftsteller in der Politik

Überlegungen zu Johannes R. Becher, Gottfried Benn, Ernst Bloch, Bert Brecht, Georg Büchner, Hans Magnus Enzensberger, Martin Heidegger, Heinrich Heine, Stephan Hermlin, Peter Huchel, Ernst Jünger, Heiner Müller, Friedrich Nietzsche, Hans Werner Richter, Rainer Maria Rilke und anderen

Verlag W. Kohlhammer
Stuttgart Berlin Köln

Die Deutsche Bibliothek – CIP-Einheitsaufnahme

Zimmermann, Hans Dieter:
Der Wahnsinn des Jahrhunderts : die Verantwortung der Schriftsteller in der Politik ; Überlegungen zu Johannes R. Becher, Gottfried Benn, Ernst Bloch, Bert Brecht, Georg Büchner, Hans Magnus Enzensberger, Martin Heidegger, Heinrich Heine, Stephan Hermlin, Peter Huchel, Ernst Jünger, Heiner Müller, Friedrich Nietzsche, Hans Werner Richter, Rainer Maria Rilke und anderen / Hans Dieter Zimmermann. – Stuttgart ; Berlin ; Köln : Kohlhammer, 1992
  ISBN 3-17-011908-7

Alle Rechte vorbehalten
© 1992 W. Kohlhammer GmbH
Stuttgart Berlin Köln
Verlagsort: Stuttgart
Umschlag: Studio 23
Gesamtherstellung:
W. Kohlhammer Druckerei GmbH + Co. Stuttgart
Printed in Germany

»Das einundzwanzigste Jahrhundert wird die Ära der persönlichen, besonnenen und kontrollierten Verantwortung sein. Das zwanzigste Jahrhundert war die Periode kollektiver Verbrechen und kollektiver Verantwortungslosigkeit (oder kollektiver Verantwortlichmachung). Daraus resultieren die meisten Verbrechen.
Jeglicher Wahnsinn des Jahrhunderts kam aus Büchern. Die Akteure des Geistes sind tatsächlich verantwortlich für das, was ihre Zeitgenossen anstellen.«

György Konrad

Hans Werner Richter gewidmet.

Inhalt

Vorwort 9
Die Verantwortungslosigkeit der Schöngeister 12
Der Dichter und die Partei: Stephan Hermlin 17
Der Dichter und die Marktwirtschaft: Hans Magnus Enzensberger 27
Johann Wolfgang Goethe über Napoleon und
Johannes R. Becher über Stalin 36
Die Ästhetisierung der Politik: Gottfried Benn 43
Genie und Dandy: die Vermischung theologischer und
ästhetischer Kategorien 52
Bohemien und Bourgeois: eine erfundene Feindschaft 60
Karl-Heinz Bohrer, Ernst Jünger und die Mainzelmännchen 66
Die Politisierung der Ästhetik: Bert Brecht 69
Werner Mittenzwei, Klaus-Detlef Müller und die Vernichtung
des Individuums 81
Heiner Müller: der preisgekrönte Terrorist 86
Vorbild Heine: der kritische Intellektuelle 97
Hans Werner Richter: Literatur und Politik in der BRD 105
Der Traum im Tellereisen: Peter Huchel in der DDR 119
Die herrschende Klasse in der Literatur 126
Die DDR als real existierende Utopie 132
Die Höhen der Philosophie und die Niederungen des Lebens: Ernst Bloch
und Martin Heidegger 139
Nietzsche und die Folgen: Warnung vor der deutschen Philosophie 146
Georg Büchner: eine Zwischenbilanz 152
Rainer Maria Rilke: die sanfte Moral des Poeten 157
Nachwort 166
Anmerkungen 167
Namensregister 173

Vorwort

Am Ende des Jahrhunderts blicken wir auf die Trümmer, auf das Meer von Blut und Tränen, das die totalitären Ideologien, die rechten und die linken, in Europa angerichtet haben. Da wird man doch einmal fragen dürfen, was denn der Anteil der publizistischen Wegbereiter und Mitläufer war. Etwa Bert Brechts zwiespältiges Verhältnis zum Stalinismus, über das seine Apologeten Jan Knopf und Klaus-Detlef Müller ein Denkverbot errichtet haben. Oder: Ernst Jüngers andauernder Faschismus, den seine Apologeten Karl-Heinz Bohrer und Martin Meyer mit schönen Worten hoffähig zu machen suchen.

Gottfried Benn windet sich in seiner autobiographischen Schrift »Doppelleben« von 1949, um nicht zugeben zu müssen, daß er einen kapitalen Fehler beging, als er 1933 den Nazis publizistische Schützenhilfe gab. Stephan Hermlin mag sich von seinen Hymnen auf Stalin nicht trennen, schrieb er dem Massenmörder doch nur aus Liebe, »nichts als Liebe« gab ihm die Verse in die Feder. Martin Heidegger hat sich nie öffentlich von seiner Parteinahme für Hitler distanziert, Ernst Bloch hat nie seine Lobreden auf Stalin zurückgenommen. In der Philosophie Blochs kommt der »Archipel Gulag« nicht vor, in der Philosophie Heideggers gibt es kein »Auschwitz«.

Die Männer des Wortes sind für ihre Worte nicht verantwortlich? Die Großen, die tiefer denken, besser formulieren, sensibler empfinden als die anderen, die Prominenten, die öffentliche Autoritäten darstellen und den anderen sagen, wo es lang geht, wollen selbst nicht nach ihren Maßstäben beurteilt werden.

Seit 250 Jahren, seit der Genie-Debatte des 18. Jahrhunderts, gelten die Dichter und Denker als eine besondere menschliche Spezies, als Titanen oder Halbgötter, jedenfalls überragen sie alle normalen Sterblichen. Sie beanspruchen das Recht, die andern zu kritisieren, entziehen sich selbst aber jeder Kritik; zumindest sind sie selten fähig zur Selbstkritik.

Martin Walser sympathisiert mal mit der DKP, der schwachsinnigsten Richtung des Marxismus, die es außerhalb des Ostblocks gab, mal verkündet er – ein paar Jahre später – deutsch-nationale Gefühle. Seine Leser nehmen ihn immer ernst. Hans Magnus Enzensberger empfiehlt mal die Revolution als einziges politisches Mittel, mal unterstützt er – ein paar Jahre später – in den maßgeblichen Blättern der Republik die herrschende Meinung. Kein Politiker würde solche Schwankungen ungestraft überstehen, die Dichter und Denker aber schaffen es mühelos.

Die Schriftsteller genießen anscheinend Narrenfreiheit. Sie fühlen sich frei von den sozialen Bedingungen, die sie bei den anderen konstatieren, sie fühlen sich an das, was sie sagen, nicht gebunden, verlangen aber von den anderen, daß sie sich danach richten. Sie erwarten jedenfalls immer öffentliche Aufmerksamkeit.

Die Illusion der Freiheit, der die Schriftsteller unterliegen, die sich in der Öffentlichkeit engagieren, hat der französische Soziologe Pierre Bourdieu dargelegt. Die Vertreter des »kulturellen Kapitals«, wie er sagt, unterliegen denselben Zwängen wie alle anderen in der Gesellschaft. Sie stehen unter einem starken Konkurrenzdruck, einmal gegenüber den Vertretern des »politischen« und des »ökonomischen Kapitals«, mit denen sie um Macht und Einfluß ringen, weshalb sie deren »natürliche« Gegner in der öffentlichen Auseinandersetzung sind. Zum andern im Konkurrenzkampf untereinander, geht es doch um den Einfluß auf den öffentlichen Diskurs, um die Herrschaft über die symbolische Gewalt, die bestimmt, was gedacht, gelesen, gesagt werden darf und soll.

In diesem doppelten Konkurrenzkampf berufen sich die Intellektuellen gerne auf Fußtruppen, die sie sonst ignorieren, auf das Volk oder auf die Arbeiterklasse, von denen sie nichts wissen, die ihnen als Mittel dienen, unliebsame Konkurrenten auszuschalten. Zu Zeiten Hitlers und Stalins ist das den Intellektuellen, die sich für die jeweilige Partei engagierten, aufs beste gelungen: ihre Gegner verschwanden in der Emigration oder in den Gefängnissen und Todeslagern, während sie die Posten in Akademien, Universitäten, Schriftstellerverbänden und Verlagen usurpierten. Bourdieu: »Sehr oft werden die Kämpfe innerhalb dieses Mikrokosmos der Intellektuellen mit den Kämpfen auf der gesamtgesellschaftlichen Ebene verwechselt, wird der Glaube genährt, als stünden die Auseinandersetzungen zwischen intellektuellen Außenseitern und bürgerlichen Intellektuellen zwangsläufig in engstem Zusammenhang mit den Auseinandersetzungen zwischen Proletariat und Bourgeoisie. Nicht selten nimmt man das den Intellektuellen auch ab. Sie selbst jedenfalls glauben es immer.«

Die Narrenfreiheit, die den Schriftstellern erlaubt, heute dies, morgen das zu sagen, aber immer recht zu behalten, ist das Erstaunlichste. Stephan Hermlin und Hans Magnus Enzensberger hatten anscheinend immer recht. Oder hat man irgendwo gelesen, daß sie sich der Fehler, der Irrtümer, gar der Schuld bezichtigten? Ihr öffentliches Ansehen erringen die Autoren mit dem Anspruch, besonders klug, besonders empfindsam, besonders gebildet zu sein. Würden sie Fehler eingestehen oder Irrtümer, denen normale Sterbliche genauso unterliegen wie sie, würden sie ihren Anspruch auf öffentliche Aufmerksamkeit aufgeben. Dummköpfe gibt es genug. Sie müßten sich zurückziehen: das ist das einzige, was sie wirklich fürchten.

Auf die Frage, wie die Leipziger Intellektuellen den Arbeiteraufstand vom 17. Juni 1953 diskutiert haben, meinte einmal Jan Robert Bloch: gar nicht. Ihre Interessen wären damals nicht berührt worden. Erst 1956, als es den ihren schlecht erging, wurden sie aufgerüttelt.

Nach dem verdienten Ende der DDR kann man ein Schulbeispiel aus dem soziologischen Lehrbuch studieren. Worum kümmern sich die zahlreichen Intellektuellen der ehemaligen DDR? Um die Verbrechen aus der stalinistischen

Anfangszeit, um die Tausende verscharrter Toten in den ehemaligen Nazi-Kzs? Um die Bespitzelung und systematische Unterdrückung der Bevölkerung? Um die Ausbeutung und Zerstörung der Natur? Um die kranken Kinder von Bitterfeld? Um die Arbeitslosen von Leipzig? Keineswegs! Um Ihre Pöstchen in Akademie und Schriftstellerverband bangen sie, um ihre kleinen Privilegien, die sie sich mühsam erkämpft haben, um ihre Professuren, die sie der Partei verdanken, um ihre Studienplätze, die sie durch jahrelangen Opportunismus errungen haben. Und die Intellektuellen im Westen Deutschlands? Mit gewisser Anteilnahme berichten sie vom Schicksal der Kollegen in den Fachbereichen der Universitäten. Das geht ihnen nahe. Die Hunderttausende von Arbeitslosen in der ehemaligen DDR sind ihnen dagegen nicht ein Wimpernzucken wert. Die sind weit weg. Nicht geographisch, sondern sozial.

Die Zeit der Illusionen ist vorbei. Die Zeit der Genies, die mit dem Gestus des Verkünders auftraten und dabei an ihre Karriere dachten, die den Ideologien verfielen, weil sie nach Heilswahrheiten suchten und einer wichtigen Rolle, die Zeit der selbsternannten Gralswächter ist vorüber. Sie sollte vorüber sein. Jan Robert Bloch über seinen Vater Ernst Bloch: wir sollten ihn aus dem Ghetto der Verehrung durch Kritik befreien. Zu der befreienden Kritik an unseren Dichtern und Denkern will dieser polemische Essay einen Beitrag leisten.

Polemischer Essay: damit meine ich, daß es sich hier nicht um eine philologische Arbeit handelt, wiewohl diese Arbeit auf philologischen Untersuchungen, nicht nur meinen eigenen, beruht. Polemischer Essay heißt, ich will einen Beitrag zur öffentlichen Diskussion bieten und diese Diskussion auch durch Provokationen befördern. Die vielen Opfer des Totalitarismus in unserem Jahrhundert sind wahrhaftig Grund genug zu Zorn und Empörung.

Ich beschäftige mich nicht erst seit dem Ende der DDR mit dem Verhältnis von Literatur und Politik. Meine Gespräche mit dem französischen Soziologen Pierre Bourdieu und mit dem deutschen Schriftsteller Hans Werner Richter waren für mich richtungsweisend, weshalb ich hier von Bourdieus Gedanken zur Rolle des Intellektuellen in der Gesellschaft ausgehe und das Gespräch mit Hans Werner Richter wiedergebe. Bourdieus Gedanken versuche ich durch eine historische Perspektive zu ergänzen: »Genie und Dandy«, »Bohemien und Bourgeois«, »der kritische Intellektuelle«. An Beispielen erörtere ich die Problematik; an Schriftstellern der Weimarer Republik: Gottfried Benn, Bert Brecht; an Schriftstellern der Nachkriegszeit: Hans Magnus Enzensberger, Stephan Hermlin, Ernst Jünger, Heiner Müller. Diese Kapitel stehen jeweils für sich und bieten zugleich das Anschauungsmaterial für die Überlegungen. Daß der Einfluß der Philosophen auf den öffentlichen Diskurs größer ist als der der Schriftsteller, ist mir bei diesen Überlegungen deutlich geworden: Bloch, Heidegger und der verhängnisvolle Nietzsche müssen deshalb in die Fragestellung einbezogen werden.

Ich widme das Buch Hans Werner Richter, nicht nur weil ich ihm und anderen Mitgliedern der Gruppe 47 viel verdanke – Peter Bichsel, Günter Grass, Walter Höllerer, Hans Mayer –, sondern auch weil ich seine Arbeit innerhalb und außerhalb der Gruppe 47 für vorbildlich halte.

Die Verantwortungslosigkeit der Schöngeister

Erstes Beispiel

Der Schriftsteller und Schauspieler Werner Schneyder berichtet von der Verfilmung einer Erzählung des Österreichers Thomas Bernhard, bei der er mitwirkte. Der Film wurde in einem Gefängnis gedreht, dem Ort der Handlung der Novelle. Schneyder: »Es war ein eher schwächlicher Text, nur, er stimmte mich auf eine merkwürdig perverse Weise auf das Ausgeschlossensein, das Eingegrenzt-, Eingesperrtsein ein, das mich erwarten sollte. Da wurde ein Häftling beschrieben, der in Isolation unter Männern, in diesem Leben zwischen Zelle, täglichem Rundgang, handwerklicher Dienstleistung, in dieser Szenerie von deformierenden Anstaltskleidern, grünen Wärtern und überdimensionierten Schlüsselbunden und Verriegelungen, in dieser Existenz zwischen Masturbation, sexueller Hilfestellung oder Vergewaltigung, in dieser unbeschreiblichen Verlorenheit eine Ordnung, eine Sicherheit, eine Lebensqualität entdeckte.

Der Häftling, das wollte der Dichter zweifelsfrei dem Leser nahebringen, hatte keine Möglichkeit, sich mit dem Leben draußen, also dem unter – wie man so sagt – frei lebenden Menschen zu arrangieren. Der Dichter bemühte zwar keine Begründungen, er beschrieb den Mann nicht, der dem Tag seiner Freilassung eher verdrossen und unwillig entgegenvegetierte, der Dichter unterstellte.«[1]

Werner Schneyder fiel es schwer, das Kunstprodukt in der Realität der Gefängniswelt unterzubringen. Die Realität, die Thomas Bernhard offensichtlich nicht bekannt war, diente nur als Kulisse für das Kunstwerk. Schließlich trat der Künstler selbst, der Dichter, auf die Szene. Schneyder: »Vor Drehbeginn sprach sich die Sensation herum. Der Dichter hatte den Besuch des Drehortes angesagt. Er kam. Er trug teuerste Jägerkleidung aus den Salons der Herrenreiter, machte einen aufgeräumten Eindruck, gab sich vor dem Team unverkrampft leutselig. Nichts hätte darauf hindeuten können, die dem Film zugrunde liegende Erzählung sei von diesem Menschen entweder verfaßt oder so gemeint.

Die Unvereinbarkeit dessen, was ich seit Tagen und Nächten mit mir austrug – dieser Kampf gegen die Faszination der Verlorenheit, des sich Ausschließens – und der boulevardesken Jovialität des Dichters brachte mich auf, ließ mich den Mann ohne Unterlaß beobachten.

So sah ich, wie er sich über den Anblick der Häftlinge aus dem obersten Trakt, deren Überzahl zwischen Raubmorden und Sexualmorden einzustufen war, freute. Wie er es genoß, dieses Ballett verspielten Lebens bewacht, zur Kunstproduktion kommandiert und zur Selbstdarstellung mißbraucht zu sehen. Es ging beim Dichter an den Rand einer sexeullen Erregung, als alle im Kreis zu gehen hatten und ein Wärterdarsteller dazu schrie.

Ich habe nie in meinem Leben einen Menschen gesehen, den die Katastrophe so amüsierte, der die Wehrlosigkeit vor seinem Kunstanspruch so masturbierend genoß.«[2]

Selten treffen Kunst und Wirklichkeit so hart aufeinander wie hier. Im Kunstwerk werden Elemente der Wirklichkeit neu geordnet zu einem neuen Ganzen, das so vorher nicht bestand. Dieses Neue sagt etwas anderes aus als die unmittelbar wahrgenommene Realität. So weit, so gut. Die obszöne Situation, die Schneyder schildert, ist erst dadurch entstanden, daß der Dichter oder der Regisseur den Film in der Realität eines Gefängnisses drehten, also die wirklichen Mörder als Schauspieler mißbrauchten, ihre tatsächlichen Taten und Leiden mißachtend, und den Zuschauer zum Voyeur erniedrigten. Daß der Dichter nichts anderes kennt als sein Werk, in dem er sich verwirklicht, wird man ihm schwerlich vorwerfen können. Auch hier entsteht die Obszönität erst dadurch, daß er einen moralischen Anspruch behauptet, wo er lediglich einen ästhetischen hat. Bernhard beschimpfte ja immerzu Gott und die Welt als verwerflich, womit er sich selbst als Richter aufwarf. In Wirklichkeit waren ihm aber Gott und die Welt herzlich gleichgültig, soweit sie nicht in seinen Kunstwerken verwertbar waren.

Die Verantwortungslosigkeit des Ästheten, der nur sich selbst kennt und sein Werk, kommt in der von Schneyder geschilderten Szene aufs schönste zum Ausdruck. Die Leser aber liegen dem bewunderten Dichter zu Füßen, fühlen mit ihm, nehmen Anteil an seinem Leid am Elend der Welt, das oft nichts anderes ist, als ein Leid am mangelnden Erfolg. Stellt der Erfolg sich ein, vermindert das Leid sich rasch. Die Leser aber halten an der eingeführten Konstellation fest. Wer sich nicht an diese hält, wem der Dichter – nicht das Werk! – höchst gleichgültig ist, auch dem wird eine Rolle in diesem Schauspiel zugeteilt: er verkörpert halt den Unverstand der Welt, an dem große Künstler allzu oft scheitern.

Zweites Beispiel

Am 9. November 1951 wurde der 21 Jahre alte Lyriker Horst Bienek, Theaterschüler am »Berliner Ensemble« Bert Brechts, in seinem Zimmer in Potsdam verhaftet: »Sie kamen / am Jahrestag der Revolution / als ich am Bettrand saß. . . . Wir haben einen Eilbrief für Bienek, sagten sie, / und als ich heraustrat, / rissen sie meine Arme nach vorn / und legten mir Handschellen an.«[3]

Der Freund Martin Gregor-Dellin erinnert sich: »In Ost-Berlin durfte sein Name nicht mehr genannt werden. Zweifel an seiner Schuld waren nicht erlaubt. In dem Amt, in dem er angestellt und nicht unbeliebt gewesen war, für die Tschesno, Korn, Koven, Goldschmidt, Gärtner-Scholle, Bagdahn, und wie sie alle hießen, waren die lila Wildlederschuhe, die er in West-Berlin gekauft und in Ost-Berlin getragen hatte, Beweis genug, daß er ein bezahlter Agent der Imperialisten und Kriegsbrandstifter war. Fragen nach ihm waren umsonst – oder schon gefährlich.«[4]

Die Freundin Christa Reinig über diese Zeit des »Aufbaus des Sozialismus« in der DDR: »In Potsdam gab es zwei Konzerne zur Beschaffung von Menschenmaterial, ein sowjetischer Konzern für die Deportation von Arbeitskräften nach Sibirien, den NKWD und den Staatssicherheitsdienst der DDR. Es galt herauszubekommen, in welchem Machtbereich sich Horst Bienek befand.«[5]

Bieneks Wirtin, Frau Schischkoff, hatte den Mut, bei der Staatssicherheit nachzufragen. Christa Reinig: »Es gab Leute, die ähnliches unternommen hatten wie Frau Schischkoff, sie hatten danach das Haus der Staatsicherheit nicht mehr verlassen dürfen. Aber der Beamte, den sie angesprochen hatte, tat nichts weiter, er herrschte sie an und forderte sie auf, das Haus zu verlassen. Das tat sie, langsam, millimeterweise verließ sie das Haus. Immer in der Gefahr, daß sie auf der Straße verhaftet und zurückgehalten würde.«

Christa Reinig: »Ein paar Jahre später kam die erste Karte, ein graues, mit Holzfasern durchwirktes Stück Papier mit einem Gedicht. Es war dieses Hinterbliebenen-Gefühl. Ein Mensch, der nicht wußte, ob er überleben würde, schickte uns sein letztes Gedicht.«[6]

Horst Bienek war zu 25 Jahren Zwangsarbeit verurteilt worden und in das berüchtigte Workuta nach Sibirien, in den »Archipel Gulag« verschleppt worden, einer von vielen. Das »Berliner Ensemble« hatte nach seiner Verhaftung einen Bittbrief für ihn verfaßt, den allerdings Bert Brecht nicht unterschrieb. So wurde er auch nicht abgesandt.

Hätte denn Brecht, der endlich sein eigenes Theater hatte, dieses Theater wegen eines jungen Burschen aufs Spiel setzen sollen? Hat Brecht uns nicht gelehrt, daß wir kein Mitleid mit Einzelnen haben sollen, weil das eh zu nichts führt? Hat er uns nicht gelehrt, daß wir statt dessen die Welt als Ganzes verändern sollen, denn »sie braucht es«? War es da nicht richtig, daß er mit Hilfe seines Theaters die Welt als Ganzes zu verändern suchte, als daß er einem Theaterschüler zu helfen suchte, einem von vielen, dem wahrscheinlich sowieso nicht zu helfen war?

Brecht hatte schon in den dreißiger Jahren für seine berühmten Freunde keinen Finger gerührt, als sie in den KZs Stalins für immer verschwanden: Carola Neher, Sergej Tretjakov etwa. Warum sollte er jetzt für einen Unbekannten etwas tun?

Brecht dachte an seine Arbeit, an sein Theater, an sich. Wer will ihm das vorwerfen? Hätte er nur nicht immer von Gesellschaftskritik gesprochen, von den Lehren der »Klassiker«, hätte er sich nur nicht immer als unser Lehrmeister in allen Fragen des gesellschaftlichen Lebens aufgespielt. Hätte er nur zugegeben, daß es ihm nie um etwas anderes ging als um sich und sein Werk. Und daß dies Gerede von der Veränderung der Welt zu diesem Werk gehörte, eine rhetorische Geste, die den ästhetischen Reiz des Werkes erhöhte. Hätte er nur zugegeben, daß er nie etwas anderes war als ein Artist in der Zirkuskuppel, dem es ziemlich gleichgültig war, was unten in der Arena geschah, solange er seinen Platz auf dem Trapez nicht verlor.

Drittes Beispiel

Im Dezember 1969 explodierte in der Mailänder Banca di Agricoltura nahe dem Dom eine Bombe, die 17 Menschen tötete und viele verletzte. Wenige Tage nach dem Attentat wurden zwei Mailänder Anarchisten als Verdächtige festgenommen. Während eines Verhörs sprang der eine, Giuseppe Pinelli, aus dem vierten Stock des Polizeipräsidiums und starb. Die Öffentlichkeit war wenig empört, nahm sie doch an, daß Pinelli einer der Bombenleger gewesen sei. Nur die linksradikale Organisation »Lotta continua« widersetzte sich diesem Verdacht. Sie nahm an, was sich später auch als höchst wahrscheinlich erwies, daß Rechtsradikale die Bombe gelegt hatten. »Lotta continua« entfachte dafür eine Campagne gegen den Polizei-Kommissar Luigi Calabresi, der an dem Verhör mit Pinelli beteiligt gewesen war. Immer wieder stellte sie ihn als den Mörder Pinellis hin.

Am 17. Mai 1972 wurde Calabresi auf offener Straße erschossen. Es war der erste politische Mord im Nachkriegs-Italien, der offensichtlich von Linken begangen worden war. Es folgten ihm weitere durch die »Brigate rosse«, die danach ihre Tätigkeit begannen. Der Mord an Kommissar Calabresi wurde in der Tageszeitung von »Lotta continua« als Tat »proletarischer Gerechtigkeit« dargestellt. Der Mord wurde nicht aufgeklärt.

Im Jahre 1988 meldete sich ein ambulanter Crêpe-Verkäufer, Leonardo Marino, bei der Polizei und bezichtigte sich der Tat. Verhaftet wurden daraufhin vier ehemalige Mitglieder von »Lotta continua«: neben Marino noch Giorgio Pietrostefani, einst Führungskader, nun Manager einer Firma, Ovidio Bompressi, früher Journalist, nun arbeitslos, und Adriano Sofri, früher Führungskader, nun Dozent an der Akademie der schönen Künste in Florenz.

Die Anklage: im Spätherbst 1971 hatte die Leitung von »Lotta continua« beschlossen, Calabresi zu ermorden, nicht zuletzt, um die entstehende Konkurrenz der »Brigate rosse« an Radikalität zu übertreffen. Auftraggeber waren die beiden Intellektuellen Sofri und Pietrostefani, Ausführende waren die beiden Arbeiter Bompressi als Schütze und Marino als Fahrer.

In der Hoffnung, dem bekannten Dozenten Sofri einen Dienst zu erweisen, versuchten einige Intellektuelle, Marinos Glaubwürdigkeit in Zweifel zu ziehen. Der Arbeiter, der ihnen 1968 ff. noch als Teil der Arbeiterklasse höchst willkommen gewesen war, wurde nun als gescheiterte Existenz dargestellt, der seine Mitstreiter aus Neid ans Messer lieferte. Marino wurde verdächtigt, die Gebildeten dagegen rein gewaschen. Feine Leute tun so etwas nicht, aber den kleinen Leuten traut man alles zu.

Im August 1988 veröffentlichte die Zeitschrift »Europeo« eine Erklärung aus dem Jahre 1971, die von etwa fünfzig Intellektuellen damals unterzeichnet worden war, u. a. von Natalia Ginzburg, Domenico Porzio, Carlo Argan, Salvatore Samperi, Umberto Eco. In der Erklärung wandten sich die Unterzeichner gegen die Staatsanwaltschaft und traten für »Lotta continua« ein: »Wenn die von Ihnen beschuldigten Bürger erklären, die Unternehmer seien Diebe und es sei gerecht, ihnen wieder abzunehmen, was sie geraubt haben, dann erklären wir, daß wir derselben Ansicht sind. Wenn sie rufen »Klassenkampf! Bewaffnen wir die Massen!«, dann rufen wir es mit ihnen. Wenn sie sich für den täglichen

Kampf engagieren, einen Kampf, den sie mit der Waffe in der Hand gegen diesen Staat führen, bis zur Befreiung von der Herrschaft der Unternehmer und zur Abschaffung der Ausbeutung, dann stehen wir auch darin auf ihrer Seite.«[7]

Siebzehn Jahre später und nach der Verhaftung von Sofri, Pietrostefani, Bompressi und Marino fragte die Redaktion von »Europeo« einige der Unterzeichner nach ihrer jetzigen Sicht der Dinge. Argan: »Ich erinnere mich an nichts. Ich habe die Erklärung unterschrieben. Ich will mich nicht mehr dazu äußern.« Natalia Ginzburg: »Ich verstehe nicht, was Sie von mir wollen. Ich habe keine Erklärung abzugeben.« Domenico Porzi, der 45 Jahre alt war, als er die Erklärung unterschrieb: »Wir waren damals alle jung und entfesselt.« Salvatore Samperi: »Jeder hat das Recht zu der Meinung, es ist an der Zeit, zu den Waffen zu greifen, ohne daß das heißt, er müsse es selbst auch tun.«

Thomas Schmid, der diesen Fall darstellte, schreibt dazu:

»Intellektuelle haben sich gerne und oft als Insel der Wahrheit im Meer der Lüge gesehen. Sie haben, auf welchen Wegen auch immer, eine Position in der Gesellschaft über der Gesellschaft erobert. Sie waren, wie alle anderen auch, an vielen Torheiten und einigen Verbrechen beteiligt. Es ist kein Zufall, daß viele von ihnen fast im zeitlichen Gleichschritt mit dem Ende des diesseitigen Jenseits, des Sozialismus, eilig alles Präzeptorengehabe ablegen, wie du und ich daherkommen und ganz professionell erklären, sie seien in der Diskursbranche tätig. So reden Bankrotteure beim Aufbau der nächsten Firma.

Ich hänge lieber der altmodischen Ansicht an, daß die Erzeuger und Betreiber von Diskursen eine gewisse Verantwortung für ihre Produkte haben und in der Kunst bewandert sein sollten, die Diskurse von heute auf die von gestern zu beziehen und den – notwendig diskontinuierlichen – Fluß der Rede nicht abbrechen zu lassen.«[8]

Der Dichter und die Partei: Stephan Hermlin

»Ich habe in den Jahren des Friedens, manchmal mit Scham, daran gedacht, wie ich kurz nach dem Krieg meinen Landsleuten oft fordernd und selbstgerecht gegenübergetreten war. Ich hatte aber mit Recht von ihnen verlangt, eine Wahrheit zu erkennen, die fast nichts übrig ließ von dem, was ihnen teuer war. Diese Bürde zu tragen, waren nur wenige imstande. Die meisten retteten sich in unverbindliches Bedauern, in Verkleinerung, in Schweigen. Ich begriff erst allmählich, daß es über die Kraft der meisten geht, anders, andere zu werden. Es tat mir leid um diese Meisten. Oft dachte ich an das Wort des jungen Karl Marx, das etwa lautet: »Das Volk, das sich wirklich zu schämen vermag, gleicht dem Löwen, der sich zum Sprung in sich selber zurückzieht.««[9]

Das schreibt Stephan Hermlin 1975 in seiner Rede »Mein Friede«, die 1980 in einem Sammelband mit Aufsätzen und Reden abgedruckt wurde. In einem Gespräch mit der Herausgeberin dieses Bandes, Ulla Hahn, wendet Hermlin diese Aussage fast gegen sich selbst. Ulla Hahn hält ihm einen Artikel von 1949 vor, in dem er u. a. behauptete, der russische Dichter Ossip Mandel'štam sei in einem idyllischen Dorf auf der Krim gestorben, »wo er schon lange lebte«. In Wirklichkeit ist Mandel'štam in einem KZ Stalins nach jahrelanger Qual gestorben. Hermlin dazu 1980: »Ich war schlecht informiert, weil ich schlecht informiert sein wollte.«[10]

Hermlins Haltung den deutschen Nazis gegenüber, denen er nach dem Krieg begegnete – wie er im zitierten Passus umreißt –, ähnelt meiner Haltung ihm gegenüber und anderen Parteigenossen in der DDR: eine gewisse Selbstgerechtigkeit dessen, der in anderen Verhältnissen groß wurde, ist nicht ganz zu vermeiden, wenn man »mit Recht von ihnen verlangt, eine Wahrheit zu erkennen, die fast nichts übrig« läßt »von dem, was ihnen teuer war«.

Denn es ist fast alles falsch, dem sie in der DDR anhingen, wenn sie es auch nicht erkannten, weil sie es nicht erkennen wollten, ja schlimmer noch, sie haben selber einen tüchtigen Beitrag zur Verfälschung der Wirklichkeit geleistet, als Propagandisten eines verbrecherischen Systems. Es geht mir hier nicht um die Person von Stephan Hermlin, nicht einmal um sein Werk, von dem ich vermute, daß nur wenig von ihm übrig bleiben wird, so wie nur wenig von der DDR bleiben wird, der es entstammt. Seiner bemerkenswertesten Arbeit, der autobiographischen Schrift »Abendlicht«, fehlt bei all ihrer poetischen Schönheit die Entschiedenheit der Selbsterkenntnis.

Es geht mir hier nicht um Leben und Werk Stephan Hermlins, sondern um die Einsicht, die wir an seinem Leben und Werk gewinnen können: Wie konnten begabte Schriftsteller wie Hermlin so lange so bedingungslos diesem verlogenen Regime folgen, auch dann noch, als sie einzusehen begannen, daß es verlogen war? Aus dieser Einsicht, so hoffe ich, können wir etwas über uns und unsere Geschichte lernen, von dem wir auch für die Zukunft profitieren. Das ist mir Rechtfertigung genug, in Stephan Hermlins »unbewältigter Vergangenheit« herumzustochern. Bei den Schriftstellern ist das leichter als bei den anderen Zeitgenossen, weil sie ihre Ansichten veröffentlicht haben und diese Veröffentlichungen in Bibliotheken zugänglich sind. Auch entlegene Texte wie Hermlins »Mansfelder Oratorium« kann man mit einiger Mühe erhalten und sogar das siebenseitige Gedicht Hermlins auf Stalin, das nicht in den »Gesammelten Gedichten« enthalten ist, die 1979 zunächst bei Hanser in München und 1982 bei Fischer in Frankfurt am Main als Taschenbuch erschienen.

In seiner autobiographischen Schrift »Abendlicht« erzählt Hermlin, wie er, Sohn aus kultiviertem großbürgerlichen Hause, als Gymnasiast der kommunistischen Bewegung mit seiner Unterschrift beitrat. An dieser Unterschrift hielt er sein Leben lang fest, als ob sie ihm die Kontinuität in seinem Leben verbürgte. Dies ist erstaunlich, überblickt man sein Werk, auch seine Reden und Aufsätze: sein ununterbrochenes Bemühen, Realität und Fiktion zusammenzubringen, die Realität eines verlogenen Systems mit der Fiktion einer neuen, allen bisherigen Systemen überlegenen Gesellschaft. An der Fiktion hält er bis zum Schluß fest. Heute ist er Mitglied der SED-Nachfolge-Partei PDS. Alle Fehler und Verbrechen – in seinen Schriften ist nie von Verbrechen, immer nur von Fehlern und Irrtümern die Rede, wenn überhaupt – hinderten ihn nicht, an der Partei festzuhalten. Den Riß zwischen Realität und Ideal versuchte er immer zu übersehen, zunächst indem er ihn nicht wahrnehmen wollte, dann indem er ihn verkleinerte. Die reale Misere ließ er nie so deutlich hervortreten, daß sie sein Ideal zerstört und Konsequenzen von ihm verlangt hätte – ein individualpsychologisches und ein literatursoziologisches Phänomen.

Individualpsychologisch: Anscheinend kann er seine Identität nur wahren, indem er eine weitgehende Übereinstimmung zwischen sich und der Partei und zwischen dem Ideal der Partei und der Realität der Partei behauptet. Wie tiefgreifend sein Bündnis mit der Partei ist, die seinem Leben einen fast religiösen Halt und Inhalt gibt, werde ich an seinen Gedichten zeigen.

Literatursoziologisch: Als Mitglied einer Staatspartei, die jede, auch die geringste Abweichung mit Sanktionen bestrafte, partizipierte er an der Macht der Partei, die ihm Privilegien gewährte. Der Verlust der Mitgliedschaft in der Partei, im Schriftstellerverband, in der Akademie der Künste hätte Publikationsverbot, Verlust des Einkommens, des Hauses, hätte Isolation und Armut bedeutet. An abschreckenden Beispielen fehlte es ihm nicht: von Erich Loest, Walter Janka und Peter Huchel bis hin zu all denen, die aus der DDR in die Bundesrepublik abgeschoben wurden.

Die Einsicht, sich grundlegend geirrt zu haben, hätte für ihn enorme Folgen gehabt: psychische und existentielle. So war der Kraftaufwand zur Verschönerung der Realität geringer, als der Kraftaufwand zu Kritik und Selbstkritik gewesen wäre. Auch in dem schönen Text »Abendlicht« ist an entscheidenden Stellen die Verschönerungsarbeit spürbar. Das Unbehagen spricht am deutlichsten aus den Traumpassagen, die jedoch derart verschlüsselt sind, daß niemand sich betroffen fühlen muß, Hermlin also auch nicht mit Konsequenzen rechnen muß. Die klare Entschiedenheit, mit der er gegen den Krieg und gegen den Faschismus Stellung nimmt, fehlt ganz und gar, wenn es um den Stalinismus geht.

»Oft habe ich mich später fragen müssen, aus welchem Grunde ich an dieser Unterschrift auf einem unansehnlichen Zettel festhielt, als ich um mich so viele sah, die ihre Unterschrift widerrufen oder einfach vergessen hatten. Auch ich lernte Augenblicke kennen, in denen eine Stimme, die sich wie die Stimme der Vernunft anhörte, mir zuredete, könne denn diese Unterschrift noch gelten, in der ein später so oft enttäuschter guter Wille gelegen habe, sei ich, könne ich überhaupt noch derselbe sein, der damals unterschrieben hatte. Aber eine andere Stimme erhob sich hartnäckig gegen die erste: Der Kampf der Unterdrückten sei der Kampf der Unterdrückten, auch wenn neuerlich Hoffart und Dünkel, Verachtung und Beharren im Irrtum sichtbar würden, der Kampf führe zu neuen Bedrückungen, selbst zu Untaten, er dauere ewig, aber er trage auch das edle Siegel des Strebens nach Menschlichkeit, nach Freiheit und Gleichheit für alle. Gleichzeitig empfand ich, daß ich das Beste in mir aufgeben mußte, wenn ich je meine Unterschrift, die ich um die Mittagszeit eines beliebigen Tages in einer beliebigen Berliner Straße geleistet hatte, als nicht mehr gültig betrachten würde.«[11]

Gerade das Beste, das er wollte, als er seine Unterschrift gab, verriet er späterhin, als er an der Unterschrift eigenwillig festhielt. Solange er im Widerstand gegen die Nazis stand, solange hielt er am Ziel fest, den Unterdrückten zu helfen. In dem Augenblick, in dem seine Partei zur Staatspartei wurde und den Anweisungen Stalins gemäß ein verbrecherisches System aufbaute, wechselte er die Seiten: Von den Unterdrückten lief er zu den Unterdrückern über. Die Rechtfertigung seiner weiteren Arbeit in der Partei und für die Partei bezog er aber immer noch aus der vorangegangenen Phase, in der auf seiten der Unterdrückten war. Der »Antifaschismus« war ja auch die Legitimation der SED, insofern ist hier Hermlin mit seiner Partei wieder aufs engste verbunden. Genügte die Vergangenheit als Rechtfertigung nicht, wies man auf die Bundesrepublik als angeblichen Nachfolge-Staat der Nazis hin, was auch Hermlin in etlichen Aufsätzen und Artikeln getan hat. So mußte man sich mit den eigenen politischen Schwierigkeiten nicht befassen, man wies mit dem Finger auf die der anderen.

In seinen Aufsätzen zur Bundesrepublik ist Hermlin politischer Publizist, dort nennt er ehemalige Nazis beim Namen. In seinen Reden und Aufsätzen zur DDR, etwa der Rede zum V. Schriftstellerkongreß vom Mai 1961, ist er Künstler und nichts als Künstler, so daß er nur in einem kleinen, sorgsam abgemessenen Bereich ein wenig Kritik übt. Der Rest scheint in Ordnung. Würden Musil, Kafka, Kraus gedruckt, was er in dieser Rede mutig forderte – dazu brauchte es damals Mut! –, dann fehlte ihm in seiner DDR nichts mehr. Im übrigen verbreitete er hier die damals beliebte SED-Legende: Es fehlten halt die Devisen, sonst würde man Kafka und Musil schon drucken. Die Devisen waren natürlich da, aber für anderes.

Innerhalb der DDR hat Hermlin ab den sechziger Jahren in der Kulturpolitik eine liberalere Linie vertreten als die Partei-Funktionäre, vorsichtig zwar, aber immer wieder, so daß er auch in Schwierigkeiten kam. Ab 1963 trat er – wie seine Biographin Silvia Schlenstedt schreibt – »einige Zeit nahezu nicht mehr in Erscheinung«. Schlenstedt windet sich an dieser Stelle ihres Buches – mit einem Kratzfuß für Kultur-Chef Kurt Hager –, um die Schwierigkeiten Hermlins zu erklären und doch die Partei nicht zu provozieren. Auch das war 1985, als das Buch erschien, mutig.[12] Ich erspare mir das Zitat, das einem anderen Thema, dem Thema »DDR-Germanistik« angehört. Die Arbeit von Silvia Schlenstedt ist übrigens Hermlin gegenüber vollkommen unkritisch. Und vielleicht läßt sich daraus das Elend der DDR-Germanistik deutlicher noch ablesen als aus ihren gewundenen Sprüchen. Hermlin in »Abendlicht«: »Es gab Momente, zumal in Zeiten, in denen ich verantwortungsvolle, auch gefährliche Aufgaben zu bewältigen hatte, da ich mich als einen Verlorenen, einen Unwürdigen sah, dem es, im Gegensatz zu seinen Genossen, nicht gegeben war, die einfache, allgemeingültige Wahrheit zu erkennen und anzunehmen. Dies ereignete sich, während neue Exegeten am Werk waren, von denen jeder die anderen mit Verdammungen und neuerdachten Restriktionen zu übertreffen suchte. Die Kunst des Jahrhunderts wurde mehr und mehr zu einem Pfuhl der Verdammnis, die großen Namen der Literatur, der Musik, der Malerei stellten personifizierte Übel dar, drittrangige akademische Epigonen wurden zu Genies befördert, man suchte die Wurzel des Verhängnisses, schon hatte ein Eiferer sich soweit zurückgearbeitet, daß er Flaubert und Baudelaire für dekadent zu erklären vermochte. Theorien und Begriffe entstanden aus dem Nichts, sie waren nicht zu begründen, man tat so, als seien sie längst bewiesen, man sparte nicht am Gebrauch des Wortes »wissenschaftlich«, aber man war schon weiter, Strukturen waren entstanden, Vorlesungen, Seminare, Abteilungen, Zeitschriften, Kongresse, Akademien, Professoren lehrten und Studenten wurden Professoren, und vergeblich wartete man auf das Kind aus jenem Andersenschen Märchen, das den Ruf ausstößt: »Aber der Kaiser is ja nackt!««[13]

Diese entschiedene Aussage nimmt er im nächsten Absatz halb zurück: »Hier übertreibe ich«, fährt er nämlich fort, »Chimären« gäbe es noch, aber nur noch wenige. Also: nur nicht Anstoß erregen bei den jetzigen Potentaten? Jedenfalls hat er keine prinzipiellen Einwände, denn: »Die Regeneration der Arbeiterbewegung ist beträchtlich«, Konsequenzen braucht er also nicht zu ziehen. Er kann abwarten und hoffen: »Was mich noch einsam machte, würde Spätere zusammenschließen.«

Hermlin hat in seiner kulturpolitischen Position von dem großbürgerlichen Erbe seiner Familie gezehrt. Das, was ihn in der DDR über all die kleinen Parteidichter hinaushob, war gerade das, was er nicht der Partei verdankte, sondern dem Bürgertum, es war das, was er in die Partei mitbrachte und wovon er all die Jahre in der Partei zehrte. Die SED hat ja in vielen Fällen parasitär von dem gelebt, was sie übernommen hatte: Kultur, Städte, Wohnungen, Fabriken, Landschaft, bis sie alles völlig zerstört bzw. aufgezehrt hatte.

Wird Hermlin in Sachen Kulturpolitik relativ deutlich, so ist er in Sachen Stalin relativ zurückhaltend. Nur einmal fällt in »Abendlicht« der Name. Er berichtet, wie er erfahren habe, daß Kirow durch ein Attentat getötet worden sei und daraufhin Sinowjew, Kamenjew und andere verdiente Genossen verhaftet worden seien.[14] Er hielt sie damals für Verräter und Stalin für unbestechlich, der Hohn der Nazi-Blätter schien ihm Bestätigung genug. Hermlin beschreibt hier nur sein damaliges Verständnis der Ereignisse, nicht aber sein heutiges Wissen. Daß Kirow auf Befehl Stalins getötet wurde, damit er einen Vorwand hatte, die anderen auszuschalten und seine blutigen Säuberungsprozesse zu beginnen: kein Wort davon, wo doch der Text sonst zwischen den Zeit-Ebenen hin- und hergeht. Warum verschweigt er uns, wann seine Gutgläubigkeit beendet wurde? Wann wurde er mißtrauisch, wann erfuhr er die volle Wahrheit? Warum verschweigt er die 25 Millionen Opfer Stalins? Die Solidarität, die er mit den Opfern Hitlers zeigt, setzt aus bei den Opfern Stalins. Fühlt er sich mitschuldig?

Hermlins siebenseitiges Gedicht »Stalin« beginnt mit einer weihnachtlichen Szene: In einer kleinen Hütte wird der Welt der neue Erlöser geboren. Der Anklang an die Geburt Jesu im Stall zu Bethlehem ist offensichtlich beabsichtigt. Auch das Ereignis, das sich bei Hermlin vollzieht, hat kosmische Ausmaße. Stalins dornenvoller Weg vom Widerstand gegen den Zarismus, der Gründung der »Partei neuen Typs«, dem Sieg der Revolution bis zu seinem Triumph über fast die ganze Welt – wird hier in hohem Pathos besungen. Der Schluß als Beispiel:

> Im Gewölke der Blicke wie eine Schwinge gleitend
> Schaun wir durch Explosionen der Knospen die Stadt
> Überzogen von Völkern, sich selbst zum Siege geleitend,
> Von Propellern entführt und rauschendem Rad.
>
> Aus dem unendlichen Raunen von Inseln und Ländern
> Hebt das Entzücken sich mit seiner Botschaft dahin,
> Wo die Verheißungen leben und die Epochen verändern,
> Namenlos sich die Zeit endlich selbst nennt:
>
> Stalin[15]

Hermlin benutzt nicht nur in diesem Gesicht religiöse, vor allem christliche Terminologie, um den historischen Ereignissen, die er darstellt, die nötige Weihe zu geben. Er nimmt die Ereignisse nicht als geschichtliche Prozesse, sondern als übergeschichtliche Einbrüche eines Größeren in die Welt: Die Partei ist »das Licht aus dem Osten«, »der November« als Allegorie die verkörperte Zuversicht. Das historische Ereignis wird mit religiösen Vokabeln zum Mythos stilisiert.

Das ist schon oft gesagt worden: Der Marxismus sei eine Ersatz-Religion für viele und die Partei eine Ersatz-Kirche. Ich habe nirgends einen so deutlichen Beleg dafür gefunden wie in den Gedichten Hermlins. An seinen Texten ist abzulesen, wie der Poet die Partei zu einem mythologischen Wesen formt, das sich dem menschlichen Urteil entzieht. Das ist seine »Partei-Arbeit«. Einige Beispiele dafür.

Das erste Gedicht »Ebene« im Band »Gesammelte Gedichte« bringt nach einer Auftakt-Strophe sieben Strophen, in denen sowohl die Städte als auch das Land als ziemlich schrecklich ausgemalt werden. »Irrsinn«, »Wahnsinn«, »Entsetzen«, »Seuchen«, etc. beschreiben den Zustand, der herrschte, bevor sich der »Erlöser« zeigte. Denn in Strophe neun heißt es dann:

> Lang schon wollten wir die Legenden befragen,
> Wo dem Märtyrer sich die Erlösung zeigt.[16]

Die christliche Terminologie belegt wieder, um welch tiefgreifenden Vorgang es sich handelt. In den restlichen sieben Strophen offenbart sich dann der Erlöser. Sie beginnen: »Da beschlossen wir endlich, alles zu ändern.« Und sie enden:

> Auf den dröhnenden Feldern der Sang der Traktoren,
> Ebenen warteten riesig auf uns überall.
> Und der mächtige Tag im Osten geboren,
> Flog aus unserer Hand wie ein feuriger Ball.[17]

Es ist natürlich die Oktoberrevolution, die kommunistische Partei, die siegreich als »mächtiger Tag, im Osten geboren« erscheint. Der Messias ist gekommen: Eine neue Welt beginnt. Ex Oriente Lux.

Im folgenden Gedicht »Ballade von den weitschauenden Augen« tritt dann der klarblickende Führer der Partei auf: Er sieht dich überall, er sieht dich so intensiv an wie Christus auf einer russischen Ikone: »Jetzt gewahrst du das Antlitz, so klar und so ewig wie unsere Erde.«

Das kann doch nicht Stalin sein, denkt der einfühlsame Leser, bis ihn bei weiterer Lektüre die Zweifel langsam verlassen: Das kann nur Stalin sein, in dem der göttliche Weltgeist sich so offenbar verkörperte. Der hohe Ton ist von Hölderlin inspiriert, auf dessen Ode »Brod und Wein« in der 11. Strophe angespielt wird. Hölderlins Pathos galt auch einem Halbgott: dem entschwundenen Dionysos, in Andeutungen auch Christus, und der Hoffnung, daß einstmals ein Gott wiederkehre, denn laut Hölderlin leben wir jetzt in »dürftiger Zeit«. Bei Hermlin ist dieser »kommende Gott« erschienen, die dürftige Zeit hat ein Ende. Die vorletzte Strophe des Gedichts von 1940 lautet:

> Hoch ob dem ruhenden Roten Platz ist noch immer
> entzündet ein Licht
> (Über dem Geisterbild einstiger ständig erneuter Kolonnen,
> bereit
> Zum fruchtbringenden Werk, zur Zerschmetterung
> des Feindes). Und in dein Gesicht
> Richtet voll sich der Blick jener Augen, in den Schein
> deiner Einsamkeit.[18]

Wenn die Partei als kosmisches Ereignis in die menschliche Geschichte einbricht, wenn ihr Anführer ein Halbgott ist, dann bleibt dem kleinen Menschen nur eins: bereit zu sein für das, was die Partei von ihm verlangt. Deshalb auch der Schluß des Gedichts »Der Schmerz der Städte« von 1942:

> Bereit bin ich, daß ich für euch von hinnen fahre!
> Ich bin nichts mehr vor euch im Blutmarsch dieser Jahre!
> Ich bin nichts mehr vor euch: nur Schrei noch und Fanfare![19]

In der Tat: Hier steht ein unerbittlicher Kampf bevor, ein Endkampf zwischen den Mächten des Lichts und denen der Finsternis, also denen des Sozialismus aus dem Osten und denen des Kapitalismus aus dem Westen, so kann man die Allegorien getrost übersetzen: »Die einen und die anderen« heißt es im Gedicht von 1949. Die beiden Gruppen werden deutlich geschieden: »Der ist von den einen Ende, von den anderen Anfang genannt.«

Daß in Hermlins Gedichten sich religiöse Ausdrücke, religiöse Topoi häufen, kann niemand übersehen. Ob ihnen tatsächlich ein religiöses Bedürfnis des

Dichters entspricht, kann man nur vermuten. Wenn es so ist, dann richtet sich dieses religiöse Bedürfnis auf die »Partei neuen Typs«, in der sich dem Dichter der »Erlöser« zeigt. Für den Leser, an den sich diese Gedichte doch wenden, soll es jedenfalls so erscheinen: Hier ist eine große Macht am Werke, der man sich nur unterwerfen kann, wenn man nicht von ihr wie alle Bösen zerschmettert werden will.

Die Faszination des Marxismus bestand sicherlich nur zum Teil in dem mythologischen Gewand, in dem er auftrat; dieses Gewand war ausgeliehen, denn es tradierte ältere Mythen: jüdische, christliche, antike. Etwa den Mythos vom »verlorenen Paradies« oder vom »goldenen Zeitalter«, von den Kämpfen zwischen den Mächten der Finsternis und denen des Lichts und von der Hoffnung auf das jüngste Gericht, auf den Erlöser oder auf den Messias. Das verlorene Paradies ist der »Ur-Kommunismus«, und das kommende goldene Zeitalter ist der angekündigte »Kommunismus«. In diesen heilsgeschichtlichen Dimensionen ist das Leben des Einzelnen, sind sein Leid, seine Not fast unerheblich.

Ein Gutteil der Faszination des Marxismus bestand aber sicherlich auch darin, daß er als Wissenschaft auftrat, also den rationalen Ansprüchen der modernen Intellektuellen zu genügen schien. Es sind ja in den Untersuchungen von Karl Marx wichtige rationale Einsichten zu finden. Gerade in dieser doppelten Gestalt bestand wohl seine Faszination: Einerseits war der Marxismus Mythologie, andererseits war er Wissenschaft. So fand der einsame Intellektuelle in ihm rationale Orientierung und weltanschaulichen Halt. Er mußte nicht in den Schoß der alten Kirchen zurückkehren, wohin ihn Max Weber mit seinen religiösen Bedürfnissen verwies, freilich müßte er dann »das Opfer des Intellekts« bringen, wie Weber meinte; beim Marxismus konnte der Intellektuelle beides finden: Geborgenheit im Schoß der Partei und die Annahme, sich auf dem Boden der Wissenschaft zu befinden.

Bertolt Brecht redete gerne von den »Klassikern« Marx und Engels, die ihm Wissenschaftlichkeit verbürgten, freilich eine, die nicht hinterfragt werden durfte. Stephan Hermlin spricht in seinen Gedichten von der mythologischen Gestalt, die Wissenschaft interessiert ihn hier nicht. Er sucht Halt: »(...) und nie mehr allein« endet sein Gedicht »Ballade von der Überwindung der Einsamkeit in den großen Städten«. Seine existentielle Not findet ihren angemessenen Ausdruck in dem alten Psalm »Aus tiefer Not schrei ich zu dir«, zu Gott nämlich. Bei Hermlin wird es ein Psalm, in dem das Ich »aus tiefer Not zu Dir«, nämlich zur Partei ruft:

> Du bist das weite Land, das trägt
> Das Kommende waffengehüllt,
> Dem unser Herz stets weiterschlägt,
> Wenn sich auch falscher Tod erfüllt.
> Du bist der Massen Marsch und Platz,
> Du bist die Geste, die beweist,
> Du bist geschrien, geraunt der Satz,
> Der uns erfaßt, der in uns kreist,
> Du bist die Sache, die uns schweißt,
> Du warst bei mir, sei nun bei mir,
> Gewitter, Licht, gerühmter Schatz –
> Aus tiefer Not schrei ich zu Dir![20]

Durch die religiöse Terminologie wird die weltliche Partei der Welt entrückt. Die Partei wird zum Mythos, ihr Anführer zum Halbgott, so daß Partei und Führer jeglicher Kritik entzogen werden. Kritik an ihnen ist Blasphemie, also Gotteslästerung, und muß deshalb entsprechend scharf bestraft werden. Ein schärferes Gegenbild ist kaum zu denken zu dem Entwurf der westlichen Demokratie, in der jeder jederzeit Kritik üben kann und Kritik ertragen muß, weil eben alle fehlerhafte Menschen sind, die aus der Kritik nur lernen können, jedenfalls wenn sie vernünftig gehandhabt wird.

Hermlin gehört der Gegen-Aufklärung an, und die Partei, die er vertritt, ebenfalls. Wo die Aufklärung bestrebt war und ist, den Menschen aus seiner selbstverschuldeten Unmündigkeit zu befreien, damit jeder sein eigener Herr kraft seines eigenen Verstandes wird, da treten die kommunistischen »Dunkelmänner« dem entgegen: Sie verlangen bedingungslose Unterwerfung unter ihre falschen Götter. So wie das politische System in der DDR bis zu seinem Zusammenbruch ein quasi-feudales war, in dem eine Funktionärsclique den gesamten Ertrag der Gesellschaft für sich in Anspruch nahm wie früher der Adel, so war auch die Ideologie, die dieses System rechtfertigen sollte, eine quasi-feudale: eine Ersatz-Religion.

An Hermlins Gedichten kann man dies deutlich erkennen, nicht zuletzt an seinem »Mansfelder Oratorium«, das im Stil der Texte der Bachschen Kantaten gehalten ist. Wo es bei Bach um Christus geht, geht es hier um Kupfer, um Normerfüllung und um die Partei. Es ist eine Parodie auf Bach, aber eine blutigernste, denn die Kumpel im lebensbedrohenden Kupferbergbau mußten freiwillig die Norm erhöhen bei unzureichenden Lebensbedingungen, und Hermlin und der Komponist Meyer bliesen ihnen den Marsch dazu. In seinem Aufsatz: »Es geht um Kupfer«, in dem Sammelband der Aufsätze als letzter Text wieder abgedruckt, berichtet Hermlin, wie er – wohl im Auftrag der Partei – einige Wochen bei den Kumpeln im Mansfeldischen war.[21] Dieser Zynismus des Intellektuellen, der drei Wochen zu Besuch kommt, den Kumpeln wohlwollend auf die Schulter klopft und sich dann an seinen bequemen Schreibtisch im freundlichen Haus zurückzieht, ist ihm wohl bis heute nicht bewußt geworden. Daß die Kumpel nichts zum Heizen im Winter hatten, vermerkt er immerhin – das war damals sicher mutig! –, doch daß sie weniger Arbeit, menschenwürdigere Normen brauchten, was ihm jeder sozialdemokratische Gewerkschaftsführer hätte sagen können, das sieht er nicht. Sie sollen ihre Norm erhöhen bei gleichem Lohn, wie die gnadenlose Partei es will, die die Menschen, die ihr untertan sind, ausbeutet. Das propagiert er.

In seinen Erzählungen kann Stephan Hermlin nicht auf dieselbe Weise arbeiten wie in seinen Gedichten. Hier fehlen das Pathos, der hohe Ton, hier fehlen die Allegorien und die religiöse Aura. Hier greift der parteiliche Dichter auf andere Weise ein: Seine Absicht zeigt sich in der Führung der Handlung. Dazu drei Beispiele.

In »Der Leutnant Yorck von Wartenburg« schildert er den Widerstand eines Offiziers der Wehrmacht gegen Hitler. Vor seiner Hinrichtung ergreift diesen Offizier eine Vision, die ihn in die Hauptstadt der Werktätigen, in die »bewegte Stadt« Stalins entführt. Dort trifft er auf die Männer der Partei: »Tief angerührt hörte er diese Männer Dinge beim Namen nennen, die er nur zu ahnen gewagt hatte, in grenzenlosem Erstaunen begriff er, daß sie die ganzen Jahre hindurch um das gleiche gebangt hatten wie er selbst, nur war alles von ihnen schon ganz durchdacht und entschieden worden. Er dachte an sein Zögern, seine Zweifel und verstand sich kaum mehr.«[22]

Es sind also die Kommunisten, die alles längst durchdacht und entschieden haben, wozu normale Sterbliche sich erst mühsam durchringen müssen. Sie sind die Spitzen des Widerstands, sie sind der wahre Widerstand, dem die anderen untergeordnet sind. Hermlin bringt hier den Führungsanspruch der Partei aufs schönste zum Ausdruck. Sie hat ihn überall dort, wo sie die Macht dazu hatte, rücksichtslos praktiziert und alle anderen politischen und kulturellen Bewegungen ausnahmslos unterdrückt und ausgeschaltet. Hermlin vertritt hier diese brutale Machtpolitik auf seine literarische Weise. Genauso übrigens – mein zweites Beispiel – in seiner Erzählung »Die Zeit der Gemeinsamkeit« (Erz. 155/6) über den Aufstand im Warschauer Ghetto. Auch hier sind es die Kommunisten, die den Aufstand überhaupt in Gang bringen, nicht die verzweifelten jüdischen Kämpfer im Ghetto. Hermlin bringt hier – wie dort in der Novelle die Verschwörer des 20. Juli – die jüdischen Aufständischen, derer er doch gedenken will, um ihre große, wirklich heroische Tat. Auch dies entspricht wiederum den Geschichtsfälschungen, wie sie die Partei vollzog.

Das dritte und letzte Beispiel ist die mit Recht berüchtigte Erzählung »Die Kommandeuse«.[23] Hier bringt er die Aufständischen vom 17. Juni 1953 um ihre gute Sache, auch diesmal in schöner Übereinstimmung mit der Partei. Ein »authentischer Vorfall« liege der Erzählung zugrunde, berichtet Silvia Schlenstedt: im »Neuen Deutschland« habe es gestanden.[24] Demnach haben die Aufständischen des 17. Juni nichts Dringlicheres zu tun gehabt, als eine KZ-Kommandeuse zu befreien und sie um eine Rede zu bitten, damit sie sich an ihre Spitze setze. »Der Ami zahlt alles«, sagt einer zu ihr. Das ist das bekannte Strickmuster: Es sind die alten Nazis, die gegen die Partei aufstehen, das heißt jeder, der sich gegen die Partei wehrt, wird zum alten oder neuen Nazi gestempelt. Und es ist der kapitalistische Westen, der die Unruhe schürt. So muß man bei der Partei und im eigenen Land die Gründe für die Unruhen nicht suchen.

Nicht nur Akten werden von den Aufständischen in Hermlins Erzählung verbrannt, sondern auch Bücher; es sind halt die Nazis: »Tscheschoff (. . .) Noch so ein Iwan. Ab dafür«, sagt einer von ihnen.[25] Dumm sind sie also auch, wo doch die Sowjets, als sie den Sozialismus in der DDR aufbauten, nichts anderes als Tschechows gesammelte Werke im Sinn hatten.

Hermlin übernimmt auch eine Pointe aus dem »Neuen Deutschland«: Die Kommandeuse hatte angeblich sofort nach ihrer Befreiung einen Brief an ihren Nazi-Vater geschrieben und diesen Brief sorgfältig in ihrer Tasche aufbewahrt, bis ihn dort die braven Volkspolizisten fanden und sie damit überführen konnten. Die Stasi hatte also wieder einmal ganze Arbeit geleistet. Und Hermlin in seiner Erzählung auch.

In seiner Rede vor dem VIII. Schriftsteller-Kongreß der DDR 1978 mit dem Titel »In den Kämpfen dieser Zeit« nannte Hermlin sich einen »spätbürgerlichen Schriftsteller«, aber auch einige Absätze später »einen Schriftsteller der DDR«. Im Anschluß an diese Rede ist im genannten Sammelband ein Gespräch Ulla Hahns mit Hermlin abgedruckt. Hermlin formuliert dort seine Meinung zum Unterschied von »bürgerlicher« und »sozialistischer« Literatur: »Es gibt schon einen Unterschied. Der Unterschied besteht einfach darin, daß eine neu auftretende Klasse neue Dinge, die sie selber und ihre Verantwortlichkeit gegenüber der gesamten Gesellschaft betreffen, formuliert. Aber ich sehe zwischen der bürgerlichen Kunst und Literatur und der neuen sozialistischen Kunst und Literatur weder einen Abgrund noch eine Mauer. Ich sehe einen organischen Übergang von dem einen zum andern so wie in früheren Epochen der Kunst, wenn die Herrschaft einer Gesellschaft endete und eine neue Gesellschaft an die Macht kam.«[26]

Wenn er auch nun den Graben zwischen bürgerlicher und sozialistischer Literatur fast zugeschüttet hat, so bleibt ihm doch noch ein Unterschied, der zugleich eine Bewertung ist: Entsprechend seinem Geschichtsbild muß die sozialistische Literatur irgendwie doch die neuere, bessere, überlegenere sein, wenn er auch diesen Anspruch stark zurückgenommen hat. Er differenziert dann später im Gespräch: Kritik am Sozialismus in der DDR sei mitunter auch von einem nicht-sozialistischen Standpunkt aus akzeptabel, schränkt aber sogleich wieder ein, letztlich seien es doch sozialistische Gesichtspunkte, die zur Geltung kämen. – Dann: Die sozialistische Gesellschaft sei immer auf dem Weg nach vorn, »sie peitscht sich nach vorn«. In der Tat: Die Peitsche konnten viele spüren. Die stärkste Kritik äußerte er am Schluß des Gesprächs: »Welche Haltungen entsprechen eigentlich der wunderbaren Gesellschaft, die ich herbeiführen will, die ich begonnen habe zu bauen, ist das, was ich jetzt getan habe oder gerade tue, dieser Zukunft würdig? Keine Gesellschaft kann existieren ohne Disziplin und ohne daß jeder bestimmte Dinge zurückstellt, wenn er weiß, es ist für die Entwicklung des Ganzen jetzt notwendig. Aber kann diese Disziplin dem Untertanengeist von einst zum Verwechseln ähnlich sein? Habe ich, unter dem Vorwand, das Richtige zu wollen, das Recht, andere zu unterdrücken, mundtot zu machen, aus dem Lande zu treiben?«

Leider schränkt er das dann wieder ein, als fürchte er sich vor den Folgen seines Mutes: »Aber was da geschrieben wurde, wurde ohne didaktischen Vorsatz geschrieben. Ein Text findet ja immer seine Fortsetzung im Kopfe des Lesers.«[27]

In »Abendlicht« berichtet Hermlin, daß er jahrelang einen Satz aus dem »Kommunistischen Manifest« im Kopf hatte: »An die Stelle der alten bürgerlichen Gesellschaft mit ihren Klassen und Klassengegensätzen tritt eine Assoziation, worin die freie Entwicklung aller die Bedingung für die freie Entwicklung eines jeden ist.« Erst spät habe er festgestellt, mit Entsetzen festgestellt, daß der Satz in Wirklichkeit so lautete: »(...) worin die freie Entwicklung eines jeden die Bedingung für die freie Entwicklung aller ist.«[28]

Der Dichter und die Marktwirtschaft: Hans Magnus Enzensberger

In dem Sammelband »Einzelheiten« veröffentlichte Hans Magnus Enzensberger 1962 einen Essay »Der Fall Neruda«. 1973 sprach Stephan Hermlin auf einer Tagung des Internationalen PEN einen Nachruf auf Pablo Neruda, den er ins Deutsche übersetzt hatte, mit dem er befreundet war. Er würdigte das Werk des großen chilenischen Lyrikers als das eines Vorkämpfers für Freiheit und Gerechtigkeit des chilenischen Volkes. Nach dem Putsch des Militärs, das die legale Regierung Allende gestürzt hatte, war Nerudas Haus geplündert worden. Hermlin: »Sie zerstörten sein blaues Haus, das voll war von Kristallen und Muscheln und ließen den Toten zwischen den Ruinen. Dennoch bedeutet der Gedanke an Nerudas Tod für mich Trost, denn ich kann sehen, wie Neruda sterbend Demütigung und Gemeinheit entkam.

> Kehre zurück, vertriebener Friede, gerecht
> verteiltes Brot, du Morgenröte, Zauber
> irdischer Liebe, gegründet
> auf den vier Wänden des Planeten.«[29]

Das, was bei Enzensberger der »Fall Neruda« heißt, kommt bei Hermlin nicht vor.[30] Daß Neruda ein großer Lyriker ist, steht auch für Enzensberger fest. Wie es jedoch kam, daß dieser große Lyriker schlechte Gedichte auf Stalin schrieb, ist die Frage, die ihn bewegt. Enzensberger: »Wie ist die Selbstverstümmelung eines solchen Mannes möglich?« Er sucht nach Gründen. Da ist die Armut, die himmelschreiende Not der Bevölkerung in Chile, die Neruda früh zu politischem Engagement anstieß. Doch war es ein Engagement, das immer nur die eine Seite sah, nie die andere, das »Blut in den Straßen von Madrid«, aber nicht das »Blut in den Straßen von Budapest«. Enzensberger: »Die kubanischen Ereignisse haben gezeigt, wie verbreitet in der südamerikanischen Intelligenz die Neigung zum Kommunismus ist. Die Problematik des Falles Neruda geht über diese allgemeine Erscheinung hinaus. Ihr Schlüssel liegt in der gesellschaftlichen Situation der modernen Dichtung schlechthin. Diese Lage ist uns geläufig. Sie verurteilt den Dichter, zwischen seinem Publikum und seiner Poesie zu wählen. In jedem Fall sondert er sich von einer Grundbedingung seiner Arbeit ab. Dieser Dialektik ist Neruda niemals ausgewichen; man kann sagen, daß sie ihm zum Verhängnis geworden ist, weil er ihr nicht gewachsen war.«[31]

Der Versuch des Intellektuellen, aus dem Kulturbetrieb auszubrechen, führt zur Denunziation des eigenen Berufsstandes: der des Intellektuellen und Künstlers.

> »Was tatet ihr denn, Gideaner,
> ihr Intellektualisten, Rilkeaner,
> Verdunkler des Daseins, unwahre existenzialistische
> Gaukler, surrealistische
> Blüten des Mohns, im Grab nur
> entflammte, europäisierende
> Modekadaver,
> bleiche Maden im Käse
> des Kapitalismus ...«

Hier beschimpft ein Intellektueller die Intellektuellen als Intellektuelle, hier distanziert sich ein moderner Lyriker von der Moderne. Der Überdruß am schönen Schein führt ihn zum Verrat an der eigenen Sache: der Poesie. Enzensberger: »So rächt sich an einem mutigen Mann der Irrtum, die Poesie sei ein Instrument der Politik weit bitterer als der wohlfeile Köhlerglaube, es gebe eine unpolitische Dichtung an tausend Feiglingen.«[32]

Der Fall Neruda zeigt also das Dilemma des modernen Dichters, der in der »Zwickmühle« steht – wie Enzensberger sagt –, weder die Dichtung um der Leser, noch die Leser um der Dichtung willen zu verraten. Ein Ausweg aus dieser Zwickmühle scheint der Versuch, die Poesie zur Magd der Politik zu machen, d. h. nicht nur mit ihr auf den Markt zu gehen, sondern sie in den Dienst einer Partei einzuspannen.

Hier ist, finde ich, ein wichtiger Gesichtspunkt, den Enzensberger nicht hinlänglich berücksichtigt: es gibt sehr wohl gute politische Gedichte, ich denke an solche Heines oder Brechts. Das sind aber keine hymnischen Gedichte, die eine Partei oder eine Person verherrlichen. Nur wer sich einer Partei oder einem Führer devot unterwirft, der verliert seine Freiheit und seine Poesie. Der Dichter kann alles zum Gegenstand seiner Dichtung machen, wenn er kann; es kommt immer auf das Gelingen des Gedichts an, nicht auf den Gegenstand. Eine Ausnahme allerdings scheint es zu geben: das Gedicht darf nicht Propaganda-Instrument einer Partei oder eines Führers sein, dadurch wird es zerstört.

Diese Problematik ist Stephan Hermlin weder an Neruda noch an seinem eigenen Werk aufgefallen: es gibt einen Unterschied zwischen dem Werk eines Autors und seinem politischen Standpunkt. Die Qualität des Werkes von Neruda setzt Hermlin in seinem Nachruf unbefragt voraus, seinen politischen Standpunkt hält er für richtig und das führt ihn zur Annahme: wegen seines Standpunkts sei Nerudas Lyrik gut. In der Tat ist es aber umgekehrt, wie Enzensberger zeigt: das Können des Poeten wird durch seine Parteinahme beeinträchtigt.

Schon Lukács sah diese Problematik nicht, insofern steht Hermlin hier wie sonst in der Linie seiner Partei. Enzensberger hält in »Poesie und Politik«, dem Aufsatz, der im Sammelband dem Neruda-Aufsatz folgt, Georg Lukács und der gesamten marxistischen Literaturbetrachtung vor, daß sie nie den Rang eines Werkes prüfte, sondern immer nur dessen Gesinnung, meistens sogar nur die Gesinnung des Autors.[33] Deshalb übernahm diese marxistische Literaturkritik den bürgerlichen Literaturkanon unbefragt und sortierte lediglich die Autoren nach ihrer sozialen Herkunft und politischen Haltung.

Uns irritiert aber gerade die Tatsache, daß ein guter Lyriker wie Gottfried Benn ein politischer Dummkopf sein kann und daß bedeutende Philosophen wie Bloch und Heidegger politisch beschränkt sind. In dem Essay »Poesie und Politik« exemplifiziert Enzensberger diese Problematik an einer lyrischen Gattung, die von der Antike übers Mittelalter bis zum Barock beliebt war: dem »Herrscherlob«; damit meint er, jegliches politische Gedicht abgehandelt zu haben. Das ist aber, meine ich, ein Irrtum. Das »Herrscherlob« ist in der Moderne nicht mehr möglich, politische Gedichte jedoch sind weiterhin möglich. Ich frage sogar, ob nicht das politische Gedicht an die Stelle des Herrscherlobs getreten ist. Das hymnische Lob des Monarchen ist mit den Monarchen verschwunden, die politischen Themen werden seitdem überhaupt erst ausführlich in der Öffentlichkeit diskutiert, warum also nicht auch im Gedicht. Ich habe bereits als Autoren gelungener politischer Lyrik Heine (Lied der Weber etwa) und Brecht (Antikriegsfibel etwa) genannt.

Enzensberger sakralisiert in diesem Essay – in der Gefolgschaft Theodor W. Adornos – die Poesie. Er entzieht sie der rationalen Erklärung auch da, wo solche Erklärung möglich ist. Enzensberger: »Das Ende des Herrscherlobs, also einer extrem politischen Erscheinung in der Poesie, widersetzt sich jeder Erklärung aus der Politik, aus der Psychologie oder Soziologie. Es handelt sich um einen objektiven Sachverhalt: die poetische Sprache versagt sich jedem, der sie benutzen will, um den Namen der Herrschenden zu tradieren. Der Grund dieses Versagens liegt nicht außerhalb, sondern in der Poesie selbst.«[34]

Der Grund liegt außerhalb der Poesie! Am Beispiel Goethes, mehr noch als an dem Kleists, den Enzensberger erwähnt, ist das Ende des »Herrscherlobs« zu studieren. Goethe schrieb eine Reihe von Gelegenheitsgedichten. Er war mit dem Weimarer Herzog Karl August zeitweise befreundet, soweit man mit einem Herzog befreundet sein kann. Er konnte ihm jedenfalls selbstbewußt, also auch ironisch gegenübertreten. Der Dichter gehörte zum Hofe, innerhalb dessen er eine Position hatte, er war nicht irgendwer. Im Herrscherlob wurde der Herrscher auch an seine Pflichten erinnert. In keinem Gedicht Goethes findet sich die unterwürfige Stiefelleckerei der Stalinhymnen von Neruda, Becher oder Hermlin. Mit dem Ende des Feudalismus war das »Herrscherlob« auch am Ende, es funktionierte nur innerhalb der feudalen Legitimation von Herrschaft. Die moderne Legitimation von Herrschaft – Demokratie als Volksherrschaft – machte ein Herrscherlob unsinnig: der Staatsbürger ist jetzt der Souverän, jeder kann Herrscher werden und jeder ist es nur für vier oder fünf Jahre. Dann muß er sich der Wahl und der Kritik stellen. Nur der Usurpator, der mit brutaler Gewalt an die Macht kam und mit Gewalt an ihr festhält, also ohne Legitimation ist, ohne feudale und ohne demokratische, der verlangt nun das Herrscherlob, das die fehlende Legitimation verschleiern soll: Hitler etwa oder Stalin. Diese Verlogenheit vernichtet die Poesie! Das gelungene Gedicht besteht ja nicht nur aus einer schönen Form, sondern auch aus einer »stimmigen Aussage«. Wenn nur die Form schön scheint, ist es Kunstgewerbe, was sich an Bechers Hymnen oder denen Hermlins erkennen läßt. Das Traurige bei Stephan Hermlin ist, daß er als Lyriker im Unterschied zu Neruda nichts anderes vorzuweisen hat als dieses Kunstgewerbe. Neruda ist Lyriker und Stalinist; wenn wir den Stalinisten abziehen, bleibt noch der Lyriker; bei Hermlin bleibt nichts.

In drei Punkten faßt Enzensberger am Schluß seines Essays »Poesie und Politik« zusammen:

1. Der politische Auftrag des Gedichts sei es, sich jedem politischen Auftrag zu verweigern und für alle zu sprechen. Damit ist, glaube ich, gerade ausgesagt, daß politische Gedichte, die »für alle sprechen«, gut möglich sind, aber solche Gedichte, die einen Parteiauftrag erfüllen, nur schlecht möglich sind.

2. Das moderne Gedicht wird nicht wie das frühere aus Inspiration geboren, sondern aus Kritik. Wenn wir hier Kritik im Sinne der Frühromantik verstehen, die – wie Enzensberger richtig sagt – der Beginn der poetischen Moderne in Deutschland ist, können wir diese Feststellung akzeptieren, weil Kriktik umfassend als Inspiration und Reflexion aufgefaßt wird. Das gelungene Gedicht, gerade auch das nicht-politische, ist dann tatsächlich »durch sein bloßes Dasein subversiv«, wie Enzensberger meint: es überführt Regierungserklärung, Reklame, Manifest, Transparent nicht unbedingt, wie Enzensberger meint, als »Lüge«, aber doch als durchweg »leeres Gerede«.

Gegen den 3. Punkt Enzensbergers erhebe ich Einspruch:

»Poesie tradiert Zukunft. Im Angesicht des gegenwärtig Installierten erinnert sie an das Selbstverständliche, das unverwirklicht ist. Francis Ponge hat bemerkt: seine Gedichte seien geschrieben als wie am Tage nach der geglückten Revolution. Das gilt für alle Poesie. Sie ist Antizipation, und sei's im Modus des Zweifels, der Absage, der Verneinung. Nicht daß sie über die Zukunft spräche: sondern so, als wäre Zukunft möglich, als ließe sich frei sprechen unter Unfreien, als wäre nicht Entfremdung und Sprachlosigkeit (da doch Sprachlosigkeit sich selbst nicht aussprechen, Entfremdung sich nicht mitteilen kann).«[35]

Hier ist Enzensberger Schüler Adornos (und vielleicht auch Blochs). Hier führt er die Sakralisierung der Poesie weiter, denn sie trägt – glaubten wir ihm – ein Heilsversprechen mit sich auf eine andere, eine bessere Welt. Auf ein »Utopia«. Die ausgeführten Utopien, die theoretischen eines Platon oder Campanella, genauso wie die praktischen eines Lenin oder Castro haben sich immer als Zwangssysteme entpuppt, als reglementierte Polizeistaaten. Das ist hier wohl nicht gemeint, sondern ein irgendwie erfülltes »paradiesisches« Leben. Doch wer das tausendjährige Reich auf Erden erwartet, verfällt einem schrecklichen Irrtum; das sollten wir nach den blutigen Erfahrungen unseres Jahrhunderts endlich wissen. Womit nicht gesagt ist, daß alles, so wie es ist, gut ist, daß vieles nicht zu verbessern wäre. Im Gegenteil. Ich meine: die Poesie enthält in der Regel keine Zukunftsversprechen, sie spricht eher von der Vergangenheit, vom erfüllten Augenblick, auch vom flüchtigen Augenblick, den sie festhält, von der Vergänglichkeit des Menschen, die sie überwinden will, vom Ablauf der Zeit, den sie ins Zeitlose heben will.

Enzensbergers eigene Gedichte sprechen eher von der schlechten Gegenwart als von der guten Zukunft. Es sind unpolitische politische Gedichte, vor allem seine frühen. Sie artikulieren ein Unbehagen an der Gesellschaft, ohne die politischen Tatbestände beim Namen zu nennen. Sie sprechen vom Ekel des Intellektuellen an der Normalität der Kleinbürger, die selbstzufrieden sind. Die Überheblichkeit des exzentrischen Künstlers angesichts des braven Bürgers zieht sich, sehe ich recht, als einzige Kontinuität durch das gesamte Werk Enzensbergers. Auch in seinem sarkastischen Lob der »Normalität« und des

»Kleinbürgers«, das er in letzter Zeit singt, ist eines unübersehbar: daß er jedenfalls nicht dazugehört.

Vielleicht leidet er manchmal darunter wie Thomas Manns Tonio Kröger. Der Künstler wäre gern Bürger und verabscheut den Bürger doch. Vielleicht ist daraus Enzensbergers Haltung 1968ff. zu erklären. Erstaunlich ist die Haltung schon, weil er nur sechs Jahre, nachdem er über die Intellektuellen und die Politik nachdachte, selbst in die Falle ging, die er vorher analysierte: er wurde parteiisch. Während der Studentenbewegung mag ihn der Überschwang der Gefühle mitgerissen haben: endlich konnte er einmal mit dabei sein, endlich wurde auf ihn gehört, er war ein Wortführer, ja ein Anführer der Bewegung. Und sein Unbehagen am Bürger konnte er in aller Schärfe artikulieren: als eine Art Kriegserklärung an die Bundesrepublik Deutschland.

In den »Berliner Gemeinplätzen«, die er in seiner Zeitschrift »Kursbuch« 1968 veröffentlichte, läßt er jede Differenzierung fallen: die komplizierte Industriegesellschaft der Bundesrepublik wird zu einem einzigen unförmigen Koloß, der nicht mehr zu reformieren ist. Alles oder Nichts, ist die Devise. Und da Alles nie zu haben ist, bleibt das Nichts, also muß die Republik weg:

»Die Große Koalition hat diesen Illusionen ein Ende gemacht. Seither steht in Westdeutschland von der parlamentarischen Demokratie nur noch die Fassade. Eine organisierte Opposition existiert nicht mehr. Der konstitutionelle Souverän, das Volk, ist nicht mehr in der Lage, das regierende Parteikartell zu beseitigen. Die Abstimmungen im Bundestag ratifizieren nur noch die Beschlüsse des Kartells. Debatten sind überflüssig geworden. Diese Tatsachen zeigen, daß das politische System der Bundesrepublik nicht mehr reparabel ist. Man muß ihm zustimmen, oder man muß es durch ein neues System ersetzen. Eine dritte Möglichkeit ist nicht abzusehen.«[36]

In diesen Überlegungen der »Berliner Gemeinplätze« steht Enzensberger im Gefolge Herbert Marcuses, des Chef-Philosophen der Studentenbewegung in Europa und den USA. Die Arbeiterklasse verhält sich leider nicht so, wie es im marxistischen Lehrbuch steht. Das kann aber nicht am Lehrbuch liegen, nur am Kapitalismus, der die Arbeiterklasse »manipuliert«. So bleibt nur die Hoffnung auf die »Randgruppen«, also auch auf die Studenten, und auf die sogenannte 3. Welt: auf Vietnam, Kuba, Bolivien, später war es dann Nicaragua. Von dort soll die Revolution kommen.

So wie Neruda einst die Intelligenz, der er selber angehörte, angriff, so tut es Enzensberger jetzt: »Offenbarungseid. Die Kasse war leer. Diese linke Intelligenz war literarisch fleißig und fruchtbar, doch politisch im tiefsten Sinn unproduktiv.« Dabei mag auch ein gewisser Konkurrenzneid mitspielen; er nennt gleich zweimal geringschätzig den erfolgreichen Günter Grass. Aber vor allem ist es der Haß des Intellektuellen auf sein Metier. Die Literatur ist ihm jetzt unerheblich. Man brauche sie nicht anzugreifen, sagt er und macht sich lustig über die, die Schriftsteller attackieren statt Fabrikbesitzer. Aber, sagt er, rechtfertigen könne die Literatur sich auch nicht mehr. Was not tue, seien Reportagen wie die Günter Wallraffs und Leitartikel wie die Ulrike Meinhofs.

In diesen »Berliner Gemeinplätzen« steht die Begründung für den Terror der Baader-Meinhof-Gruppe bzw. der RAF, wie er bald und bis heute in der

Bundesrepublik sich äußert. Enzensberger hat mit der Gruppe nichts zu tun; sie wäre wohl auch ohne seine Begründung entstanden, aber die Frage ist doch, die Frage, die mich bewegt und die ich immer wiederholen werde: wieweit ist der Schriftsteller, der Mann des Wortes, für seine Worte verantwortlich?

Enzensberger: »Freund und Helfer. Theorie ohne Praxis ist Attentismus. Jeder analytisch einigermaßen geschulte Kopf ist in der Lage, eine unendliche Menge von Gründen auszuwerfen, die fürs Abwarten sprechen, dafür, daß es jeweils zu früh oder zu spät sei. Schon deshalb ist jede Theorie, die nicht durch Aktionen gedeckt, korrigiert und vorangetrieben wird, wertlos. Zu mißtrauen ist ferner jeder Analyse, die vorgibt, präzise Aussagen über die gegenwärtig gegebenen Möglichkeiten machen zu können. Eine Theorie, die dazu in der Lage wäre, existiert nicht, und die Frage ist berechtigt, ob sie überhaupt denkbar wäre.

Die winzigste politische Handlung kann unter den Verhältnissen, mit denen wir es zu tun haben, zu neuen Erkenntnissen führen. Selbst scheinbar zweideutige, blinde, ja unsinnige Aktionen kleinster Gruppen haben in der letzten Zeit Ereignisse ausgelöst, deren Signalcharakter unbestreitbar ist.

Keine abstrakte Einsicht in den repressiven Charakter des Systems kann die physische Erfahrung der Unterdrückung ersetzen. Polizei, Justiz und Geheimdienst sind die wichtigsten Freunde und Helfer der Systemopposition...«[37]

Hier ist die Sehnsucht des Schreibers nach der Tat ausgesprochen: Theorie ohne Praxis ist »Attentismus«. Das Gegenteil, zu dem er hier aufruft, könnte man »Aktionismus« nennen. Nach Aktion drängt es ihn: endlich muß doch mal was geschehen. Er rechtfertigt ausdrücklich »blinde, ja unsinnige« Aktionen; das begann mit den Happenings vor Gericht, führte zur Brandstiftung im Kaufhaus und schließlich zum Attentat. Die Furcht vor dem Attentismus endete schließlich beim Attentat. An die möglichen Opfer dachte Enzensberger nicht. (Der Bankier Jürgen Ponto, sagte Rudi Dutschke in seiner Grabrede auf Ernst Bloch, war eine »Charaktermaske des Systems«. Die kann man erschießen, da fließt kein Blut, das sind doch nur Masken.) Enzensberger fordert mit Absicht die Unterdrückung von Polizei und Justiz heraus: nur wer die Unterdrückung erlebt habe, werde zum ernsthaften Feind des Systems.

In dem Vorwort zu seinem Buch »Das Verhör von Habana« von 1972 ist Enzensberger noch ein Stück weitergegangen; dort hat er seinen Sprachgebrauch weitgehend dem Jargon der Parteilichkeit unterworfen und dort hat er ein bestehendes Gewalt-Regime gerechtfertigt, das Fidel Castros, das an die Stelle eines anderen Gewalt-Regimes in Cuba getreten war, das Battistas.

Aus dem Vorwort nur zwei Absätze:

»Der diskursive Dialog vor dem Mikrophon setzt eine Bewegung anderer Art fort, die zur gleichen Stunde mit der Maschinenpistole ausgetragen wird. Die Waffen der Kritik führen zu Ende, was die Kritik der Waffen begonnen hat. Jedes Wort, das hier fällt, läßt sich an einer materiellen Erfahrung messen. Aus ihr zieht das Verhör seine Energie, sie prägt jeden Satz und jede Geste.

Der Unterschied zum akademischen Disput ist eklatant; auch das Klima der bloßen Podiumsdiskussion, bei der Meinungen feilgeboten werden, kann hier nicht aufkommen. Dazu steht zuviel auf dem Spiele, und der konkrete Zusammenhang mit der Praxis ist zu offensichtlich. Die Flucht in die schiere, unverbindliche Meinung ist abgeschnitten; denn die Invasion war nicht nur gemeint, sie ist unternommen worden. Dabei ging es um Leben und Tod.«[38]

Hier sehnt sich einer, der an vielen akademischen Disputen teilnahm, nach den Wonnen der Tat: endlich einmal nicht nur reden, sondern auch handeln, endlich Verbindlichkeit, endlich geht es um Leben und Tod. Seine freudige Genugtuung, daß da tatsächlich gekämpft und gestorben wird, kann er kaum verbergen. Der Eiferer des Wortes will die Grenzen seines Standes überwinden, er will nicht nur symbolische Gewalt. Doch auch die militärische Gewalt wird ihm zum ästhetischen Faszinosum. Daß wirklich gestorben wird, erhöht nur den ästhetischen Reiz.

»Die Einzigartigkeit des Vorgangs liegt nicht in den Personen, die dabei auftreten. Im Gegenteil: die Gefangenen sind austauschbar. Sie ließen sich in jeder westdeutschen, schwedischen oder argentinischen Stadt wiederfinden. (Das gilt auch für die Fragesteller, von denen man freilich viele aus den Gefängnissen holen müßte.) Außerdem zielen die Fragen, die gestellt, und die Antworten, die gegeben werden, nicht auf individuelle Handlungen oder Eigenschaften, sondern auf das Verhalten eines Kollektivs. Sie stellen, mit äußerster Schärfe, den Charakter einer Klasse bloß.

Was das Verhör von Habana zu einer unerhörten Begebenheit macht, was dem Dialog seine eigentümliche Dichte, Durchsichtigkeit und Schwere verleiht, ist die Situation, in der alle Beteiligten sich finden. Diese Situation ist revolutionär.«[39]

In diesem Absatz erkennen wir die ideologische Arbeit, die notwendig ist, damit Menschen beiseitegeräumt werden können: der Vernichtung des Individuums auf dem Papier folgt die Vernichtung des Individuums in der Realität. Der Einzelne gilt nicht mehr als unverwechselbares Individuum, mit seinem Recht zu seinem Leben, der Einzelne ist Teil einer Klasse, einer Nation, einer Rasse. Er geht in dieser Klasse, Rasse unter, er ist nichts anderes als die Klasse, Rasse oder Nation, der er zugeteilt wird. Ein Kapitalist ist ein Kapitalist und kein Familienvater, ein Jude ist ein Jude und kein Zahnarzt. Hier wird der Angriff des totalitären Denkens, des linken und des rechten, gegen die Grundlagen des – wie soll ich sagen – Humanismus geführt, gegen die Errungenschaften der Aufklärung, wie sie in der Verfassung der USA von 1786 und in der Deklaration der Menschenrechte in Frankreich von 1789 festgehalten wurden: alle Menschen sind gleich vor dem Gesetz. Niemand darf wegen seines Geschlechts, seiner Rasse, Klasse, Religion benachteiligt werden.

Das ist die »Gretchenfrage«, scheint mir: wie hältst Du es mit dem Individuum? Die ideologische Vernichtung des Individuums in den Schriften der Literaten und Philosophen hat der tatsächlichen Vernichtung der Individuen die Bahn bereitet, zahlloser Individuen, deren Individualität sich im Inferno der Konzentrations- und Vernichtungslager und der Materialschlachten verliert.

Aus Opposition gegen die behäbige bürgerliche Gesellschaft, deren Ordnungs- und Gewinnstreben viele Intellektuelle ablehnten – sahen sie doch im Bürger ihren Antipoden –, aus der Ablehnung des Kapitalismus und der Industriegesellschaft resultierte auch die Ablehnung der »bürgerlichen Errungenschaften«. Die Moral des Bürgertums ist verlogen. Also wurde jegliche Moral als Gefühlsduselei oder alter Plunder abgetan. Das Kind wurde mit dem Bade ausgeschüttet.

In seinem Gedichtzyklus »Titanic« distanziert sich Enzensberger 1978 von seiner einstigen revolutionären Haltung, ironisch, verwundert über den damaligen Menschen – es liegen nur sechs Jahre dazwischen – und ohne schlechtes Gewissen. Ein schlechtes Gewissen kennt er, soweit ich sehe, nicht; er müßte sich ja dann zu einer Tat als der seinigen bekennen, das tut er nicht. Er probiert gewissermaßen Haltungen aus. Er läßt sich nicht festlegen. Einerseits ist er immer derselbe, nämlich der, der das große Wort führt. Andererseits ist er immer wieder ein anderer. Ziehen die Berliner Genossen nach Cuba, um dort zwei heiße Monate lang bei der Zuckerrohrernte im Wege zu stehen, dem Vorbild des großen Enzensberger folgend, der nie an der Ernte teilnahm, hat Magnus sich längst von Castro abgesetzt. Hält man Enzensberger für einen Linken, zieht er in ein Penthouse am Englischen Garten und gibt ein Hochglanz-Magazin für Anspruchsvolle heraus. Hält man ihn für einen Snob, singt er das Loblied des Kleinbürgers und sehnt sich nach den Wonnen der Gewöhnlichkeit etc. Wie heißt es in »Titanic«?

> »Damals in Habana blätterte der Putz ab
> von den Häusern, am Hafen stand unbeweglich
> ein fauler Geruch, üppig verblühte das Alte,
> der Mangel nagte Tag und Nacht
> sehnsüchtig am Zehnjahresplan, und ich
> schrieb am Untergang der Titanic.
> Schuhe gab es nicht und keine Spielsachen
> und keine Glühbirnen und keine Ruhe,
> Ruhe schon gar nicht, und die Gerüchte
> waren wie Mücken. Damals dachten wir alle:
> Morgen wird es besser sein, und wenn nicht
> morgen, dann übermorgen. Naja –
> vielleicht nicht unbedingt besser,
> aber doch anders, vollkommen anders,
> auf jeden Fall. Alles wird anders sein.
> Ein wunderbares Gefühl. Ich erinnere mich.« . . .
>
> »Ich wohnte am Meer –, doch beinah zehn Jahre
> jünger als jetzt, und bleich vor Eifer.« . . .
>
> »Und jener dünne Mensch, unterwegs
> in Habana, aufgeregt, zerstreut, verwickelt in Streitereien.
> Metaphern, endlose Liebesgeschichten – war ich das wirklich?
> Ich könnte es nicht beschwören. Und in zehn Jahren
> werde ich nicht beschwören können, daß diese Wörter hier
> meine Wörter sind.« . . .[40]

Enzensberger ist der Literat der freien Marktwirtschaft. Die Bürger lieben den Bürgerschreck. Er dient ihrer Unterhaltung. Freilich muß er ihnen immer wieder eine neue Aufregung bieten, damit sie sich nicht langweilen. Enzensberger arbeitet nach dem Motto: »Öfter mal was Neues.« So hat er immer die Nase im Wind und ist immer seiner Zeit voraus. Ein Modeschöpfer des literarischen Establishment.

Dagegen ist Stephan Hermlin rührend altmodisch: er will immer derselbe verantwortungsvolle Intellektuelle an der Seite der Arbeiterklasse gewesen sein. Von seinen Stalin-Hymnen kann er sich bis heute nicht distanzieren. Hermlin sucht die bürgerliche Identität mit allen Mitteln aufrecht zu erhalten. Enzensberger liegt im Trend von »Nietzsche und die französischen Folgen«: man fragt sich, ob es überhaupt noch ein Subjekt gibt. Das entledigt einen jeglicher Verantwortung.

Gibt es auch kein Subjekt mehr, ist das alles eine bürgerliche Erfindung wie das Individuum auch, so ist doch erstaunlich, daß immerhin eines jedenfalls in allem Gerede Enzensbergers als Konstante über all die Jahre erhalten bleibt: er selbst. Was er sagt, ist nämlich gleichgültig, die Hauptsache ist: daß *er* es sagt. Es ist also gerade die Dominanz des Subjekts über alle Objekte, über alle Sachen und Haltungen, die auffällt; die Aussagen sind letztlich bedeutungslos. Nicht ohne Grund sind manche Pariser Intellektuelle nach jahrzehntelangen Wortgefechten nun zum Ergebnis gekommen, die Worte hätten gar keine Bedeutung. In der Tat: sie haben in diesem Streit keine Bedeutung, denn es geht nicht um die Worte, sondern um die Rangplätze, um die gestritten wird. Jeder will oben stehen, das ist bedeutsam, nicht was er sagt.

Man kann von Hans Magnus Enzensberger lernen, wie man immer im Geschäft bleibt. Im Februar 1991 schrieb Enzensberger einen wichtigen Aufruf zum Golfkrieg: »Hitlers Wiedergänger«. Im einflußreichen »Spiegel« verglich er den irakischen Diktator Saddam Hussein mit dem deutschen Diktator Hitler.[41] Endlich war Enzensberger wieder Chef-Ideologe, diesmal ein Chef-Ideologe der westlichen Welt, die östliche ging gerade unter wie weiland die »Titanic«, Hans Magnus Enzensberger war jedoch auf dem richtigen Dampfer. Und führte das große Wort. Und nicht in einer unverbindlichen akademischen Debatte. Es wurde schließlich geschossen. Und gestorben. Etwa 100.000 Iraker sollen in diesem Krieg gefallen sein.

Sollen wir die Autoren so ernst nehmen, wie ich es hier tue? Wieweit ist der Poet für das, was er schreibt, verantwortlich? Wir Leser schwanken hier zwischen zwei Haltungen: einerseits nehmen wir den genialen Autor ernster als normale Menschen, auch Politiker, obwohl sie meistens nicht klüger sind als diese. Wir achten ihr Wort und richten uns danach. Andererseits haben wir die Haltung des »interesselosen Wohlgefallens« dem Kunstwerk gegenüber gelernt. Alles, was der Dichter äußert, gehört gewissermaßen zu seinem Werk, beansprucht also dieses folgenlose Wohlgefallen. So kann der Dichter uns immer entwischen: tritt er als Verkünder auf, will er ernst genommen werden; nehmen wir ihn beim Wort, ist er nur Künstler, der Haltungen ausprobiert, nur so.

In einem offenen Brief an den DDR-Schriftsteller Peter Hacks, im Sammelband »Einzelheiten« von 1962 abgedruckt, nimmt Enzensberger Hacks beim Wort. Enzensberger: ». . . Sie sind für diesen Text verantwortlich.«[42]

Johann Wolfgang Goethe über Napoleon und Johannes R. Becher über Stalin

»Gehab' dich wohl bei den hundert Lichtern,
Die dich umglänzen,
und all den Gesichtern,
Die dich umschwänzen
Und umkredenzen!
Findst doch nur wahre Freud' und Ruh
Bei Seelen grad und treu wie du.«[43]

Dieses kleine Gedicht legte Goethe 1775 einem Brief an den Herzog Karl August von Weimar bei. Es ist ein absichtlich kunstloses Gelegenheitsgedicht, das mit falschen Bildern spielt: Gesichter, die »umschwänzen« und »umkredenzen«. Goethe wendet sich ironisch gegen den Hof, der den Herzog umgibt, nimmt aber den Herzog davon aus, indem er ihm, dem Fürsten, ausgerechnet bürgerliche Tugenden andichtet: »grad und treu«. Die Aussage soll nicht überbewertet werden: doch *der* Fürst scheint hier ein guter Fürst, der die bürgerlichen Tugenden – die das Bürgertum polemisch gegen den Sittenverfall des Adels, gegen Heuchelei und Gefühlskälte verfocht – annimmt. Das Gedicht ist leicht und lustig. Gerade das ist bemerkenswert: die Leichtigkeit und Selbstsicherheit, mit der hier der Poet dem regierenden Fürsten gegenübertritt.

In dem folgenden Gelegenheitsgedicht thematisiert Goethe die soziale Rollenverteilung: 1778 begrüßt er, als Bauer verkleidet, den Herzog. Er nimmt also die Rolle des Bauern an und tritt als »Untertan« vor den Herzog, der ihn natürlich erkennt; also auch hier wieder Ironie. Und tiefere Bedeutung:

»Begrüßung des Herzogs Karl August
in Verkleidung als Bauer

Durchlauchtigster! Es nahet sich
Ein Bäuerlein demütiglich,
Da Ihr mit Euerm Roß und Heer
Zum Schlosse tut stolzieren sehr.
Gebt auch mir einen gnädgen Blick:
Das ist schon Untertanen-Glück;
Denn Haus und Hof und Freud' und Leid
Hab' ich schon seit geraumer Zeit.
Haben Euch sofern auch lieb und gern,
Wie man eben lieb hat seinen Herrn,
Den man wie unsern Herrgott nennt
Und ihn auch meistens nicht besser kennt.
Geb' Euch Gott allen guten Segen,

Nur laßt Euch uns sein angelegen;
Denn wir bäurisch treues Blut
Sind doch immer Euer bestes Gut,
Und könnt Euch mehr an uns erfreun
Als am Park und an Stutereien . . .«[44]

Goethe spricht hier als Bauer für die Bauern. Er ironisiert die Demut des Bauern und die Würde des Herrn: »demütiglich« entspricht »stolzieren«. Das einzige Glück des Untertanen scheint der »gnädige Blick« des Herrn. Der Bauer liebt den Herrn, doch »wie man eben lieb hat seinen Herrn«, also wie es eben üblich ist, nicht besonders stark. Denn er kennt den Herrn nicht, der einem Herrgott gleich über ihm schwebt. Die Distanz wird also betont, die von beiden Seiten schwer überwindbar ist. Wenn der Bauer nun dem Herrn Gottes Segen wünscht, so bindet er dies sogleich an eine Bedingung: »Nur laßt Euch uns angelegen sein«. Der Patron wird also an seine Patronatspflicht erinnert: er hat den Bauern zu schützen und zu unterstützen. Auch hier wieder eine Abwehr gegen die feudale Genußsucht zugunsten der bürgerlichen und bäuerlichen Tugenden: die Bauern sind »treu« und sie sind wichtiger als das, womit Fürsten ihre Zeit vertun, mit Parks und Pferden. Goethe erinnert in diesem Gedicht an die wechselseitige Bindung von Herr und Knecht: der Herr hat Pflichten, die der Untertan einfordert.

Wenn wir uns diese beiden Gedichtlein Goethes vor Augen halten, bemerken wir bei der folgenden Lektüre der Stalin-Hymne Johannes R. Bechers deutlich, daß der Bolschewismus nicht nur ein Rückfall hinter die bürgerlichen Errungenschaften war, weil er die Bürger- und Menschenrechte beseitigte, sondern sogar hinter den Feudalismus, insofern er dem Herrscher keinerlei Pflichten mehr zumutete, sondern unbeschränkte Macht gab, dem Untertanen aber nur noch Pflichten, also totale Unterwerfung von ihm verlangte.

»Danksagung

In seinen Werken reicht er uns die Hand.
Band reiht an Band sich in den Bibliotheken,
Und niederblickt sein Bildnis von der Wand.
Auch in dem fernsten Dorf ist er zugegen.

Mit Marx und Engels geht er durch Stralsund,
Bei Rostock überprüft er die Traktoren,
Und über einen dunklen Wiesengrund
Blickt in die Weite er, wie traumverloren.

Er geht durch die Betriebe an der Ruhr,
Und auf den Feldern tritt er zu den Bauern,
Die Panzerfurche – eine Leidensspur.
Und Stalin sagt: »Es wird nicht lang mehr dauern.«

In Dresden sucht er auf die Galerie,
Und alle Bilder sich vor ihm verneigen.
Die Farbtöne leuchten schön wie nie
Und tanzen einen bunten Lebensreigen.

Mit Lenin sitzt er abends auf der Bank,
Ernst Thälmann setzt sich nieder zu den beiden.

Und eine Ziehharmonika singt Dank,
Da lächeln sie, selbst dankbar und bescheiden.

Die Jugend zeigt euch ihre Meisterschaft
In Sport und Spiel – und ihr verteilt die Preise.
Dann summt ihr mit die Worte »lernt und schafft«,
Wenn sie zum Abschied singt die neue Weise.

(...)

Gedenke, Deutschland, deines Freunds, des besten.
O danke Stalin, keiner war wie er
So tief verwandt dir. Osten ist und Westen
In ihm vereint. Er überquert das Meer,

Und kein Gebirge setzt ihm eine Schranke,
Kein Feind ist stark genug, zu widerstehn
Dem Mann, der Stalin heißt, denn sein Gedanke
Wird Tat, und Stalins Wille wird geschehn.«[44]

Der Feudalherrscher behauptete, von Gott eingesetzt zu sein, ein Gott zu sein, behauptete er nicht – im Gegensatz zu Stalin, der hier wie in den meisten Stalin-Hymnen mit göttlichen Eigenschaften versehen wird. Er ist nicht nur ein Übermensch, der alle anderen Menschen überragt, er ist auch an die Begrenzungen von Raum und Zeit nicht gebunden: er ist – wie Gott – allgegenwärtig und allmächtig. Im fernsten Dorf ist er »zugegen«, er geht mit den ebenfalls Unsterblichen Marx und Engels auch nach seinem (Stalins) Tod noch durch Stralsund; er sieht alles, er weiß alles – folgerichtig geschehen auch Wunder, wo dieser Geist erscheint. Die Bilder der Dresdner Galerie »verneigen sich« vor ihm. Wenn dies selbst Bilder tun, was bleibt da dem Menschen anderes übrig, als auf die Knie zu fallen?

Halten wir im Vergleich zu Goethes Gedichten fest: hier gibt es *keine* Ironie, *keine* Markierung des sozialen Rollenspiels, *keine* Verpflichtung des Herrschers dem Volk gegenüber, nur Lobhudelei, nur Speichelleckerei. Hier wird ein Massenmörder zur Gottheit emporstilisiert, hier bastelt einer an einer Trivialmythologie mit den Versatzstücken der Tradition; es ist ein Stückwerk, das der Verblendung dient. Welch ein Fall von Goethe zu Becher hinab.

In Goethes Gelegenheitsgedicht auf die Kaiserin von Frankreich von 1812 läßt sich der Wendepunkt vom alten feudalen Herrscherlob zum modernen erkennen. Das Gedicht ist an die zweite Frau Napoleons gerichtet, eine österreichische Prinzessin, die aus Gründen der Staatsräson mit dem Emporkömmling verheiratet wurde: zur Befestigung des Friedens zwischen Österreich und Frankreich, aus Napoleons Sicht auch zur Erlangung eines halbwegs legitimen Nachfolgers. Die fehlende Legitimation ist einer der schwächsten Punkte Napoleons, der weder über die alte feudale, noch über die neue demokratische Legitimation verfügte. Er herrschte mit der Gewalt der Waffen und legte sich eine pseudofeudale Legitimation zu, indem er sich selbst zum Kaiser krönte und schließlich eine richtige Kaiserstochter heiratete, der dieses Goethe-Gedicht »Im Namen der Bürgerschaft von Karlsbad« sich zuwendet.

»Worüber trüb Jahrhunderte gesonnen,
Er übersieht's in hellstem Geisteslicht,

> Das Kleinliche ist alles weggeronnen,
> Nur Meer und Erde haben hier Gewicht;
> Ist jenem erst das Ufer abgewonnen,
> Daß sich daran die stolze Woge bricht,
> So tritt durch weisen Schluß, durch Machtgefechte
> Das feste Land in alle seine Rechte.
>
> Und wenn dem Helden alles zwar gelungen,
> Den das Geschick zum Günstling auserwählt,
> Und ihm vor allen alles aufgedrungen,
> Was die Geschichte jemals aufgezählt! –
> Ja reichlicher als Dichter je gesungen! –
> Ihm hat bis jetzt das Höchste noch gefehlt;
> Nun steht das Reich gesichert wie gerundet,
> Nun fühlt er froh im Sohne sich gegründet.
>
> Und daß auch diesem eigne Hoheit g'nüge,
> Ist Roma selbst zur Wächterin bestellt.
> Die Göttin, hehr an ihres Königs Wiege,
> Denkt abermal das Schicksal einer Welt.
> Was sind hier die Trophäen aller Siege,
> Wo sich der Vater in dem Sohn gefällt?
> Zusammen werden sie des Glücks genießen,
> Mit milder Hand den Janustempel schließen.
>
> Sie, die zum Vorzug einst als Braut gelanget,
> Vermittlerin nach Götterart zu sein,
> Als Mutter, die, den Sohn im Arme, pranget,
> Befördre neuen, dauernden Verein;
> Sie kläre, wenn die Welt im Düstern banget,
> Den Himmel auf zu ew'gem Sonnenschein!
> Und sei durch sie dies letzte Glück beschieden –
> Der alles wollen kann, will auch den Frieden.«[45]

Nach den ersten drei Strophen, die konventionell das Glück der hohen Braut besingen – ich lasse sie weg –, kommt Goethe in der vierten auf deren Mann zu sprechen. Hier tendiert auch er dazu, den mächtigen Tyrannen zum Übermenschen zu stilisieren, der mehr sieht als »Jahrhunderte vor ihm«, dem alles gelingt, doch macht er ihn *nicht* zum Gott, der allgegenwärtig und allmächtig ist. In der fünften Strophe kommt mit dem Konditionalsatz die Einschränkung: »wenn« ihm alles gelungen wäre, so fehlte ihm doch noch etwas. Er ist also nicht vollkommen und er ist abhängig von der Gunst des Schicksals, das sich wenden kann; erst durch den Sohn ist er nun gesichert. Damit hat Goethe einerseits der feudalen Konvention genügt – auch der feudale Herrscher braucht einen Thronfolger –, aber zugleich die Legitimationsschwäche Napoleons ausgesprochen: erst durch den Sohn der österreichischen Prinzessin ist er halbwegs legitimiert. Die große Weltgeschichte wird dann zurückgedämmt: der Vater, der sich im Sohne gefällt, ist in der sechsten Strophe wichtiger als der siegreiche Feldherr. Dann wird das Bild der glücklichen Familie zum Bild des Friedens erweitert. In der letzten Strophe gemahnt Goethe nämlich den Gewaltherrscher, der wie niemand zuvor Europa mit Kriegen überzog, endlich Frieden zu machen.

Also auch dieses Gedicht, in dem Goethe einen illegalen Herrscher anspricht, weil er dessen Frau, die legale Prinzessin von Österreich, jetzige Kaiserin von Frankreich, besingt, ist weit entfernt von Bechers Kniefälligkeit Stalin gegenüber; zwar stilisiert Goethe Napoleon zum Übermenschen in einer Strophe, aber nicht zum Gott. Danach macht er die Abhängigkeit dieses Übermenschen vom Schicksal deutlich und schließlich unterschiebt er ihm den Wunsch, den alle haben, nur nicht Napoleon: den Wunsch nach Frieden. Er erwartet Frieden von dem, der alles dem Krieg verdankt.

1956 versuchten die Ungarn, sich vom Terror des göttlichen Stalin, der über dessen Tod hinaus andauerte, zu befreien. Der Aufstand, von Stalinisten »Konterrevolution« genannt, wurde von sowjetischen Panzern blutig niedergeschlagen. Der ungarische Schriftsteller Istvan Eörsi, am Aufstand beteiligt, wurde danach ins Gefängnis geworfen. Dort begegnete ihm folgendes:

»Im Gefängnis erhielten wir zuweilen die Vergünstigung, die Bibliothek der Institution zu besuchen. So geschah es, daß ich 1958 einen der Kolchosen-Romane des sowjetischen Schriftstellers Kerbabajew las. Das Werk spielt in irgendeiner der asiatischen Republiken. Drei Schäfer diskutieren auf der usbekischen oder tadschikischen Weide darüber, ob Stalin, wenn er aus dem Fenster des Kreml schaut, sie sieht, wie sie ihre Herde weiden. Die zwei älteren Schäfer – der eine 155, der andere 140 Jahre alt – zweifeln keinen Augenblick daran, der dritte dagegen – ein 115 Jahre alter Grünschnabel – vertritt den Standpunkt, daß Stalin von ihnen zwar wisse, auch von ihrem Leben und von ihrer Arbeit, samt ihren Herden, doch sehen könne er sie mit seinen leiblichen Augen nicht, weil das Fenster im Kreml, aus dem er schaut, zu weit weg ist. Der Jüngling ist offenbar vom dekadenten Geist des Zweifels befallen, und da ihn seine beiden Kollegen nicht überzeugen können, kommt die Angelegenheit vor den Richterstuhl der Kolchose. Hier bricht das Argumentationssystem des Irregeleiteten zusammen; also übt er Selbstkritik, woraufhin das Kollektiv ihn wieder aufnimmt.«[45]

Istvan Eörsi schreibt dazu: »Der aus dem Fenster des Kremls schaut, sieht alles wie Gott. Der Zweifel ist die Todsünde; er zieht die Exkommunikation nach sich.«

Der Bolschewismus unterwarf seine Untertanen der Schreckensherrschaft eines Mythos, dem sie hilflos ausgeliefert waren. Die Dichter und Denker schufen diesen Mythos, also all die kleinen und großen Schreiberlinge der Partei, bis aus der symbolischen Gewalt die materiale Gewalt wurde, wie Karl Marx es verlangte. Als die materiale Gewalt ihre schrecklichen Opfer forderte, webten die Dichter weiterhin am Mantel des Mythos, der die Blutspur der Opfer verwischen sollte.

»Nur einmal habe ich ihn gesehen – aufrecht an der Brüstung des Lenin-Mausoleums, an einem Ersten Mai, umblüht von Millionen Menschengesichtern. Aber mehr als zwanzig Jahre hindurch, in guten und schwersten Stunden, konnte ich Stalin, den lebenden Stalin befragen. Lautlos, in der eigenen Brust, antwortete er, hieß er gut, tadelte und tröstete er. Und noch ein Gedanke: Er starb für mich, für dich, für uns . . .

Seit sechzig Jahren, seit dem Tag, da er als Schüler für seine Freunde heimlich das »Kapital« abschrieb, bis zu diesem 5. März, 21.50 Uhr, schlug dieses

Herz für eine unsagbare Zukunft. Die Peitschenhiebe der Kosaken in Batum; die Gefängnisse; die endlosen Wege im Schneesturm, die der flüchtende Verbannte unaufhaltsam durchlief, einem Ziel entgegen, das in diesem Moment nichts war als ein kleines Zimmer in Petrograd, ein illegales Quartier, von dem aus der Kampf weitergetragen wurde; der Kampf in Rußland und der in London, Tammerfors, Prag, Wien, Leipzig; die Befehle in Smolny und der Panzerzug von Zarizyn, der Schwur an Lenins Bahre und die Strategie der Fünfjahrpläne, die Verwirklichung des Sozialismus und die Siege von Stalingrad und Moskau und der Vormarsch ins Unendliche, in den Kommunismus – für dich, für mich, für uns. Die Durchforschung der Vergangenheit, die Umformung der Gegenwart, der Entwurf der Zukunft, pausenlos, Tag für Tag, Nacht für Nacht, Jahr um Jahr . . .

Für euch, für uns: Diese Befreiung, diese Roten Soldaten, die die Reichskanzlei zerschmetterten und den Hungernden Brot brachten, diese Universitäten für Arbeiterkinder und Institute für junge Agronomen, diese Republik, die wir verteidigen. Für euch, für uns: Die Liebe zum Schönen und Guten erweckt und den Haß gegen die Feinde des Volkes, die Liebe zum Frieden, den Haß gegen den Krieg.

Für euch, für uns: Mit Festigkeit, Klugheit, Geduld, in Potsdam und nach Potsdam, gegen Wahnsinnige, Betrüger, Provokateure, die Sache des einigen Deutschlands verfochten.

Vor neunundzwanzig Jahren versprach der dem toten Freunde, seine Kräfte nicht zu schonen. Ach, er hat sie nicht geschont . . . Für sein Land und für die Zukunft der Menschheit hat er sein Blut, Tropfen um Tropfen, gegeben. Für euch, für uns . . . Vergiß es nie, Jugend Deutschlands! Du wirst es nie vergessen . . .«[46]

Es wäre schön, wir könnten diesen Mist, den Stephan Hermlin verzapfte, vergessen. Doch täten wir das, fügten wir den Opfern des Stalinismus neues Unrecht zu. Um dieser Opfer willen dürfen wir es nicht vergessen.

Noch Ende der achtziger Jahre verbat sich Stephan Hermlin jeden Vergleich des Hitlerismus mit dem Stalinismus. Auf einer Sitzung des Schriftstellerverbandes der DDR sagte er: »Ich fordere die Todesstrafe für jeden, der Faschismus und Stalinismus zu vergleichen wagt.« Vergleichen heißt nicht gleichsetzen, sondern auf Ähnlichkeiten hinweisen und auf Unterschiede. Die Ähnlichkeit in einem Punkt ist verblüffend: auch Hitler wurde von seinen Poeten mit göttlichen Attributen versehen so wie Stalin von den Seinen, auch Hitler wurde von seinen Lobrednern zum göttlichen Wesen emporgehoben, auch ihm hatten die Untertanen folgerichtig bedingungslos zu gehorchen. Der ehemals expressionistische Autor Hanns Johst:

>»Ein Wort sprang auf – stolz, klar und frei –
>wurde Sprache, Gesetz und Macht.
>Und aus der Tiefe steigt es empor,
>und immer höher treibt es der Chor
>dem Segen des Führers entgegen.
>Und Führer und Himmel sind ein Gesicht.
>Im Glockenstuhl schwingt das beseelte Erz,
>das deutsche Herz dröhnt im jungen Licht!

> Und Volk und Führer sind vermählt.
> Das Dritte Reich versteint, gestählt,
> steht festgefügt im Morgenglanz,
> umbaut als köstliche Monstranz
> dein glückliches Lächeln, mein Führer!«[47]

Führer und Himmel sind also eins. Und am Ende der Zeiten, wenn die Not am größten ist, kommt bekanntlich der messianische Erretter. Otto Bangert:

> »Er stieg empor aus Urwelttiefen
> und wurde ragend wie ein Berg.
> Und während wir ins Elend liefen
> und bebend nach dem Retter riefen,
> begann er groß sein heilig Werk.
>
> Er steht mit aufgeschreckten Händen
> Im Untergange einer Welt,
> Verzweiflung zuckt an allen Enden,
> doch wie mit heißen Feuerbänden,
> sein Geist die wüste Nacht erhellt.«[48]

Die Ästhetisierung der Politik:
Gottfried Benn

Ein Gedicht auf Hitler schrieb er nicht. Seine Lyrik erniedrigte er nicht zum Propaganda-Instrument der Nazis. Doch sich selbst – mit seiner Autorität als allseits anerkannter Lyriker – stellte er in ihren Dienst, und zwar gerade in der Zeit, in der sie eine Unterstützung von renommierten Leuten nötig hatten: 1933 nach der sog. Machtergreifung. Mitte 1934, als Gottfried Benn sich von ihnen abwandte, waren sie schon so weit etabliert, daß sie auf die bürgerlichen Schöngeister nicht mehr angewiesen waren.

Genauso wie Martin Heidegger wurde Gottfried Benn zum Aushängeschild der neuen Machthaber zu Beginn ihrer Macht. Bei beiden war die Parteinahme für Hitler eine Konsequenz ihres Denkens, beide erhofften sich aber auch Einfluß und Anteil an der Macht: Heidegger als Chef-Philosoph des sog. Dritten Reichs, Benn vielleicht als Präsident der Sektion Dichtkunst der preußischen Akademie der Künste, deren Unterwerfungsadresse an die Nazi-Regierung er entwarf. Beide sahen sich schließlich getäuscht. Als die Nazis im Sattel saßen, brauchten sie die angesehenen Intellektuellen, die sie immer mit Mißtrauen ansahen, nicht mehr. Ob beide sich im Laufe des Jahres 1934 auch von den Nazis zurückgezogen hätten, wenn sie eine einflußreiche Stellung erhalten hätten, bezweifle ich. Sie zogen sich zurück *und* sie wurden nicht mehr gebraucht. Als sie gebraucht wurden, waren sie da: 1933.

Benn veröffentlichte 1933 ein schmales Bändchen unter dem Titel »Der neue Staat und die Intellektuellen«; darin enthalten sind die beiden Rundfunkreden vom Frühjahr 1933 – die eine gab dem Band den Titel, die andere ist die berüchtigte »Antwort an die literarischen Emigranten« –, den Schluß bildet ein elender Sermon »Züchtung«, wonach der deutsche Mensch sich endlich durch Züchtung emporbilden muß.[49] In diesem Band enthalten ist aber auch der großartige Aufsatz Benns über Goethe und die Naturwissenschaften, das beste wohl, was bis dahin einer, der sich als Naturwissenschaftler, hier Mediziner, verstand, über dieses Thema geschrieben hatte.

»Der neue Staat und die Intellektuellen«: der neue Staat ist der Staat der Nazis, zu dem Benn sich hier rückhaltlos bekennt, und die Intellektuellen, das sind die, die sich für Sozialismus, für Demokratie und Meinungsfreiheit begeistern; für sie hat Benn nur Verachtung übrig: »Alles, was sich im letzten Jahrzehnt zu den Intellektuellen rechnete, bekämpfte das Entstehen dieses neuen Staates.« Und: »Er ist gegen sie entstanden.« Benn taktiert hier nicht. Er paßt sich nicht geschickt den neuen Herren an. Er spricht aus voller Seele, er läßt seinen Gefühlen freien Lauf. Die anscheinend lange unterdrückte Wut bricht sich freie Bahn: gegen die geschwätzigen Linken, gegen die konkurrierenden Besserwisser, gegen die parlamentarischen Redner, gegen Handel und Industrie, kurzum: gegen all das, was man die »Moderne« nennen könnte. Hier will einer aussteigen. Und er ist nicht allein. Das macht ihn glücklich. Er sucht den Rausch, diesmal nicht mit Hilfe von Drogen, sondern als politisches Besäufnis. Der Atem der Geschichte weht ihn an. Auf denn: »Ich spreche im Namen des Gedankens und derer, die sich ihm beugen. Wie sieht der Gedanke die heutige Lage an? Nicht der klägliche Gedanke, der lange genug im geschichtlichen Erbe als dem Nährgut der Nation herumschnüffelte, wo er einen Helden schwach und ein Opfer niedrig zeichnen könnte, sondern der notwendige Gedanke, diese überirdischste Macht der Welt, mächtiger als das Eisen, mächtiger als das Licht, immer in der Rufweite der Größe und im Flügelschlagen einer transzendenten Tat, wie sieht er die heutige Geschichte an?«[50]

Nun sind die genannten Intellektuellen natürlich gegen diese wunderbare historische Wende. Sie haben Vorbehalte, moralische, ästhetische. Aber das weist er mit Nietzsche entschieden zurück: »Die Geschichte verfährt nicht demokratisch, sondern elementar. Sie läßt nicht abstimmen, sondern sie schickt den neuen biologischen Typ vor, sie hat keine andere Methode, hier ist er, nun handle und leide, baue die Idee deiner Generation und deiner Art in den Stoff der Zeit, weiche nicht, handle und leide, wie das Gesetz des Lebens es befiehlt.«[51] Da ist nichts mehr zu sagen. Oder? Haben Sie Einwände? Woher weiß der Hautarzt Dr. Benn, daß es sich hier tatsächlich um einen »neuen biologischen Typ« handelt, so daß nicht demokratisch abgestimmt werden, sondern »elementar« gehandelt werden muß? Es läuft immer so in der Geschichte, macht er uns später klar, so daß der demokratische Firlefanz sowieso überflüssig ist. Also auch, wenn der neue biologische Typ nicht an die Tür klopft? Und die Freiheit? Schrecklich, was die Intellektuellen darunter verstehen: »Unumschränktheit in Geschäften und Genuß.« Glücklich sein will die Bande.

Das ist ein sehr wichtiger Punkt! Alle diese Verfechter des Totalen wollen, wie Benn, den kleinen Leuten ihr bißchen Glück, das sie sich mühsam suchen, wegnehmen: Askese, heißt ihre Devise, Maul halten, gehorchen, arbeiten, kämpfen, wie es die Partei oder der Führer befehlen. Nun wissen wir, daß Benn ein gutes Glas Wein zu schätzen wußte. Daß es ihm immer gelang, eine Nische zu finden, in der es sich einigermaßen bequem leben ließ. Immer in der Etappe, Erster Weltkrieg in Brüssel, Zweiter in Hannover und Landsberg an der Warthe. Auch ein gutes Bier wußte er zu schätzen in der Bozener Straße von Berlin nach 45. Und eine Dosis Kokain. Aber das ist doch etwas anderes: quod licet Iovi, non licet bovi, also: was der große Dichter tut, das gebührt dem Volk noch lange nicht.

Benn wendet sich hier entschieden gegen den Liberalismus, gegen den politischen und gegen den ökonomischen. Sein Feind ist derselbe wie der des Bolschewismus: die bürgerlichen Parlamentarier, die bürgerlichen Geschäftsleute, die bürgerlichen Intellektuellen. Die reden zuviel, die treiben Handel, die denken zuviel, aber sie handeln nicht, sie kämpfen nicht. Deshalb verlangt er in »Züchtung« den neuen Menschen:

»Was verlangt die Stunde, was muß entstehen? Ein Jahrhundert großer

Schlachten wird beginnen, Heere und Phalangen von Titanen, die Promethiden reißen sich von den Felsen, und keine der Parzen wird ihr Spinnen unterbrechen, um auf uns herunterzusehen. Ein Jahrhundert voll Vernichtung steht schon da, der Donner wird sich mit dem Meer, das Feuer mit der Erde sich begatten, so unerbittlich werden die Endgeschlechter der weißen Rasse aneinandergehen. Also gibt es nur eins: Gehirne muß man züchten, große Gehirne, die Deutschland verteidigen, Gehirne mit Eckzähnen, Gebiß aus Donnerkeil. Verbrecherisch, wer den neuen Menschen träumerisch sieht, ihn in die Zukunft schwärmt, statt ihn zu hämmern; kämpfen muß er können, das lernt er nicht aus Märchen, Spukgeschichten, Minnesang, das lernt er unter Pfeilen, unter Feinden, aus Gedanken. Frieden in Europa wird es nicht mehr geben, die Angriffe gegen Deutschland werden erst beginnen: vom Westen, vom Osten, vom Liberalismus, von der Demokratie . . .«[52]

Benn empört sich in »Der neue Staat und die Intellektuellen«: In der Weimarer Republik gab es 3812 Tageszeitungen und 4309 Wochenschriften. Das war ihm »zu viel historischer Sinn«. Der Führer hat dem bald abgeholfen. Benn muß das gefallen haben, denn »alles Große ist in Sklavenstaaten entstanden«, sagt er. Also, wenn wir einen Sklavenstaat kriegen, dann wird sich auch Großes herausbilden. Der Sklavenstaat kam, das Große auch: die Katastrophe.

Daß er Klaus Mann, der ihm aus der Emigration einen Brief schrieb, in einem Brief, den er flugs veröffentlichte, antwortete – eben in »Antwort an die literarischen Emigranten« –, zeigt, wie sehr er auf der Woge der Bewegung schwamm. Zunächst gibt er zwei, auch andernorts gern genutzte Argumente: einmal sind die Emigranten ohne Not weggelaufen, um sich ein bequemes Leben am »lateinischen Meer« zu machen, also Republikflüchtige. Das ist infam, denn Benn mußte wissen, daß viele der Emigranten im Gefängnis oder im KZ gelandet wären, wenn sie nicht rechtzeitig davongegangen wären. Zweites Argument: nur wer dabei war, darf sich ein Urteil erlauben. Das ist immer wieder gerne wiederholt worden, auch nach 1945, auch nach 1990: nur wer Nazi-Deutschland erlebt hat, nur wer die DDR erlebt hat, kann und darf mitreden. Hier bei Benn: nur wer den fabelhaften Aufmarsch am 1. Mai 1933 auf dem Tempelhofer Feld gesehen hat, weiß, welch historische Größe der Führer ist. In diesem Brief gebraucht Benn auch das Eigenschaftswort »fanatisch« im Nazi-Sinne, also nicht negativ wie üblich, sondern positiv: er selbst sei von »fanatischer Reinheit«. Und am Schluß folgt das Geschichtskonzept der Meister-Denker: »Der eine sagte: die Weltgeschichte ist nicht der Boden des Glücks (Fichte); der andere: Völker haben bestimmte große Lebenszüge an den Tag zu bringen, und zwar völlig ohne Rücksicht auf die Beglückung des einzelnen, auf eine möglichst große Summe von Lebensglück (Burckhardt); der dritte: die zunehmende Verkleinerung des Menschen ist gerade die treibende Kraft, an die Züchtung einer stärkeren Rasse zu denken. Dazu: eine herrschaftliche Rasse kann nur aus furchtbaren und gewaltsamen Anfängen emporwachsen. Problem: wo sind die Barbaren des 20. Jahrhunderts (Nietzsche). Das alles hatte die liberale und individualistische Ära ganz vergessen, sie war auch geistig gar nicht in der Lage, es als Forderung in sich aufzunehmen und es in seinen politischen Folgen zu übersehen.«[53]

Hier nennt er wieder den gemeinsamen Feind der linken und der rechten

Radikalen: die »liberale und individualistische Ära«. Mit der Weimarer Republik haben sie ihn gemeinsam vernichtet.

Nur ein Beispiel zur Erinnerung. KPD und NSDAP taten sich 1931 zu einer gemeinsamen Initiative zusammen, Stahlhelm und Deutsch-Nationale unterstützten sie: mit einem Volksentscheid sollte die demokratische Regierung Preußens, die letzte Stütze der Republik, beseitigt werden. Der sozialdemokratische Ministerpräsident Otto Braun appellierte daraufhin an die Bevölkerung, den »in unnatürlicher Paarung vereinten Todfeinden« eine Absage zu erteilen, denn »mit dem Gelingen des Volksentscheids« würde »weithin sichtbar das Flammenzeichen gegeben, daß das Ende der Demokratie, des Volksstaates, in Deutschland gekommen sei«. Die Mehrheit erklärte sich daraufhin am 9. August 1931 für die sozialdemokratische Regierung. Als am Abend des Tages der Ausgang des Entscheids absehbar war, setzte die KPD ein Signal dafür, daß der Klassenkampf weiterging: sie ließ zwei Polizeibeamte, die vor dem Kino »Babylon« am Bülowplatz standen, hinterrücks ermorden. Verantwortung für den Mord trug u. a. ein gewisser Walter Ulbricht, einer der Schützen hieß Erich Mielke.[54] Durch die tadellose Erfüllung des Parteiauftrags qualifizierten sich beide für größere Taten. Ulbricht durfte nach 1945 den Sozialismus in der DDR aufbauen und Mielke den Staatssicherheitsdienst; der Sozialismus ist ihnen nicht so recht gelungen, der Staatssicherheitsdienst dafür um so besser.

Auch Gottfried Benn war klar, daß große Ereignisse ihre Opfer fordern, er definierte die Ereignisse nur anders als die Kontrahenten auf dem linken Flügel. Am Schluß seines Aufsatzes »Züchtung« erwartet er »die großen Geister«, die kommen werden:

»Ich weiß, sie werden kommen, keine Götter, auch nur halbgut wie Menschen, aber aus der Reinheit eines neuen Volks. Die sollen dann auch richten und die Pfühle zerreißen und die Wand umwerfen, wo man mit losem Kalk getüncht hat und wo man entheiligt hat um eine Handvoll Gerste und einen Bissen Brot – sie allein. Ich weiß, sie werden kommen, ich bin sicher, es sind ihre Schritte, die hallen, ich bin sicher, ihnen gelten die Opfer, die fallen –; ich sehe sie nahen.«[55]

Die Opfer fielen, die großen Geister kamen nicht. In seinen Aufzeichnungen aus der Landsberger Kaserne, »Block II, Zimmer 66«, wundert sich Benn 1944, wie man diese Halunken, die 1933 an die Macht kamen, für bedeutend halten konnte. Er gießt seinen Hohn über sie, er charakterisiert sie zutreffend; die Frage, warum er ihnen auf den Leim gehen konnte, stellt er sich nicht:

»Wen beschäftigte sie nicht unaufhörlich, die eine Frage, wie es möglich gewesen sei und heute noch möglich war, daß Deutschland dieser sogenannten Regierung unentwegt folgte, diesem halben Dutzend Krakeeler, die seit nunmehr zehn Jahren dasselbe Geschwätz in denselben Sälen vor denselben gröhlenden Zuhörern periodisch abspulten, diesen sechs Hanswürsten, die glaubten, daß sie allein es besser wüßten, als die Jahrhunderte vor ihnen und als die Vernunft der übrigen Welt. Spieler, die mit einem trüben System nach Monte gereist waren, um die Bank zu sprengen, Bauernfänger, so töricht, anzunehmen, die Mitspieler würden ihre gezinkten Karten nicht bemerken – Saalschlacht-Clowns, Stuhlbeinheroen. Es war nicht der Traum der Staufen, der Norden und Süden vereinigen wollte, nicht die immerhin solide kolonisatorische

Idee der Ordensritter, die nach dem Osten zogen, es war reiner Ausfall an Wurf und Form, primärer Regenzauber, der vor requirierten Särgen Heinrichs des Löwen nächtlichen Fackeldunst zelebrierte. Das war deutlich erkennbar die Regierung, und nun ist das fünfte Kriegsjahr, das düster daliegt mit Niederlagen und Fehlberechnungen, geräumten Erdteilen, torpedierten Schlachtschiffen, Millionen Toten, ausgebombten Riesenstädten, und trotzdem hört die Masse weiter das Geschwätz der Führer an und glaubt es. Darüber kann eine Täuschung nicht bestehn. Zumindest die außerhalb der gebombten Städte glauben fest an neue Waffen, geheimnisvolle Revancheapparate, todsichere Gegenschläge, die unmittelbar bevorstehn. Hoch und Niedrig, General und Küchensoldat. Eine mystische Totalität von Narren, ein prälogisches Kollektiv von Erfahrungsschwachen – etwas sehr Germanisches zweifellos und nur in diesem ethnologischen Sinn zentral zu erklären.«[56]

Daß man diesen Auswurf für mehr hielt, als er war, dazu haben auch die Ausführungen angesehener Dichter und Denker, wie die Benns und die Heideggers, beigetragen. Die sind nicht nur getäuscht worden, die haben selber getäuscht.

Sieht man sich Benns Gedichte an, findet man Anhaltspunkte seiner Haltung, der er bis zum Schluß seines Lebens treu geblieben ist, schon recht früh. Es waren ja gerade die Intellektuellen, gegen die er sich 1933 wendet, die ihn zu dem Ansehen verhalfen, das er dann für die Nazis einsetzte. Denn seine Gedichte waren nicht von der Art, die man auf der Rechten liebte, spätestens 1936 machte ihm das die Zeitschrift der SS »Das schwarze Korps« klar. Benn trat 1912 mit einem neuen Ton in die Lyrik: der kaltschnäuzige Mediziner, der mit dem sezierenden, in der Anatomie geschulten Blick ohne Scheu vor Häßlichkeit, Krankheit und Tod das Elend schildert, das er gesehen hat. Es ist Kaltschnäuzigkeit, hinter der sich Empfindsamkeit verbirgt, die in späteren Gedichten dann zum Ausdruck kam, bisweilen auch als Larmoyanz. Benn hätte gerne eine andere Welt vorgefunden, aber da sie so war, wie sie war und immer noch ist, trat er ihr gefaßt gegenüber. Ein Arzt muß sich abhärten, Mitleid kann er sich nicht leisten, er hat zu viele Patienten. So ist Benns Leid durchweg sein eigenes Leid, also sein Leiden an der Welt und an sich, also Selbstmitleid; Mitleid mit anderen kennt er kaum. Und da ist die Sehnsucht nach einem anderen als dem bewußten Zustand, in dem man immerzu alles wahrnehmen und durchdenken muß. Zunächst ein Beispiel der frühen Kaltschnäuzigkeit:

»Requiem

Auf jedem Tische zwei. Männer und Weiber
kreuzweis. Nah, nackt, und dennoch ohne Qual.
Den Schädel auf. Die Brust entzwei. Die Leiber
gebären nun ihr allerletztes Mal.

Jeder drei Näpfe voll: von Hirn bis Hoden.
Und Gottes Tempel und des Teufels Stall
nun Brust an Brust auf eines Kübels Boden
begrinsen Golgatha und Sündenfall.

Der Rest in Särge. Lauter Neugeburten:
Mannsbeine, Kinderbrust und Haar von Weib.

> Ich sah von zweien, die dereinst sich hurten,
> lag es da, wie aus einem Mutterleib.«[57]

Der Arzt soll helfen und heilen. Aber oft steht er hilflos. Er sieht die Not des Kranken nah und schmerzhaft, die Hinfälligkeit des Körpers. Er muß sich dagegen wappnen. Benn flüchtet sich in den Zynismus. Jedenfalls im Gedicht und im Essay. Franz Tumler, der Gottfried Benn in dessen letzten Lebensjahren kannte, erzählte mir, daß Benn ein warmherziger, anteilnehmender Mensch im persönlichen Umgang gewesen sei. So ist sein Zynismus ein vorgetäuschter, wenn auch ein folgenreicher. Das Geschichtsbild, das er sich zulegte, war jedenfalls verhängnisvoll: der empfindsame Künstler schwärmte für die brutalen Tatmenschen und der unpolitische Akademiker machte sich ein schlichtes Bild vom Kampf in der Weltgeschichte.

Es sind zwei Gesichtspunkte, die Benn für den unpolitischen Enthusiasmus von 1933 präparierten, denn unpolitisch war er wie die meisten seiner Generation, Heidegger auch, insofern er das komplizierte Geflecht der Industriegesellschaft nicht durchschaute. Er machte sich ein schlichtes Modell, gegen das selbst die Vulgärmarxisten mehr zu bieten hatten. Dies der erste Gesichtspunkt: die Reduktion. Die Reduktion der Gesellschaft auf die wenigen Großen und den riesigen Rest, die Heloten, die Sklaven. Das ist sicher ein Erbteil der Bismarckzeit, die das deutsche Bürgertum vollkommen unpolitisch zurückließ, mit dem Aberglauben, Geschichte sei die Sache einiger großer Männer, die gelegentlich zum Kampfe riefen. Am besten also setzt man ihnen Denkmäler und rüstet sich für den Kampf. Hier sehen wir, wie sich seit Goethes Tagen die Situation verkehrte. Goethe forderte noch, dem damaligen Bürgertum entsprechend, vom Adel bürgerliche Werte: Aufrichtigkeit, Zuverlässigkeit, Tüchtigkeit. Als das Bürgertum dann in der zweiten Hälfte des 19. Jahrhunderts in Militär und Beamtentum aufsteigen konnte, übernahm es die feudalen Tugenden: Kampfbereitschaft, Gehorsam, »die Schwerter halten«.

Bei Benn ist der gesamte Geschichtslauf auf ein schlichtes Schema reduziert, insofern ist er auch unhistorisch. Ob nun die alten Griechen oder die Römer, ob Renaissance oder Napoleon, alles lief immer nach demselben Schema ab, meint er, alles schnurrt ihm auf ein armseliges Auf und Ab zusammen. Er ist unbelastet von jeder Geschichtskenntnis. Was ihm bleibt, ist eine große Geste, mit der er Jahrtausende umfaßt. Er merkt nicht, daß er nichts in der Hand hat, es ist schließlich auch nur eine Bewegung mit der leeren Hand, eine Geste, will sagen: das Ganze gehört zu einem ästhetischen Repertoire. So weit, so gut und manchmal auch eindrucksvoll. Nur hat er die ästhetische Geste dann mit der politischen Realität verwechselt; er nahm schließlich an, die Geschichte vollziehe sich tatsächlich so, wie er das bei Nietzsche gelesen und im Gedicht dargestellt hatte. Das war sein Fehler. Si tacuisses, poeta mansisses.

> »Dennoch die Schwerter halten
>
> Der soziologische Nenner,
> der hinter Jahrtausenden schlief,
> heißt: ein paar große Männer
> und die litten tief.

> Heißt: ein paar schweigende Stunden
> im Sils-Maria-Wind,
> Erfüllung ist schwer von Wunden,
> wenn es Erfüllungen sind.
>
> Heißt: ein paar sterbende Krieger
> gequält und schattenblaß,
> sie heute und morgen der Sieger –:
> warum erschufst du das?
>
> Heißt: Schlangen schlagen die Hauer
> das Gift, den Biß, den Zahn,
> die ecce-homo-Schauer
> dem Mann in Blut und Bahn –,
>
> Heißt: soviel Trümmer winken:
> die Rassen wollen Ruh',
> lasse dich doch versinken
> dem nie Endenden zu –,
>
> Und heißt dann: schweigen und walten,
> wissend, daß sie zerfällt,
> dennoch die Schwerter halten
> vor die Stunde der Welt.«[58]

Als dann die Nazis auf die Straße zogen, die braunen Kolonnen wild gewordener Kleinbürger, da meinte er, Bescheid zu wissen: es war eben so, dachte er, wie bei den Ägyptern, den Griechen, den Römern usw. So hat er sich und andere getäuscht: *er* war es, der das billige Schmierentheater der Nazis zum Welttheater aufputzte! Was er 1944, als der Krieg zuende ging, den Nazis vorwarf, hätte er sich selbst vorwerfen müssen; daß die Nazis ein Abschaum waren, das hatten 1933 gerade die Intellektuellen erkannt, die er damals so heftig angriff.

Und der zweite Gesichtspunkt: die Regression, das Zurück in den Mutterschoß, in den Ur-Schlamm, also dahin, wo es weich und warm ist, wo man nicht denken muß, wo man fein umsorgt ist. Es ist schmerzhaft, erwachsen zu werden. Das Rauschgift half ihm, diese Sehnsucht zu verwirklichen: Ausschalten des Bewußtseins und angenehme Träume. Genau das brachten die Nazis auch dem kleinen Mann, wenigstens zeitweise mit ihren Aufmärschen, Lichtdomen und Fahnenappellen. Darauf fiel auch Dr. Benn herein wie so viele deutschnationale Akademiker: der nationale Rausch, der Ausstieg aus der Industriegesellschaft. Das gelang nur für kurze Zeit, dann kam das dicke Ende. Benn muß dieser nationale Rausch gefallen haben. Der Einzelne verschwand in der Masse, die Gefühle schwemmten die Gedanken hinweg. Die industrielle Revolution schien rückgängig gemacht.

> »Oh, dass wir unsre Ur-Ur-ahnen wären.
> Ein Klümpchen Schleim in einem warmen Moor.
> Leben und Tod, Befruchten und Gebären
> Glitte aus unseren stummen Säften vor.
>
> Ein Algenblatt oder ein Dünenhügel:
> Vom Wind geformtes und nach unten schwer.
> Schon ein Libellenkopf, ein Möwenflügel
> Wäre zu weit und litte schon zu sehr. –«[58]

Gottfried Benn sah bis zu seinem Tode nicht ein, daß er selbst sich die Nazis zu Heroen aufgebaut hatte, daß er seinem eigenen Geschichtsbild, das er sich vom italienischen Faschisten Evola bestätigen ließ, auf den Leim gegangen war. Benn hielt bis am Schluß an diesem Geschichtsbild fest. Insofern ist er unbelehrt gestorben. Die Lektion, die ihm die Geschichte erteilt hat, hat er nicht gelernt. Am 18. Juli 1948 schrieb er an Hans Paeschke u. a.:

»Ein Volk regeneriert sich durch Emanation von spontanen Elementen, nicht durch Pflege und Hochbinden von historisierenden und descriptiven. Diese letzteren aber füllen bei uns den öffentlichen Raum. Und als Hintergrund dieses Vorgangs sehe ich etwas, das, wenn ich es ausspreche, Sie als katastrophal empfinden werden. Das Abendland geht nämlich meiner Meinung nach gar nicht zu Grunde an den totalitären Systemen oder den SS-Verbrechen, auch nicht an seiner materiellen Verarmung oder an den Gottwalds oder Molotows, sondern an dem hündischen Kriechen seiner Intelligenz vor den politischen Begriffen. Das Zoon politikon, dieser griechische Mißgriff, diese Balkanidee – das ist der Keim des Untergangs, der sich jetzt vollzieht. Daß diese politischen Begriffe die primären seien, wird von dieser Art Intelligenz der Clubs und Tagungen schon lange nicht mehr bezweifelt, sie bemüht sich vielmehr nur noch, um sie herumzuwedeln und sich von ihnen als tragbar empfinden zu lassen. Dies gilt nicht nur für Deutschland, das sogar in dieser Hinsicht in einer besonders schwierigen, fast entschuldbaren Lage ist, sondern ebenso für alle anderen europäischen Intelligenzen, allein aus England hört man gelegentlich eine andere Apostrophierung.

Werfen wir nun einen kurzen Blick auf diese politischen Begriffe und ihren Gehalt an degenerierender und regenerativer Substanz –, z. B. Demokratie, als Staatsprinzip das Beste, aber zum Produktiven gewendet absurd! Ausdruck entsteht nicht durch Plenarbeschlüsse, sondern im Gegenteil durch Sichabsetzen von Abstimmungsergebnissen, er entsteht durch Gewaltakt in Isolation. Oder das Humanitäre, ein Begriff, den die Öffentlichkeit geradezu mit numinosem Charakter umkleidet, – natürlich man soll human sein, – aber es gab hohe Kulturen, darunter solche, die uns sehr nahe stehen, die diesen Begriff überhaupt nicht realisieren, die Ägypter, Hellenen, Yukatan –, sein Sekundärcharakter im Rahmen des Produktiven, sein antiregenerativer Zug ist evident. Alles Primäre entsteht explosiv, später erfolgt die Finessierung und Applanierung – eines der wenigen unanfechtbaren Ergebnisse der modernen Genetik.«[59]

Hier spricht der unverbesserliche Faschist, der immer noch glaubt, durch »Züchtung« bilde sich die Menschheit voran, der seine Geringschätzung der Demokratie und des Humanismus nur mühsam verbergen kann. Auch verwechselt er immer noch Ästhetik und Politik. Natürlich entsteht »Ausdruck«, also ästhetische Produktion, nicht durch »Plenarbeschlüsse«, also Beschlüsse des Parlaments. Wer hätte das je behauptet? Es ist ja gerade die Eigenständigkeit des Ästhetischen, die der Artist Benn immer mit Recht eingeklagt hat, die Unabhängigkeit des Künstlers vom politischen Tagesgeschäft, die die moderne Kunst erst etablierte.

»Und damit leben Sie wohl und nehmen Sie Grüße aus dem blockierten, stromlosen Berlin und zwar aus dem seiner Stadtteile, der in Konsequenz jenes griechischen Mißgriffs und der sich aus ihm herleitenden geschichtlichen Welt nahe am Verhungern ist.«

Es sind also nicht die bolschewistischen Machthaber, Stalin und seine Vasallen, die West-Berlin zugrunderichten wollen, es ist die Konsequenz des »griechischen Mißgriffs«. West-Berlin hätte an diesem Mißgriff der Demokratie nicht festhalten sollen, meint Benn, also sich Stalin unterwerfen sollen, dann wäre ihm die Blockade erspart geblieben? Benn war bis zum Schluß ein Feind der westlichen Demokratie; darin ist er seinem Ost-Berliner Pendant, dem einstmals ebenfalls expressionistischen Poeten Johannes R. Becher nahe geblieben. Benn ästhetisierte die Politik, Becher politisierte die Ästhetik, könnte man in Übernahme einer Bemerkung von Walter Benjamin sagen. Beide dienten auf ihre Weise einem totalitären System. Becher hatte nur mehr Glück als Benn: er wurde wenigstens Kultusminister. Aber Becher war sich in hellen Momenten des verbrecherischen Systems bewußt, dem er diente. Freilich schüttete er dieses Bewußtsein mit Drogen und Alkohol zu wie sein westliches Pendant Gottfried Benn. Benn:

»Nur zwei Dinge

Durch soviel Formen geschritten,
durch Ich und Wir und Du,
doch alles blieb erlitten
durch die ewige Frage: wozu?

Das ist eine Kinderfrage.
Dir wurde erst spät bewußt,
es gibt nur eines: ertrage
– ob Sinn, ob Sucht, ob Sage –
dein fernbestimmtes: Du mußt.

Ob Rosen, ob Schnee, ob Meere,
was alles erblühte, verblich,
es gibt nur zwei Dinge: die Leere
und das gezeichnete Ich.«[60]

Hier steht er noch einmal: der große Mann, der einsame Künstler. Er wäre es geblieben, wenn er seiner eigenen poetischen Lehre zufolge nur Artist gewesen wäre und nichts anderes. Die Dichtung habe keine Wirkungen, meinte er, es sei Unsinn, sie in politischen Auftrag einzuspannen. Er war ein Gegner jeder engagierten Literatur und ein Anhänger der »poésie pure«. Das kommt in diesem Gedicht zum Ausdruck: das gezeichnete Ich ist dieses Ich, das sich selber ausspricht und sich darin genügt, der Rest der Welt ist ihm gleichgültig, »Leere«. Benn trat leider mit dieser großspurigen Geste aus dem Gedicht heraus auf die Straße, aus der Poesie in die Politik.

Genie und Dandy: die Vermischung theologischer und ästhetischer Kategorien

In einem Seminar über Franz Kafka interpretierte ich mit den Studenten Kafkas kleinen Text »Die Bäume«. Als ich die unauflösbare Paradoxie des Textes erläuterte, unterbrach mich ein Student unwillig: »Lassen Sie es gut sein, wir wissen doch, was Kafka für ein Mensch war, welche Schwierigkeiten er mit dem Vater und der Verlobten hatte.« Ich reagierte darauf sehr unwirsch: Literaturwissenschaftler befaßten sich mit Texten, nicht mit Lebensläufen. Wer sich für das Leben merkwürdiger Menschen interessiere, solle Psychologie studieren. Die Psychiater lernten schrecklichere Schicksale bei ihren Patienten kennen als die Literaturwissenschaftler bei ihren Dichtern. Meine Antwort war nicht fair, fiel mir später ein: die Literatur verdankt ihre bedeutende Stellung im öffentlichen Leben nicht zuletzt dem erstaunlichen Interesse der Leser für das Leben der Dichter. Würde deren Lebensgang nicht so faszinieren, würden auch deren Werke nicht so viel gelesen.

Der Schweizer Schriftsteller Peter Bichsel faßte nach einer Lesereise seine Eindrücke einmal so zusammen: »Die Leute interessieren sich nicht für Literatur. Sie interessieren sich für Schriftsteller.« In der Tat: Warum besuchen sie Dichterlesungen, wo sie doch zu Hause in Ruhe die Texte des Dichters lesen könnten? Sie wollen eben den Dichter selber sehen, ihn hören, mit ihm reden, ihn »anfassen«, etwas von seiner »Aura« erhaschen.

Franz Kafkas Krankheit und Tod, Robert Walsers Wahnsinn und Sanatoriumsaufenthalt beeindrucken mehr noch als ihre Werke. Wer Hölderlins späte Hymnen nicht gelesen hat, kann doch über seine Schizophrenie spekulieren: ob es denn nun eine war oder nicht. Der Dichter ist ein hervorragender Mensch, der die anderen Menschen nicht nur an Schöpferkraft überragt, sondern auch an Leidenskraft. Diese Leidenskraft gehört gewissermaßen zu seiner Schöpferkraft. Aus seinem Leiden an der Welt erwächst sein Werk, seine Schaffenskraft bringt ihn wiederum in Schwierigkeiten mit der Welt.

Das Interesse an der Biographie der Künstler ist erst vor kurzem, erst vor kaum mehr als 250 Jahren entstanden; vorher wußte man nicht viel über sie, weil man nicht viel über sie wissen wollte. Über die mittelalterlichen Meister wissen wir fast nichts, manchmal wissen wir nicht einmal ihren Namen. Sie waren Handwerker wie andere auch. Die Dichter waren Gelehrte oder Mönche wie andere Gelehrte und Mönche auch. Erst im Laufe des 18. Jahrhunderts setzte sich durch, was seit der Renaissance sich herausbildete: die Wertschätzung des schöpferischen Menschen, der die nicht-schöpferischen weit überragt, weil er über göttliche Fähigkeiten verfügt. Bis dahin konnte nur Gott als

Schöpfer gedacht werden. Der Mensch war sein Geschöpf. »Solus creator est deus«, überschreibt der Mediävist Thomas Cramer seinen Aufsatz »Der Autor auf dem Weg zum Schöpfertum« im Mittelalter.[61] Für Thomas von Aquin war das entscheidende Kriterium der Schöpfung demnach die »Erschaffung aus dem Nichts«, die »Entstehung von etwas substantiell Neuem, vorher nicht Dagewesenem«. Solche Schöpfung konnte nur Gott vollbringen, nicht der Mensch. Der Autor des höfischen Romans hielt sich deshalb eng an die vorgegebenen Muster, die er nachschrieb.

Erst in der Renaissance kam es durch die Rezeption der Antike zu einer allmählichen Überwindung dieser christlichen Vorstellung von Schöpfer und Geschöpf. An der Aufnahme des antiken Mythos von Prometheus ist das zu erkennen. Prometheus ist der Titan, der den Göttern das Feuer vom Olymp stiehlt und es den Menschen bringt. Er ist es, der die Menschen erst zu Menschen macht; sie werden unabhängig von den Göttern und sie beginnen mit Hilfe des Feuers ihre Kultur, aus dem »homo naturalis« wird der »homo civilis«. Prometheus ist das Symbol des schöpferischen Menschen, der bis in die Gegenwart seine titanische Gestalt beibehält, die er aus dem alten Mythos erbte.

Boccaccio unterschied noch zwischen zwei verschiedenen Prometheus-Figuren, um das alte christliche Bild mit dem neuen, durch die Antiken-Rezeption entstandenen zu verbinden: sein erster Prometheus ist der christliche Schöpfergott, sein zweiter Prometheus dagegen ist der schöpferische Mensch, der Erfinder und der Künstler. Beide, Erfinder und Künstler, stehen bei ihm noch nebeneinander, beide sind ja tatsächlich noch in einzelnen Persönlichkeiten der Renaissance vereint wie in der des großen Leonardo da Vinci.

An Goethes Prometheus-Ode ist die alte Konstellation abzulesen: sein Prometheus muß sich noch von den Göttern trennen, seine Emanzipation in Spott und Wut demonstrieren. Goethes Prometheus steht nicht mehr »unter Jupiter« wie der des Boccaccio und noch der des Shaftesbury, er steht »gegen Jupiter«.[62] Das Sakrileg des schöpferischen Menschen, der sich an die Stelle des göttlichen Schöpfers setzt, ist hier noch zu spüren:

»Bedecke deinen Himmel Zeus,
Mit Wolkendunst!
Und übe, Knaben gleich,
Der Disteln köpft,
An Eichen dich und Bergeshöhn!

Mußt mir meine Erde
Doch lassen stehn,
Und meine Hütte,
Die du nicht gebaut,
Und meinen Herd,
Um dessen Glut
Du mich beneidest.

Ich kenne nichts Ärmer's
Unter der Sonn' als euch Götter . . .«

Den Übergang vom alten Bild des Dichters zum neuen, das bis in unsere Tage fortwirkt, will ich an zwei Positionen erläutern: an der Gottscheds und der

Klopstocks. Mit Klopstock beginnt die neue Epoche; Jochen Schmidt umreißt sie in seiner Studie »Die Geschichte des Genie-Gedankens in der deutschen Literatur, Philosophie und Politik 1750-1945« folgendermaßen:
»Die Anschauung vom außerordentlichen Rang der Dichtkunst hat sich erst im 18. Jahrhundert herausgebildet. Schon durch Klopstock, um das Jahr 1750, vollends dann aber in der Geniezeit, zwischen 1760 und 1775, erhielt der Dichter die Würde eines mit höchster Autorität auftretenden Schöpfers. Galt Dichtung zu Anfang des 18. Jahrhunderts nach dem Horazischen Rezept »aut prodesse volunt aut delectare poetae« als ergötzliche und belehrende Angelegenheit, so erhält sie schon bald nach der Jahrhundertmitte das Pathos und die einmalige Verbindlichkeit einer Offenbarung – einer Offenbarung von Wahrheiten, die nur dichterisch zugänglich sind und deshalb nur vom Dichter vermittelt werden können.«[63]

Gottsched verlangt, noch ganz der alten Tradition verhaftet, vom Dichter rationale Fähigkeiten und handwerkliche Fertigkeiten. Der Dichter hat der Unterhaltung und der Belehrung zu dienen. Er muß auf die Moral verpflichtet sein, die Vernunft soll seinen Geschmack leiten, Witz soll er haben. »Witz« meint die Kraft des Kombinierens; aus Vorhandenem stellt der Dichter eine neue Variation her. Er bringt nichts Eigenständiges, nichts Neues. Gottsched spricht in seiner »Critischen Dichtkunst« zwar von der später so oft berufenen »Einbildungskraft«, sieht in ihr aber laut Schmidt keineswegs ein schöpferisches Vermögen, sondern nur »die Fähigkeit«, sich »an früher Wahrgenommenes zu erinnern, nachdem durch gegenwärtige Wahrnehmungen ein entsprechender Assoziationsprozeß ausgelöst wurde«. Gottscheds »Einbildungskraft« ist also reproduktiv und nicht produktiv. Gottsched warnt ausdrücklich vor zu »hitziger« Einbildungskraft:

»Eine gar zu hitzige Einbildungskraft macht unsinnige Dichter: da fern das Feuer der Phantasie nicht durch eine gesunde Vernunft gemäßiget wird. Nicht alle Einfälle sind gleich schön, gleich wohlgegründet, gleich natürlich und wahrscheinlich. Das Urtheil des Verstandes muß Richter darüber seyn ... Wer seinen regellosen Trieben den Zügel schießen läßt, dem geht es wie dem jungen Phaeton. Er hat wilde Pferde zu regieren; aber sehr wenig Verstand und Kräfte sie zu bändigen, und auf der rechten Bahn zu halten: sie reißen ihn fort, und er muß folgen wohin sie wollen, bis er sich in den Abgrund stürzet. So ist es mit einem gar zu feurigen poetischen Geiste auch bewandt. Er reißt sich leicht aus den Schranken der Vernunft: und es entstehen lauter Fehler aus seiner Hitze, wenn sie nicht durch ein reifes Urteil gezähmt wird.«[64]

Gottscheds Ideal ist der abgeklärte Gelehrte, der den Zielen der Vernunft dient, wozu er ein umfangreiches Wissen benötigt: »poeta doctus« soll er sein. Dagegen steht nun Klopstock: als Verfasser des »Messias« verkündet er religiöse Wahrheit und erhöht damit sich selbst zum Verkünder. Klopstock fühlt eine religiöse Berufung: die Wahrheit der Religion will er verbreiten. Aus dem »poeta doctus« wird bei Klopstock der »poeta vates«, der Dichter als Seher und Prophet: »Er wäre vielleicht nie Dichter geworden, wenigstens schwerlich Dichter geblieben, wenn ihn nicht der Gegenstand seines Gefühls, seiner Verehrung gehoben und gehalten hätte. Hätte er je an der Darstellung desselben verzweifelt, hätte ihn je die begeisternde Kraft verlassen, die von demselben ausströmt, er würde seiner Neigung und Anlage nach, die Bildung seines Geistes vielleicht darauf beschränkt haben, ein treuer Beobachter von Naturgegenständen zu werden.«[65]

Das Gefühl, die Begeisterung sind Klopstocks Antriebe zum Dichten, der hohe Gegenstand ruft die Begeisterung hervor, der sich die schaffende Seele hingibt. In seiner Ode »Auf meine Freunde« fragt Klopstock: »Willst du zu Strophen werden, o Lied, oder ununterwürfig Pindars Gesängen gleich, Gleich Zeus' erhabnen trunknen Seele, Frei aus der schaffenden Seele taumeln?« Ein stärkerer Gegensatz zu Gottscheds gelehrter Gelassenheit ist kaum zu denken: frei, trunken, taumelnd – so entfaltet sich das schöpferische Genie, dem höchsten Gotte gleich. Demgemäß ist auch der Gegenstand der Dichtung dieses Genies der höchste, der sich denken läßt in der christlichen Überlieferung: die Geschichte des Erlösers. Der göttliche Poet dichtet »heilige Poesie«.

Klopstock hatte seine neue Konzeption, die er in dem Aufsatz »Von der heiligen Poesie«, der 1755 als Vorrede zum ersten Band des »Messias« erschien, formulierte, nach zwei Seiten hin zu verteidigen: einmal gegen die lutherische Theologie, die eine ungute Vermischung von Glauben und Dichtung befürchtete, zum andern gegen die Gottschedianer, die die Dichtung im Dienst der Vernunft und nicht in dem des überkommenen Glaubens sehen wollten.

»Die Vermischung der christlichen Religionswahrheiten mit neu ersonnenen Erdichtungen als eine ganz bedenkliche Sache« nennt der Pastor G. Volquardt seine gegen Klopstock gerichtete Schrift. Klopstock hielt sich im »Messias« zwar an die im Neuen Testament überlieferte Geschichte Jesu, schmückte sie aber mit zusätzlichen Erfindungen aus. Diese Erfindungen, meint Volquart, mache die Gläubigen »stutzen bei den neuen Nachrichten von den Teufeln und Engeln, die unsere Dichter ihnen erteilen«. Diese Erdichtungen seien »Kot« im Heiligtum der Religion.

Gottsched wirft sich in seinem »Bescheidenen Gutachten« ebenfalls zum Beschützer der Religion auf, aber dies nur aus taktischen Gründen; in Wirklichkeit will er das Christentum aus der Dichtung nicht um des Christentums, sondern um der Dichtung willen heraushalten, wie Gerhard Kaiser in seiner Untersuchung »Klopstock. Religion und Dichtung« feststellt.[66] Die orthodoxe Theologie hatte mit ihrem Einwand gegen Klopstocks »Messias« nicht unrecht: seine Vermischung von Religion und Dichtung hat sich letztlich gegen die Religion ausgewirkt, wiewohl er gerade das Gegenteil erreichen wollte. Seine Absicht war es ohne Zweifel, zur Verbreitung und Vertiefung des Christentums beizutragen. Deshalb führte er die geoffenbarte Wahrheit der Heiligen Schrift in die Fiktionalität des literarischen Textes hinüber; er betonte sogar die Fiktionalität durch seine poetischen Erfindungen. So geschah es, daß die biblischen Geschichten auf dieselbe Ebene rutschten wie die von ihm erfundenen. Letztlich wurde ihm alles zu einer schönen Geschichte, die erhabene Gefühle auslöste.

Die Vermischung von Poesie und Religion hatte nicht zur Erhöhung der Religion geführt, wie Klopstock hoffte, sondern zur Erhöhung der Dichtung, die nun eine religiöse Aura trug. Gerhard Kaiser: »Das nicht oder nicht mehr ganz Geglaubte der Bibel wird zur Erdichtung, der religiöse Wahrheitsgehalt der Poesie ist wesentlich nicht von den Lehrwahrheiten der Offenbarungsreligion unterschieden.«[67] Klopstock wollte der Kanzel zu Hilfe eilen, beförderte aber nur den unaufhaltsamen Säkularisationsprozeß. Klopstocks Schrift »Von der heiligen Poesie« ist gewissermaßen das Gelenk zwischen der alten und der neuen Epoche, Vorgänger hatte er keine, Nachfolger aber auch nicht. Denn die, die nach ihm kamen, übernahmen zwar seine pathetische Sicht vom Dichter als Verkünder, verkündeten die biblische Wahrheit aber nicht mehr, sondern ihre eigene. Der Wahrheitsanspruch der Poesie blieb erhalten und der priesterliche Gestus des Dichters. Die Wahrheit der Heiligen Schrift war fragwürdig geworden, doch die Wahrheit der Dichtung hatte sich etabliert. Der geniale Dichter kann in der Poesie eine Wahrheit ausdrücken, die auf keine andere Weise zu erfassen ist. Klopstock vertrat diese Konzeption bereits: »Es giebt Gedanken, die beynahe nicht anders als poetisch ausgedrückt werden können; oder vielmehr, es ist der Natur gewisser Gegenstände so gemäß, sie poetisch zu denken, und zu sagen, daß sie zu viel verlieren würden, wenn es auf eine andere Art geschähe.«[68]

Gerhard Kaiser dazu: »Die religiösen Aussagen in Klopstocks Dichtungen sind nicht »nur« poetisch, das heißt eigentlich unverbindlich, sondern umgekehrt: die poetische Haltung der Seele ist die eigentliche religiöse Erkenntnis, die sich in der Bewegung der ganzen Seele vollzieht. Eine Religion, die mehr Frömmigkeit als Theologie ist, findet so im dichterisch erregten Wort und Gefühl ihren angemessensten Ausdruck. Bei Schiller wird alle Religion zur Dichtung. Für Klopstock ist nur noch Dichtung Religion; der Dichter ist der wahre Priester. Durch eine merkwürdige List der geschichtlichen Vernunft ist so der Weg zur klassischen und romantischen Überhöhung der Kunst gerade durch den Dichter eröffnet, der mit altväterlicher Strenge an einer außerkünstlerischen Sinngebung der Kunst festhält. Die Poesie ist Mittel zum Zweck, aber höchstes Mittel zum höchsten Zweck.«[69]

Die außerkünstlerische, also religiöse Sinngebung der Kunst, die Klopstock behauptete, legten seine Nachfolger ab. Kunst war hinfort autonom, gab sich ihre Gesetze selbst. Das Genie ist Selbsthelfer und Selbstbestimmer. Überkommene Regeln fegt es beiseite, sein Werk soll originell sein, es leugnet jeden Bezug zu bereits Vorhandenem. Das Genie folgt einzig seiner göttlichen Berufung. Hier wird an der religiösen Aura festgehalten: die göttliche Schöpferkraft des Genies führt zur Erhöhung des Kunstwerks, in dem sich Göttliches offenbart. So wie Gott sich in seiner Schöpfung, in der Natur offenbart, so offenbart er sich mittels des Genies im Kunstwerk. An die Stelle der Heiligen Schrift treten Natur und Kunst. Die Offenbarung im Buch der Natur und im Buch des Dichters tritt an die Stelle der biblischen Offenbarung. Und neben den Schöpfer-Gott und schließlich an dessen Stelle tritt der Schöpfer-Künstler. Wilhelm Heinrich Wackenroders von Ludwig Tieck vollendete »Herzensergießungen eines kunstliebenden Klosterbruders« von 1797, beliebt und einflußreich bis weit ins 19. Jahrhundert, bestätigen diese Entwicklung.[70] Die Vermischung des Ästhetischen mit dem Theologischen ist schon im Titel zum Programm erhoben: es ist ein Klosterbruder, also ein frommer Mönch, der hier spricht, aber er spricht nicht von der Religion, sondern von der Kunst. Die Biographie großer Künstler, die am Unverstand der Welt um ihres Werkes willen litten, hat Wackenroder nach dem Vorbild der Heiligenlegenden verfaßt.

Wackenroder: »Es ist in der Welt der Künstler gar kein höherer, der Anbetung würdigerer Gegenstand als: – ein ursprünglich Original! – Mit emsigem Fleiße, treuer Nachahmung, klugem Urteil zu arbeiten – ist menschlich; aber das ganze Wesen der Kunst mit einem ganz neuen Auge zu durchblicken, es gleichsam mit einer ganz neuen Handhabe zu erfassen – ist göttlich.«[71]

Hier wird noch einmal das alte von Gottsched formulierte Konzept des »poeta doctus« zurückgewiesen. Das neue des »poeta vates« verlangt Verehrung, ja »Anbetung« wie Gott selbst, denn dieser Poet ist »göttlich«.

Am deutlichsten führt Wackenroder das Schema der Heiligenlegende am Lebenslauf des von ihm erfundenen Komponisten Joseph Berglinger durch. Berglinger leidet unter den »bittern Mißhelligkeiten« zwischen seinem angeborenen »ätherischen Enthusiasmus« und dem »irdischen Anteil an dem Leben eines jeden Menschen«. Daran geht er schließlich, ein Märtyrer seiner Kunst, zugrunde:

»Manche Träne hab ich ihm geschenkt, und es ist mir seltsam zumut, wenn ich sein Leben übersehe. Warum wollte der Himmel, daß sein ganzes Leben hindurch der Kampf zwischen seinem ätherischen Enthusiasmus und dem niedrigen Elend dieser Erde ihn so unglücklich machen und endlich sein doppeltes Wesen von Geist und Leib ganz voneinander reißen sollte! Wir begreifen die Wege des Himmels nicht. – Aber laßt uns wiederum die Mannigfaltigkeit der erhabenen Geister bewundern, welche der Himmel zum Dienste der Kunst auf die Welt gesetzt hat . . .

Der Kunstgeist ist und bleibet dem Menschen ein ewiges Geheimnis, wobei er schwindelt, wenn er die Tiefen desselben ergründen will; – aber auch ewig ein Gegenstand der höchsten Bewunderung: wie denn dies von allen Großen in der Welt zu sagen ist.«[72]

Wie sehr dieses Bild des Künstlers, der für seine Kunst lebt und stirbt, sich bis in unsere Zeit gehalten hat, belegt das Nachwort von Richard Benz zu der Reclam-Ausgabe von 1955ff. der »Herzensergießungen«. Benz stellt Wackenroders Biographie neben die des von Wackenroder erfundenen Berglinger, als sei Wackenroders Biographie ein von ihm erfundener Text. Die Künstler-Biographie als Heiligenlegende, eine Erfindung Wackenroders, wird zum Bild der Realität, d. h. sie formt die Realität: wir sehen die Künstler nach dem vorgefertigten Bilde *und* die Künstler verhalten sich entsprechend diesem Bilde, indem sie leidend zugrundegehen.

Benz: »Aber die Tragödie dieses Ebenbildes ist nicht, daß er in seiner Kunst scheitert, sondern daß er verzweifelt, weil die Kunst im Leben nicht die hohe Rolle gespielt, wie seine Seele sie allein fordert und versteht. Der plötzliche Tod inmitten errungener Leistung und Erfüllung ist eigenes vorausgeahntes Schicksal – ein Jahr nach dem Erscheinen der »Herzensergießungen« ist Wackenroder, am 13. Februar 1798, an einem Nervenfieber gestorben. Seine zarte Organisation war dem Zwang zu dem ungeliebten, ja verhaßten Beruf nicht gewachsen; er hatte nicht ganz und einzig seiner Kunst leben dürfen. Sein Erleben der Kunst auch in diesem neuen freiesten Bereich war ihm ernst; er hat daraufhin gelebt und ist darauf gestorben.«[73]

Seit jener Zeit, der des Genie-Kults und des heiligen Märtyrers der Kunst, werden die Dichter verehrt und mitunter angebetet, wie Wackenroder es verlangt. Die Leser richten sich nach dem festgelegten Bild und die Dichter auch. Seitdem werden die Poeten wahnsinnig wie Hölderlin, Lenz und Lenau, sie begehen Selbstmord wie Kleist, weil ihnen »auf Erden nicht zu helfen war«, und sie sterben jung und verkannt wie Büchner; erst die Nachwelt flicht ihnen Kränze. Wann gab es das vorher in der Literatur- und Kunstgeschichte?

Die Dichter beugen sich den Erwartungen der Leser und Kritiker. Die wiederum bewundern an ihnen die radikale Unbedingtheit, die sie sich selbst versagen. Es ist gerade die Kompromißlosigkeit gegen sich und andere, die wir an Robert Walser und Franz Kafka verehren. Das Interesse an ihrer Biographie, das oft das Interesse an ihrem Werk verdeckt, hat eine letztlich religiöse Wurzel: es ist das Interesse am vorbildlichen Leben der Märtyrer und der Heiligen. Die Autoren wiederum fügen sich, mehr oder weniger bewußt, in dieses Schema. Walser nannte das Dichten ein Beten (»Beten ist ja wie Dichten«) und Kafka auch (»Schreiben als Form des Gebets«). Aber: sie dichteten, sie beteten nicht.[74]

1847 wandte sich Sören Kierkegaard noch einmal entschieden gegen die Vermischung theologischer und ästhetischer Kategorien, die zu einer Entleerung der theologischen führe: »Über den Unterschied zwischen einem Genie und einem Apostel« heißt sein Traktat.[75] Kierkegaard wehrt sich schon nicht mehr gegen die Sakralisierung der Kunst und Poesie, er muß die entgegengesetzte Bewegung abwehren: die Ästhetisierung der Religion. Wenn der Dichter ein Apostel, ein Prophet ist, dann wird umgekehrt der Apostel, in dem man den Künder der Heilswahrheit nicht mehr zu sehen vermag, zum Genie: »Sie sprechen in den höchsten Tönen davon, wie geistreich der Apostel Paulus ist, welchen Tiefsinn er hat, wie schön seine Gleichnisse sind usw. – lauter »Ästhetik««. Nenne man Paulus ein Genie, dann komme er schlecht weg: »Als Genie kann Paulus weder mit Plato noch mit Shakespeare den Vergleich aushalten: als Urheber schöner Gleichnisse kommt er ziemlich tief zu stehen.«

Kierkegaard definiert den Unterschied zwischen Genie und Apostel: Das Genie bringt Neues, das im Laufe der Geschichte von Neuerem überholt wird, der Apostel bringt etwas Neues, das bestehen bleibt; der geniale Mensch »ist, was er ist, aus sich selber«, der Apostel dagegen »kraft seiner göttlichen Vollmacht«. Kierkegaard versucht hier mit gedanklicher Schärfe eine Entwicklung rückgängig zu machen, indem er auf ihren Ausgangspunkt zurückverweist, doch die Geschichte ist schon längst weitergegangen. Der inflationäre Gebrauch des Begriffs »Genie«, den Lessing schon gegen Ende der Hamburgischen Dramaturgie beklagt, hat zu anderen Begriffen geführt, die eine Variante bieten, aber nichts prinzipiell Neues: der Dandy und der Bohemien, die im Laufe des 19. Jahrhunderts sich ausbreiten, sind nicht mehr religiöser Herkunft, befestigen aber nach wie vor die hervorragende Rolle des schöpferischen Subjekts.[76] Anders als die normalen Sterblichen, als Philister und Bourgeois, ist er allemal. Ein Besonderer, der sich mal aristokratisch über sie erhaben fühlt als Dandy, mal als Bohemien ihr Verlangen nach materiellen Gütern ablehnt und in selbstgewählter Armut lebt. Ist dem Dandy der Aristokrat das Vorbild, das er der bürgerlichen Gesellschaft entgegenstellt, so dem Bohemien der Zigeuner, Landstreicher und Spielmann, der auf den bürgerlichen Plunder pfeift. Arnold Hauser: »Die gewählte Eleganz und Extravaganz des Dandys erfüllt die gleiche Funktion wie die Verwahrlosung und Verlotterung der Bohème. Sie verkörpern den gleichen Protest gegen die Routine und Trivialität des bürgerlichen Lebens.«[77]

Die alte Struktur, ließe sich sagen, wurde beibehalten bei veränderter Namensgebung. Die religiöse Aura beansprucht der Dandy auch noch für sich. Baudelaire definiert ihn in seinem Essay »L'Art Romantique«:

»Nie kann ein Dandy ein vulgärer Mensch sein. Beginge er ein Verbrechen, er brauchte deshalb vielleicht noch kein Ausgestoßener zu sein; nicht wieder gutzumachen aber wäre die Schande, wenn jenes Verbrechen einem trivialen Grunde entsprungen wäre. Der Leser stoße sich nicht an der Folgerichtigkeit solcher Frivolität und bedenke, daß in jeder Tollheit eine Größe, in jedem Überschwang eine Stärke liegt. Merkwürdige Spiritualität, das! Denen, die zugleich die Hohenpriester und die Opfer dieser Geistigkeit sind, dienen alle jene komplizierten äußeren Anforderungen, denen sie sich unterwerfen – angefangen bei einer tadellosen Toilette zu jeder Tages- und Nachtzeit bis zu den gefährlichsten sportlichen Übungen – nur als Turnübungen zur Erlangung von Willenskraft und seelischer Zucht. In der Tat habe ich gar nicht ganz Unrecht gehabt, das Dandytum als eine Art Religion anzusehen. Keine noch so strenge Ordensregel, kein noch so unwiderstehlicher Selbstmordbefehl eines sagenhaften »Alten vom Berge« an seine berauschten Jünger ist je despotischer und zugleich eines blinden Gehorsams sicherer gewesen, als es jene Weltanschauung der Eleganz und der Originalität ist, die nicht minder ihren beflissenen und ergebenen Jüngern – häufig Männern voll Temperament, Leidenschaft, Mut und verhaltener Energie – das furchtbare Gebot des Kadergehorsams auferlegt: Perinde ac cadaver!«.[78]

Der Dandy steht außerhalb der bürgerlichen Gesellschaft, auf deren Moral er keine Rücksicht mehr zu nehmen braucht. Maßstab ist ihm einzig ein Ästhetizismus, dessen Regeln er selbst festlegt. Erst der Dandy ist der Selbsthelfer und Selbstbestimmer, der das Genie zu sein behauptete. Denn er macht sich nicht nur von überkommenen ästhetischen Normen frei, sondern auch von moralischen. Das Genie hatte sich immer noch nach den Erwartungen des Publikums zu richten, das ein unbedingtes, heiligmäßiges Leben verlangte. Die vom Christentum entliehene religiöse Aura hat der Dandy abgelegt. Er schafft sich seine eigene Aura; er ist sein eigener Herr. Er allein bestimmt, was gerade richtig und wichtig ist. Natürlich ist er auch auf ein Publikum angewiesen, einmal auf das bürgerliche, um sich von ihm verächtlich abzuwenden, zum anderen auf das einer Schar von Claqueuren, die ihm, dem großen Mann, immer zustimmen, gleichgültig, was er gerade tut. Doch seine Claqueure brüskiert der Dandy auch durch unerwartete Wendungen seiner Ansichten und seines Verhaltens. Immer auf Originalität aus, schafft er die ästhetische Mode, kritisiert sie aber auch, sobald sie sich durchgesetzt hat, damit er aufs Neue seine Originalität beweisen kann. Er ist der Souverän, der die Untertanen verachtet und doch auf sie angewiesen ist. Er ist der hohe Priester eines Kults, dessen Regeln er bestimmt und dessen Gegenstand niemand anders als er selbst ist: er, der göttliche Poet. Charles Baudelaire, Oscar Wilde, Stefan George sind Beispiele dieses Typus in der französischen, der englischen und der deutschen Literatur. Der Typus tritt nicht immer so rein auf. Auch in der spöttischen Überlegenheit eines Hans Magnus Enzensberger, in dem elegischen Heroismus eines Gottfried Benn ist das Vorbild noch zu erkennen.

Bohemien und Bourgeois: eine erfundene Feindschaft

Der Student Anselmus, ein junger Mann mit poetischem Gemüt, liebt zunächst die Dresdner Bürgerstocher Veronika, aber dann die wunderliche Schlange Serpentina. Veronika hat nichts anderes im Kopf, als einen veritablen Hofrat zu heiraten, Anselmus wiederum sehnt sich nach dem Heimatland der Poesie. Er landet zum guten Ende im sagenhaften Atlantis. So berichtet es E. T. A. Hoffmann in seinem »Märchen aus der neuen Zeit: Der goldene Topf«, womit ein Nachttopf gemeint ist. Zwei Bereiche grenzt Hoffmann in seiner ersten größeren Erzählung von 1813 ab: die der braven Bürgersleute und die der phantastischen Gestalten. Der Student pendelt von der einen Seite zur anderen, bis er schließlich im Märchenreich glücklich endet. Der Erzähler wendet sich danach tröstend an seinen Leser, der wie er selbst armselig in seinem Dachstübchen haust: jeder habe schließlich einen Meierhof in Atlantis, jedenfalls, wenn er ein poetisches Gemüt habe.

Die Bürger verstehen die Künstler nicht. Als der seltsame Archivarius Lindhorst von den Erlebnissen seiner jahrtausendealten Vorfahren erzählt, halten sie ihn für betrunken. Die Philister sind brav, aber beschränkt. Die Künstler dagegen erfassen die Geisterwelt, wo sie mehr zu Hause sind als in der Alltagswelt; sie sind aber gerade dadurch gefährdet: Genie und Wahnsinn wohnen eng beisammen.

In Hoffmanns Märchen finden wir den Topos aufs witzigste ausgeführt, der bis zu Sigmund Freud und Thomas Mann die Literaten für bare Münze hielten: der gesunde dumme Bürger und der geniale kranke Künstler stehen einander unversöhnt gegenüber. Der Topos hat Geschichte gemacht, insofern er die Geschichte beeinflußte: Künstler wurden krank, auch wenn sie nicht genial, sondern dumm waren, Bürger galten als beschränkt, auch wenn sie krank und schlau waren.

Hoffmann läßt allerdings keinen Zweifel daran, daß die beiden Welten voneinander abhängen: die Alltagswelt und die phantastische. Wer nur in der Alltagswelt zu Hause ist, der ist ein Spießer, das meint er auch. Aber wer nur in der phantastischen Welt zu Hause ist, der ist ein Verrückter wie etwa der Einsiedler Serapion, von dem er in den »Serapionsbrüdern« erzählt. Wer also die alltägliche Realität, wer den Boden unter den Füßen verliert, der hat auch die Grundlage der Kunst verloren. Der wahre Mensch hat Anteil an beiden Welten: an der alltäglichen und an der phantastischen. Die eine braucht die andere notwendig. Der Alltag ist die Voraussetzung des Phantastischen und das Phantastische ist die schöpferische Kraft, die den Alltag gestaltet.

In seinen späteren Erzählungen machte Hoffmann diese Abhängigkeit in der Handlung sichtbarer: dort heiratet der Held, immer ist es ein tumber junger Mann mit poetischem Gemüt, nicht mehr eine Phantasie-Gestalt, sondern eine Bürgerliche: Balthasar in »Klein Zaches genannt Zinnober« ehelicht Candida, die Tochter des Naturwissenschaftlers, und Peregrinus Tyss in »Meister Floh« heiratet die brave Bürgerstochter mit dem sprechenden Namen Röschen Lämmerhirt. Hoffmann zielt also auf die Integration von Kunst und Alltag, was am deutlichsten in seinem Meisterwerk »Prinzessin Brambilla« zum Ausdruck kommt. Dort ist der Held ein tragischer Schauspieler, ein humorloser Wichtigtuer, der sich für einen Prinzen hält, wo er doch in Wirklichkeit ein armseliger Schmierenkomödiant ist. Er muß lernen, sich als das zu erkennen, was er ist, so daß er nicht mehr unfreiwillig komisch, sondern freiwillig komisch ist. Er spielt schließlich Komödien.

Hoffmann ist klüger als der Topos, zu dessen Begründung er beigetragen hat; der Topos hält sich mit der schlichten Polarität von Künstler und Bürger bis in unsere Gegenwart: hier der erfolgreiche Bürger, der nach Geschäft und Moral sieht, dort der erfolglose Künstler, der die beschränkte bürgerliche Welt hinter sich gelassen hat. Aus Opposition gegen das Bürgertum negiert er dessen Werte, wobei ihm die Heuchelei der Bürger behilflich ist. Die predigen zwar Tugendhaftigkeit, sind aber ganz und gar nicht tugendhaft, sondern leben nach der Devise: gut ist, was dem Geschäft nützt. Die bürgerliche Heuchelei ist dem Künstler Vorwand genug, jede Art von Moral für lächerlich zu halten. So bildet er möglichst in allem das Gegenteil zum Bürgertum: in Kleidung, Habitus und Lebensgewohnheiten. Der Dandy ist eine Möglichkeit, sich über den Bürger zu erheben, der Bohemien die andere. Der Dandy gibt sich aristokratisch, der Bohemien plebejisch. Entlaufene Bürger sind sie beide, denn in der Regel stammen sie aus eben jenem Bürgertum, das sie verachten, selten kommen sie aus der Ober- oder Unterschicht.

Der Bohemien stilisiert seine Antibürgerlichkeit: er verachtet Geld, also gibt er aus, was er hat; er will freiwillig arm sein, auch wenn er es unfreiwillig ist; er zieht in die Stadtviertel der armen Leute, er legt auf gute Kleidung und gute Sitten keinen Wert, er wäscht sich selten und benimmt sich garstig nicht nur bei Tisch. Durch all dies zeigt er seine Überlegenheit über das bürgerliche Milieu. Er fühlt sich als Künstler schließlich zu allem berechtigt. Er ist immer noch das Genie, das sich seine Regeln selber gibt und auf andere keine Rücksicht zu nehmen braucht; das große Individuum, das die anderen kleinen Individuen verachtet; seine Rücksichtslosigkeit und Mitleidlosigkeit ist das Zeichen seiner Größe, es ist keineswegs Herzlosigkeit, so will er jedenfalls glauben machen. Und man nimmt es ihm ab.

Wer? Der Bürger, eben jener, den er verachtet. Der Bürger ist ihm der notwendige Antipode, weil er am Bürger mißt, was sich schickt bzw. nicht schickt – das Bürgertum gibt also die Maßstäbe ab, nach denen er sich richtet, indem er sie negiert –, und das Bürgertum ist das Publikum, das der Bohemien braucht. Wozu sonst der Aufwand, wenn ihn niemand sähe, wenn niemand sich durch ihn provoziert oder unterhalten fühlte? Der Künstler, auch und gerade der Dandy und der Bohemien, ist vom Bürger in allem abhängig: nicht nur, weil er dem Bürgertum meistens entstammt, nicht nur, weil das Bürgertum ihm die

Maßstäbe setzt, an denen er sich negativ orientiert, nicht nur, weil er das Bürgertum als Publikum braucht, sondern schließlich auch, weil das Bürgertum die ökonomische Produktion in Gang hält, die dem Künstler genauso wie allen anderen das Leben erst ermöglicht.

Der Künstler braucht den Bürger notwendig. Der Bürger braucht den Künstler nicht notwendig. Der Bürger kommt gut ohne Kunst aus. Ein paar Filme und ein bißchen Kunstgewerbe genügen ihm, sich das Leben zu verschönern. Doch wenn er auf sich hält, dann gibt er auch etwas auf die Kunst: dann benutzt er die Kunst als Ausweis seiner gesellschaftlichen Stellung. Sie dient ihm zur Repräsentation, als Nachweis seines sozialen Rangs. Deshalb geht der Bürger in Opern und Kunstausstellungen, deshalb sammelt er Bilder und Bücher. Und vielleicht auch, weil er – wie Hoffmann sagen würde – ein poetisches Gemüt besitzt. So wie ja auch viele Künstler außerordentlich gerissene Geschäftsleute sind. Das Schema – hier Künstler, da Bürger –, das die komplexe gesellschaftliche Realität ordnen soll, ist nur ein grobes Raster, das die vielen Zwischenwerte in einfachen Antithesen verschwinden läßt.

Helmut Kreuzer legt in seinem Buch »Die Bohème. Beiträge zu ihrer Beschreibung« eine Fülle von Material aus der europäischen Kulturgeschichte vor.[79] Demnach ist der Begriff zu Zeiten des Bürgerkönigs Louis Philippe in Frankreich entstanden: aus Opposition gegen das »Juste-Milieu«, also gegen die behäbige Bürgerlichkeit bildete sich die Bohème (nach den fahrenden Musikanten aus Böhmen). Unter Louis Philippe setzte sich ein gewinnsüchtiges Bürgertum endgültig durch, eine neue Führungsschicht: rücksichtslose Unternehmer, kalte Realpolitiker, skrupellose Spekulanten. Und ein neues Publikum: der Mittelstand.

Gegen dieses Bürgertum empörte sich die Bohème, die – wie Kreuzer bestätigt – den Geniekult des 18. Jahrhunderts auf ihre Weise fortsetzte. Kreuzer: »Die Bohème ist unempfindlich für die positiven Züge des Juste-Milieu (des Friedens, des Prosperitätsdenkens, der partiellen Kompromißbereitschaft, der relativ liberalen Formen, die eine symbolische Aggression durch die Bohème erst ermöglichten); sie vermißt Aufrichtigkeit, Unbedingtheit und ideelle Ziele und Maßstäbe«.[80]

Den Kontrahenten des Bürgertums fiel es schwer, zwischen dem politischen Liberalismus, der ihnen ihre Bewegungsfreiheit überhaupt erst ermöglichte, und dem rücksichtslosen Gewinnstreben des ökonomischen Liberalismus zu unterscheiden. Der politische Liberalismus und der ökonomische Liberalismus gehen gewöhnlich überein, so daß die Ablehnung des kapitalistischen Gewinnstrebens durchweg auch zur Ablehnung der Freiheiten des politischen Liberalismus führt; das Kind wird sozusagen mit dem Bade ausgeschüttet.

Die Bohème verstand sich nicht als Teil der Gesellschaft, sondern als ein »Außerhalb« der Gesellschaft, so daß ihre Negation der bürgerlichen Gesellschaft keine partielle, sondern eine totale sein mußte. »Den philiströsen Konventionen und bourgeoisen Werten der Gesellschaft setzt die Bohème einen programmatischen und praktischen Spontanismus entgegen.« (Kreuzer.) Der Bohemien lebt sich aus, er liebt Ekstasen, er verabscheut feste Standpunkte. Er genießt den Augenblick und plant nicht für Morgen. Er wechselt die Wohnungen und

Anschauungen und bleibt sich selbst doch immer gleich: als der, der allemal das tut, was ihm gefällt.

Im wilhelminischen Berlin bildeten sich etwa Bohème-Gruppen um das »Café des Westens«, das nicht zu Unrecht das Café Größenwahn genannt wurde, in München um das »Café Stefanie« und in Schwabing. Oskar Panizza renommierte etwa: »Man schimpft uns Ferkel, Kothwälzer, literarische Sozialdemokraten, und weiß ich, was alles; aber man liest uns, discutiert uns, geht in unsere Abende, kauft unsere Bücher, unsere Flugschriften etc.«[81] Der hübsche Werbe-Effekt wird auch ein Grund des unbürgerlichen Verhaltens gewesen sein.

Die Tradition der Bohème setzt sich in und nach dem 1. Weltkrieg fort: im Dadaismus, im Surrealismus und dem Anarchismus von Intellektuellen wie Mühsam und Landauer. Und die Tradition führt bis in die Gegenwart: zu der Kneipenszene in Berlin-Kreuzberg oder in Berlin-Prenzlauer Berg. Die Bohème, die sich hier versammelt, protestiert nicht nur gegen das Verhalten der Spießer, sondern auch gegen das der etablierten Künstler, der Akademie-Mitglieder und Professoren, die sich der Bourgeoisie unterworfen haben. Raoul Hausmann etwa: »Dada! Wir haben uns aus dieser stinkenden Verlogenheit hinausbegeben, wir reißen ihnen den Kopf ab, wir trommeln damit dem feierlich verlogenen Künstler die Magengegend entzwei – wir haben für sie alle nur ein hohnvolles Gelächter.«[82] Und Richard Hülsenbeck: »Alles soll leben, aber eines muß aufhören – der Bürger, der Dicksack, der Freßhans, das Mastschwein der Geistigkeit, der Türhüter der Jämmerlichkeit.«

Weitere Beispiele sind bei Kreuzer nachzulesen, der zusammenfaßt: »*Das antithetische Verhältnis vom negativen Juste-Milieu – und positivem Autostereotyp der Bohème* ihr (unzutreffender) Anspruch, in der Karikatur dennoch alle wesentlichen Züge der Gesellschaft zu erfassen, erschwert eine partielle, rationelle und effektive Kritik und tendiert statt dessen zu einer totalen, radikalen und affektiven *»Absage an die Gesellschaft«*. Dieser Nonkonformismus wird gerade dadurch zu einem sekundären, ja heteronomen Phänomen; er ist zwar frei in der Form (als Verneinung), aber determiniert im Inhalt. Das heißt, daß die Bohème »das gesellschaftliche Prinzip, den vielbeschimpften Philister oder Bourgeois als Gegensatz, aus dem sie sich entwickelt und aus dem sie ihre Nahrung zieht, gar nicht entbehren kann (Otto Flake).«[83]

Hier sind die zwei Tendenzen dieser halb künstlerischen, halb politischen Opposition gegen das Bürgertum genannt, Tendenzen, die verhängnisvolle Folgen hatten:

1. Die totale Absage an die bürgerliche Gesellschaft, so daß mit deren Nachteilen auch deren Vorzüge abgelehnt wurden. Darin mehr oder weniger versteckt war die Absage an die moderne Industriegesellschaft überhaupt; diese totale Absage führte zu einer Aggressivität, die nicht beim verbalen Radikalismus stehen blieb. Dieser bereitete vielmehr dem tatsächlichen Radikalismus den Boden. Die Bohemiens hatten nicht nur Sympathie für die Erniedrigten und Entrechteten der bürgerlichen Gesellschaft, sondern oft auch für die Verbrecher, die ja ebenfalls Außenseiter dieser Gesellschaft waren und sich souverän über das bürgerliche Gesetzbuch hinwegsetzten. Ihre Sympathie schloß auch die Terroristen ein, die Männer der Tat, die dem verachteten Bürgertum den Krieg erklärt hatten.

2. Aus dieser Absage resultierte zugleich der Wunsch nach einer ganz anderen Welt, als der vorhandenen, sei es einem Arkadien im Tessin oder der Toscana oder wenigstens in Friedrichshagen, sei es nach einem utopischen Gemeinwesen, in dem alles anders sein würde als im jetzigen: einem Dritten Reich oder einer kommunistischen Utopie.

Zu dieser zweiten Tendenz gehört auch die erstaunliche Neigung der kraftgenialen Einzelgänger, sich zu Gruppen oder gar Bünden zusammenzuschließen und eine Führergestalt zu verehren. In diesen Bohème-Kreisen bildeten sich Gefolgschaften um eine tonangebende Gestalt. Beispiel etwa die französischen Surrealisten um André Breton, der bedingungslose Anhängerschaft verlangte. Welch charismatische Gestalt Stefan George für seine Jünger war, die er streng zusammenhielt, ist ja bekannt. Edgar Salin schreibt über ihn: »Er wußte nicht mehr, was geschehen war, kaum wo er sich befand. War es ein Mensch gewesen, der durch die Menge schritt? Aber er unterschied sich von allen [...] War es ein Gott, der das Gewühl zerteilt hatte und leichtfüßig zu anderen Gestaden enteilt war? Aber er hatte Menschenkleidung getragen, wenn auch besondere.«[84]

Eine andere Führer-Gestalt in München war Ludwig Derleth: »Die erste Begegnung mit Derleth war mir ein gleiches Erlebnis [...] wie dem Wanderer zuteil wird, wenn er nach langem Irren durch eine verlassene Gegend, wo er vergebens den Horizont suchte, plötzlich bei einer Biegung des Weges eine gewaltige Landschaft von Bergen und Tälern erschaut [...] Die Augen sahen einen aus fernen Tiefen an, und es kam mir vor, als ob alle Träume ihre Bilder darin hinterlassen hätten.«[85]

Dazu Kreuzer: »Vom Selbstverständnis des Künstlers als des »genialen Menschen« war für viele nur ein Schritt zum politischen *Macht- und Führungsanspruch* der literarisch-künstlerischen Intelligenz; die »Aristokratie der Geistreichen« (um an das jungdeutsche Schlagwort zu erinnern), die »Herrschaft des Geistes« (d. h. der »Geistigen«) war das Postulat zahlreicher Autoren der Wilhelminischen Epoche und das praktisch-politische Ziel des bohemischen »Aktivisten« Kurt Hiller und seiner Gesinnungsgenossen aus der »kulturpolitischen Radikale« nach dem Ersten Weltkrieg. Die Begeisterung für die Arbeiterschaft war wenigstens teilweise eine Begeisterung selbsternannter Führer für die Masse, die man im Namen des Geistes und im Interesse der Geistigen zu führen gedachte.«[86]

Damit komme ich zu den politischen Implikationen. Die totale Absage an die bürgerliche Gesellschaft führte die Bohemiens in die Nähe links- und rechtsradikaler politischer Strömungen. Nicht nur die Marxisten, die von etlichen Bohemiens allerdings als zu bürgerlich verachtet wurden, profitierten davon, auch die Faschisten. Es gab auch eine Fluktuation zwischen Links und Rechts, für die Arnolt Bronnen stehen mag, der erst links, dann rechts und dann wieder links war. Es ist geradezu ein Gemeinplatz, sagt Kreuzer, daß die Gemeinsamkeit des Kampfes gegen das Bürgertum zu einer Nähe innerhalb der politischen und intellektuellen Radikalen führte, durch die die Differenz zwischen Links und Rechts zumindest zeitweise aufgehoben wurde. Er nennt zwei Beispiele aus der Weimarer Republik: Franz Jungs Zeitschrift »Gegner« und die »Schwarze Front« von Otto Strasser.

Der Redakteur des »Gegner«, Harro Schulze-Boysen, später im Widerstand gegen die Nationalsozialisten gefallen, war Nationalbolschewist und unterhielt vor 1933 Beziehungen zu den Kommunisten und den Nationalsozialisten gleichermaßen. Jung: »Was uns verbindet, ist ein Temperament, ein Rhythmus, mehr als eine Überzeugung. Die einzige einheitliche Gesinnung ist die Überzeugung von der Notwendigkeit der vollständigen Neuschaffung.«[87] Zur »Schwarzen Front« folgende Charakteristik: »Stellt man sich die deutschen Parteien und Strömungen in der Gestalt eines Hufeisens vor, an dessen Biegung das Zentrum und an dessen Endpunkten jeweils die KPD und die NSDAP lagen, so liegt der Raum der »Schwarzen Front« zwischen den beiden Polen des Kommunismus und des Nationalsozialismus. Die Gegensätze von »Links« und »Rechts« heben sich auf, indem sie eine Art Synthese eingehen unter einmütiger Ausscheidung des »Bürgerlichen«. Die Lage zwischen beiden Polen gibt den Spannungscharakter der Schwarzen Fornt am besten wieder.«[88]

Die einmütige Ablehnung alles Bürgerlichen war das gemeinsame Band, das die radikalen Kräfte vereinte, mehr als sie es selber wahrhaben wollten. Es war die Ablehnung des bürgerlichen Liberalismus, der es allerdings seinen Gegnern leicht machte: nicht nur zeigte er sich in schlechter Verfassung, denn nacktes Gewinnstreben und brutale Machtpolitik dominierten, er hatte auch keine erhabenen Gefühle und schöne Gedanken zu bieten. Denn die Sehnsucht der Antibürgerlichen ging doch nach einem wie auch immer »erfüllten Leben«: nach tiefen Erfahrungen und großen Erlebnissen. Sie suchten außerhalb der Gesellschaft, was sie in ihr nicht finden konnten. Darin gingen schließlich die Bohemiens den Bürgern voraus.

Die ach so klugen Außenseiter waren letztlich doch nicht viel klüger als viele Bürger, als brave Arbeiter und fleißige Bourgeois. Sie gingen diesen voran, denn auch diese suchten, was sie dann in totalitären Bewegungen fanden: die kollektiven Gefühlsaufschwünge, den verehrungswürdigen Führer, die treue Gefolgschaft.

Die Bohème ist das Komplement der Bourgeoisie. Deren Mängel reflektiert sie wie ein blinder Spiegel, denn ihrer Abhängigkeit vom Bürgertum wird sie sich selten bewußt. Die Versagungen des Bürgertums führen bei ihr zu lächerlichen Exzessen. Aber das Bürgertum applaudiert der Bohème. Denn den Bohemiens scheint erlaubt, was den Bürgern die strengere Moral verbietet. So bewundert der Bürger den Bohemien, der ihn verachtet.

Karl-Heinz Bohrer, Ernst Jünger und die Mainzelmännchen

Ein Beispiel aus der Gegenwart. Das Beispiel heißt Karl-Heinz Bohrer und ist Professor in Bielefeld. Ein Bohemien? Ein Dandy? Bohemien und Dandy sind zwei Verkleidungen derselben antibürgerlichen Attitude, die Aversion gegen das Bürgertum vereint sie. Die Normalität des Alltags, die Banalität des Mittelmaßes, alle wohlhabende Reputierlichkeit sind ihnen verhaßt. Sie lieben jede Unterbrechung dieses Einerlei. Auch Verbrechen, auch Terror, auch Revolution, auch Krieg sind solche Unterbrechungen, die deshalb auch ihre Liebhaber gefunden haben.

Karl-Heinz Bohrer war 1982 Korrespondent der »Frankfurter Allgemeinen Zeitung« in London und erlebte damals die Ausfahrt der britischen Flotte nach den Falkland-Inseln. Die Inseln, ödes Eiland im südlichen Atlantik, waren zuvor von argentinischen Truppen besetzt worden, nun sollten die britischen sie wieder zurückerobern. England erfaßte eine Welle nationaler Begeisterung, in der Karl-Heinz Bohrer endlich erlebte, was ihm die Bundesrepublik lange vorenthalten hatte. Liest man seinen Bericht in der Zeitung, sieht man den nicht mehr ganz jungen Mann vor sich, wie er mit tränenfeuchten Augen und klopfendem Herzen am Kai steht, während die Schiffe mit Trompetengeschmetter und fliegenden Fahnen auslaufen; die Feder zittert ihm noch beim Schreiben.

Bohrer hat sein Schlüsselerlebnis. Die Polemik, die er daraufhin in der »Frankfurter Allgemeinen Zeitung« gegen »die Mainzelmännchen« schrieb – das sind die bundesdeutschen Krämerseelen –, ist ein Schlüsseltext, dessen Lektüre die Lektüre all seiner anderen Texte erspart. Ich zitiere daraus einen Abschnitt: »Als während der Skagerrak-Schlacht im Ersten Weltkrieg die Deutschen mit besserer Feuergenauigkeit gleich zu Beginn drei der überlegenen, aber schlecht gepanzerten englischen Schlachtschiffe vernichtend trafen, war die überlieferte lakonische Reaktion des englischen Admirals: »Something must be wrong with our bloody ships.« Die derzeitige englische Reaktion nach dem Raketentreffer auf den englischen Zerstörer hatte am Ende noch immer etwas von dieser Lakonie. Dazu gehört [...] das Bewußtsein, wie unberechenbar trotz eben diesen genauen Berechnungen Beginn, Ablauf und Ende eines Zukunftskrieges sein kann. [...] Die Falkland-Krise hat diesen Effekt wider die Hochrechnungen schon gehabt. Und somit war die Ausfahrt der englischen Flotte doch mehr als Don Quichottes letzter Ritt im Zeichen eines noblen, aber untergegangenen Prinzips. Es bewies sich, daß nicht bloße Schlauheit und Unterwerfung unter das angeblich furchtbar Absehbare, sondern Noblesse und Prinzipien es sind, die politische Völker von unpolitischen noch immer unterscheiden. Und weil das so ist, klang auch die alte Melodie »Scotland the Brave«, als die zum Truppentransporter umgewandelte »Queen Elizabeth II.« mit der schottischen und walisischen Garde an Bord langsam aufs offene Meer hinausfuhr, noch immer so emotionell. Es war weder hurrapatriotisch noch anachronistisch. Es war ein Stück europäischer Zivilisation. Nur die Mainzelmännchen kichern darüber.«[89]

Die Toten, die der Untergang der Schiffe im Skagerrak kostete, kümmern weder den Admiral noch Karl-Heinz Bohrer; Mitleid ist sicherlich bürgerliche Sentimentalität, Mainzelmännchen-Sache. Hier geht es um Heroismus, um schöne Gesten, große Paraden, markige Worte und sonst nichts. Oder doch: um die Artikulation des Hasses gegen alles normal Bürgerliche, das hier Mainzelmännchen genannt wird. Was Bohrer hier und späterhin in der Bundesrepublik bekümmert, sind weder die Arbeitslosen noch die überdüngten Felder, es ist die mangelnde Symbolkraft des Staates. Das Politische sollte besser dargestellt werden, meint er, es geht ihm um die Ästhetisierung des Staates. Und dies auch nur deshalb, damit er daraus schöne nationale Gefühle ziehen kann.

Solch schöne Gefühlserlebnisse, herrliche Augenblicke bietet der Krieg, glaubt man dem schriftstellernden Reserveoffizier Ernst Jünger, den Bohrer einfühlsam interpretiert, denn in Jünger hat er seinen Wahlverwandten gefunden. So zitiert Bohrer in seiner Schrift »Die Ästhetik des Schreckens« (der Titel enthält das Programm: der Schrecken dient dem ästhetischen Genuß) Jünger: »»Die Engländer haben ja sogar in ihren Zeitungen von uns behauptet, daß wir menschliche Körper chemischen Prozessen unterwürfen, um Stoffe daraus zu gewinnen. Wir haben uns mit großem Ernste dagegen gewehrt. Vielleicht hätte es mehr Eindruck gemacht, wenn wir gesagt hätten: Jawohl, bei uns Barbaren gilt es als Ehrensache, euch nach dem Tode noch in Form von Nitroglyzerin um die Ohren zu fliegen« – Es ist ohne Erkenntniswert, auf den Zynismus solcher Sätze abzuheben. Vielmehr muß man die Kühnheiten ihrer Provokation erkennen. Sie besteht darin, daß Zerstörungsprozesse benannt werden von solcher Qualität, daß mit ihrem Angriff auf das Leben von Menschen auch der Angriff auf die Tabus der tradierten Kultur angemeldet ist. Jünger hat hier die kulturkritische Funktion der Zerstörungs-Metapher, die Nietzsche in die deutsche Literatur einbrachte, weiter ausgenutzt, wobei die poetische Integration solcher Metaphorik nicht gleichmäßig gelingt, und es zu Ausbrüchen in pure antipazifistische Gegenideologie kommt, was die Provokation aufhebt, die der Wahrnehmungsakt der Zerstörung eigentlich leistet.«[90]

Man bemerke zunächst den Satz: »Es ist ohne Erkenntniswert, auf den Zynismus solcher Sätze abzuheben«. Was hier »abheben« bedeutet, sei dahingestellt, jedenfalls wird der Zynismus konstatiert, also die Menschenverachtung dieser Sätze Jüngers, die Bohrer am Anfang zitiert, aber dann wird jede weitere Überlegung zu diesem Zynismus abgebrochen, ja geradezu als unnötig verboten. Worum geht es vielmehr Bohrer: nicht um den Zynismus des feinnervigen Offiziers und nicht – dies schon gar nicht – um die Millionen Toten des Kriegs, also nicht um »das Leben von Menschen«, die sind kaum eine Erwähnung wert, es geht einzig um den Angriff auf die »Tabus der tradierten Kultur«. Und das hält er für großartig! Die Tabus der Kultur, der bürgerlichen, der christlichen, der humanistischen, wie auch immer, die zu vernichten, gilt ihm als höchst ehrenhaft. Und das rechtfertigt jegliche Opfer.

Bohrer vollführt hier eine entsetzliche Verkehrung, die er mit akademischer Gravität vorträgt: die Zerstörung der Kultur ging ja überein mit der Zerstörung von Millionen Menschen – im Ersten Weltkrieg, in Auschwitz, im Gulag, im Zweiten Weltkrieg. Worin besteht dann die Provokation Jüngers? Einzig in einer Rechtfertigung der grauenhaften Zerstörung! Alles ist dem pathetischen Bohemien, dem eleganten Snob recht, wenn er nur sein »épater le bourgeois« verwirklichen kann.

Gesetzt den Fall aber, die braven deutschen Bürger, die Mainzelmännchen, über die Bohrer sich lustig macht, griffen nun nach Lektüre der Schriften Bohrers zum Gewehr und zögen mit fliegenden Fahnen nach Moskau oder Bagdad, damit Bohrer wieder einmal schöne Gefühle wie beim Auszug der britischen Flotte nach Falkland hätte, dann wäre das Bohrer auch wieder nicht recht. Wie sein Lehrvater Jünger würde er angeekelt über so viel plebejisches Tun seinen Kognak in der Etappe trinken und sich weiterhin über die Mainzelmännchen erheben. Das haben die Mainzelmännchen inzwischen mitgekriegt, sie sind klüger geworden als ihre Verächter, die sie in den Krieg hetzen. Sie ignorieren diese. Sie kümmern sich um ihre Arbeit, um Mieten und Preise, um Leitzinsen und Exportüberschuß, kurz: um Handel und Wandel. Und wenn ein Krieg ist, kaufen sie sich davon los.

Karl-Heinz Bohrer aber haben sie mit einer Professur in Bielefeld versehen. Dort muß er bis zum Ruhestand vor Studenten, die bei jedem Kriegsgeschrei zu einer pazifistischen Demonstration aufbrechen, immer wieder über die »Ästhetik des Schreckens« sprechen und über die »Plötzlichkeit« als »Augenblick des ästhetischen Scheins«, bis er das Ganze für eine Literaturtheorie hält.

Die Politisierung der Ästhetik: Bert Brecht

Ein Prachtexemplar des Bohemien ist der junge Bert Brecht: schwarze Lederjacke, spöttischer Blick, große Gesten und deftige Lieder. Die Spießer verachtete er genauso wie die etablierten Künstler. Den Konkurrenzkampf nahm er früh auf: es galt, sich gegen andere durchzusetzen, Anhänger und Verbündete zu gewinnen und die Gegner zu diskreditieren. Das taten andere auch; an ihm, der hier als Exempel dient, ist es so schön zu studieren. Auch der Marxismus war ihm späterhin ein Mittel nicht nur des Klassenkampfes, sondern auch des Konkurrenzkampfes. Doch zunächst mußte er sich einmal einen Namen machen.

Er war ein schmales zartes Bürschchen, das seine Empfindlichkeit hinter imponierendem Gehabe verbarg. Das geht etwa aus dem Bericht hervor, den Arnolt Bronnen über seine Freundschaft mit Bert Brecht gab. Die Freundschaft begann mit einer Szene, die an den Anfang von Brechts erstem Theaterstück »Baal« erinnert. Bronnen kam in die Wohnung einer wohlhabenden jüdischen Familie in Berlin, das Mädchen führte ihn ins Hinterzimmer: »Dieses Hinterzimmer war auf eine Weise möbliert, die man Bohème oder auch Schwabing nannte, weil das Stilprinzip genialische Schlampigkeit war.«[91] In dem schummrigen Raum singt ein Unbekannter zur Gitarre: es ist Brecht. Bronnen erfährt nun sein Erweckungserlebnis, nicht unähnlich dem, das Edgar Salin angesichts Stefan Georges hatte: der Jünger findet seinen Meister. Bronnen: »Niemand kümmerte sich weiterhin um den Neuen, so daß Ärger, Zorn, Verbitterung Zeit und Grund hatten, weiter zu wachsen. Sie wuchsen nicht, sie wehten dahin, sie waren nie gewesen. Denn der Neue begann, den Sänger anzustarren. Der war ein vierundzwanzigjähriger Mensch, dürr, trocken, ein stacheliges, fahles Gesicht mit stechenden Punktaugen, darüber kurzgeschnittenes, dunkles, struppiges Haar mit zwei Wirbeln, aus denen strähnige Halme protestierend aufstanden. Der zweite Wirbel drehte sich vorn an der nicht hohen Stirn, warf die Haare über die Stirnkante abwärts. Eine billige Stahlbrille hing lose von den bemerkenswert feinen Ohren über die schmale, spitze Nase herab. Seltsam zart war der Mund, der das träumte, was sonst die Augen träumen.

Der Neue sah: Er hatte noch nie einen Menschen gesehen. Er hatte das große Gefühl: Das, was jetzt ist, kann nie aufhören. Er hatte das Gefühl der Erkenntnis: In dem kleinen, unscheinbaren Menschen dort schlägt das Herz dieser Zeit. Er hatte das Schülergefühl: Liebe, große Liebe in der Welt, gibt mir den als Freund.«

Bronnen faßt das Verhältnis, das die beiden dann verband, kurz und prägnant zusammen: »Für Brecht war Bronnen nur einer von vielen Freunden, für Bronnen war Brecht der einzig mögliche Freund.« Brecht war also der Führer in einer Gruppe junger Menschen, Männer und Frauen, wobei die Frauen eine untergeordnete Rolle spielten, die Männerfreundschaften waren wichtiger. Und die Freundschaften hatten ein gemeinsames Ziel, das Brecht bestimmte: »Für Bronnen war die Praxis dieses Bündnisses unklar, Brecht indessen hatte sogleich ein klares Konzept: »Wir werden gemeinsam in die Theater und zu den Proben gehen«, sagt er, »wir werden die Regisseure studieren, werden lernen, wie man es nicht macht. Wir werden die Autoren entlarven, von Alfred Brust bis Shaw und von Zuckmayer – außer du magst ihn – bis Georg Kaiser, den ich mag.« Er hatte übrigens Bronnen bei diesem zweiten Treffen sogleich geduzt, und sie blieben zusammen, von Mittag bis Mitternacht. Zwischendurch hatte Marianne Zoff irgendwo eine angebrochene Sardinenbüchse aufgetan, aus der aßen sie zu dritt mit einer Gabel und pro Kiefer einen halben Fisch.«[92]

Vergleicht man die Gruppe um Stefan George mit der sich mit der Zeit wandelnden Gruppe um Brecht, so fällt – bei aller Unterschiedlichkeit – doch die strukturelle Ähnlichkeit auf: einer ist der Anführer, dessen Charisma die anderen zusammenhält, die in allem, was sie tun, sich nach dem einen richten. Vielleicht war Brecht sogar in der Ausbeutung der Menschen, die er kannte, konsequenter als George, auch in der erotischen Ausbeutung.

Die beiden jungen, nach Geld und Ruhm hungrigen Autoren Bronnen und Brecht waren vom selben Ekel über die vorhandene Welt beseelt, von derselben Verzweiflung und von demselben Ehrgeiz; sie wollten jedenfalls hochkommen, Erfolg haben, Max Reinhardts Theater sollte ihre Stücke spielen, alle Welt sollte von ihnen reden.

Die Stimmung dieser Bohème ist in Brechts »Baal« vortrefflich eingefangen. Da ist zunächst die schroffe Ablehnung aller Bürger in der Anfangsszene, auch die des Verlegers, der den großen Baal Drucken möchte. Die Bürger verehren und bewundern Baal, doch den interessieren einzig die Frauen, allerdings nicht als Menschen, sondern als »Fleisch«, das er beschläft und dann liegen läßt.

Insofern ist seine Verachtung gegenüber den Frauen noch größer als seine Verachtung gegenüber dem Bürger. Beispiel sei die Freundin des Freundes Johannes, die er verführt und dann hinauswirft, so daß sie sich das Leben nimmt. Die Frauen sind nicht so wichtig, wichtiger sind die Männerfreundschaften, der homoerotische Beiklang ist stark.

»Sophie: Jesus Maria! Es sind Raubtiere!

Ekart (ringend): Hörst du, was sie sagt, in dem Gehölz, und jetzt wird es schon dunkel? Verkommenes Tier! Verkommenes Tier!

Baal (an ihn, preßt Ekart an sich): Jetzt bist du an meiner Brust, riechst du mich? Jetzt halte ich dich, es gibt mehr als Weibernähe! (Hält ein.) Jetzt sieht man schon Sterne über dem Gesträuch, Ekart.

Ekart (starrt Baal an, der auf den Himmel sieht): Ich kann es nicht schlagen.

Baal (den Arm um ihn): Es wird dunkel. Wir müssen Nachtquartier haben. Im Gehölz gibt es Mulden, wo kein Wind hingeht. Komm, ich erzähle dir von den Tieren. (Er zieht ihn fort).

Sophie (allein im Dunkeln, schreit): Baal!«[93]

Doch auch in diesen Männerfreundschaften ist Baal der skrupellos Nehmende, der die anderen nur benutzt. Auch die Fuhrleute, mit denen er trinkt, sind ihm gewissermaßen hörig: er braucht sie, um nicht allein zu sein, und er braucht sie als Publikum für seine Lieder und Geschichten. Baal ist sehr einsam, einsam wie der Sadist des Marquis de Sade, dem alles, was er in der Welt vorfindet, zum Objekt seiner Lust wird, als ob er allein auf der Welt wäre. Was nicht zu seiner Lust dient, sieht er nicht, das gibt es für ihn nicht.

In Brechts »Baal« wird aber auch – und das gibt ihm die Tiefenschärfe – die Verzweiflung deutlich, die zu solch egoistischem Handeln führt: die Welt ist ihm gleichgültig, denn der Himmel ist leer. Vor dem Abgrund des Nihilismus greift Baal nach den Früchten des Lebens und genießt, solange er kann. Selbst der sterbende Baal frißt den Holzfällern noch die Eier weg, das ist der letzte Genuß des verendenden Körpers. Das kleine Lied, das Brecht sang, als Bronnen ihn kennen lernte, gibt den Hinweis auf den »metaphysischen« Hintergrund, den wahren Grund des Egoismus: die Vergänglichkeit, mit der die kleine weiße Wolke dahingeht, treibt Baal zu seiner Gier. Es ist die Vergeblichkeit allen Strebens. Wenn alles vergeblich ist, dann bleibt doch noch eines im Leben: fressen, saufen, huren, solange es eben geht.

Und das bedeutet auch, sieht man genauer hin, das Recht des Stärkeren über den Schwächeren: die Schwachen werden ausgesaugt und ausgenutzt, wozu auf sie Rücksicht nehmen. Es ist eine gute Portion Nietzsche in diesem frühen Stück Brechts, das höhnisch den Schwachen zuruft: selber schuld, und den Starken, den kraftprotzenden Genialen: Holt euch, was ihr braucht. Es ist der Widerruf der Moral, die den Schwachen schützen will, damit er nicht hilflos den Starken ausgeliefert ist. Der Widerruf jeder Ritterlichkeit, jedes Fair play, von christlicher Nächstenliebe (caritas) nicht zu reden. Das große Individuum kennt nur sich selbst. Brecht formuliert hier den Grundsatz des nackten Kapitalismus, dem gerade die von ihm verachteten Bürger huldigen. Nicht ohne Grund fragt Baal fast bewundernd den Fabrikanten: »Es schwimmen Zimthölzer für Sie, Mech? Abgeschlagene Wälder?« Das gefällt ihm.

In einem späten Vorwort zum »Baal« von 1953 sieht Brecht diesen Zusammenhang selbst: »Das Stück »Baal« mag denen, die nicht gelernt haben, dialektisch zu denken, allerhand Schwierigkeiten bereiten. Sie werden darin kaum etwas anderes als die Verherrlichung nackter Ichsucht erblicken. Jedoch setzt sich hier ein »Ich« gegen die Zumutungen und Entmutigungen einer Welt, die nicht eine ausnutzbare, sondern nur eine ausbeutbare Produktivität anerkennt. Es ist nicht zu sagen, wie Baal sich zu einer Verwertung seiner Talente stellen würde: er wehrt sich gegen ihre Verwurstung. Die Lebenskunst Baals teilt das Geschick aller anderen Künste im Kapitalismus: sie wird befehdet. Er ist asozial, aber in einer asozialen Gesellschaft«.[94]

In der Tat propagiert »Baal« die nackte Ichsucht. »Dialektisch« betrachtet, heißt das laut Brecht: der Kapitalismus ist daran schuld, nicht Baal und nicht sein Dichter. Es sind die Verhältnisse, die den Einzelnen der Verantwortung für sein Tun entheben. Wenn ich egoistisch bin, bin ich nicht daran schuld, sondern die anderen, die mich dazu zwingen. Und solange nicht die Verhältnisse anders sind, brauche ich auch nicht anders zu sein. Brecht, dem es manchmal schwer fiel, dialektisch zu denken, sieht die wechselseitige Abhängigkeit von Individuum und Gesellschaft nicht, denn natürlich kann sich die Gesellschaft nicht ändern, wenn sich die Individuen nicht ändern und umgekehrt. Es ist ein wechselseitiger Prozeß. Es bleibt sein und der Bolschewisten Geheimnis, wie aus der zynischen Brutalität der »Partei neuen Typs«, die als Rechtfertigung ihrer Skrupellosigkeit immer den bösen Kapitalismus, später Faschismus herbeirufen konnte, eine neue Gesellschaft und ein neuer Mensch entstehen soll, also eine »repressionsfreie Gesellschaft«. Die Geschichte lehrt uns, daß aus Repression nur neue Repression entsteht und nichts anderes.

Brecht ist von einem Extrem ins andere gefallen, auch kein Zeichen dialektischen Denkens: denn vom übersteigerten Individualismus des frühen »Baal« kam er zum übersteigerten Kollektivismus der späteren »Lehrstücke«. Die Lehrstücke von 1929 und 1930 markieren seine Wende zum Marxismus. Weil sie Wegbereiter stalinistischen Denkens und Handelns sind, muß von ihnen hier die Rede sein, auch wenn sie nicht Brechts letztes Wort sind. Auf sein spätes episches Theater soll danach noch ein Blick fallen.

Wenn in »Baal« der große Einzelne unangefochten über allen anderen steht, so steht in »Die Maßnahme« das Kollektiv unangefochten über dem Einzelnen. Werden die Menschen vom großen Baal rücksichtslos ausgenutzt, ja vernichtet – wie Johanna –, so wird nunmehr vom Kollektiv jede Regung von Individualismus ausgerottet –, bis zur Vernichtung des Einzelnen, der ausgelöscht wird in einer Kalkgrube, als sei er nie gewesen.

Es fehlt eben das dialektische Denken, das einen Ausgleich suchte zwischen den berechtigten Bedürfnissen des Einzelnen und den berechtigten Ansprüchen der Gemeinschaft, wie er in den Regeln des politischen Liberalismus gesucht wird. An diese Regeln, die mühsam in einem jahrhundertelangen Ringen in Europa erkämpft wurden und vom Totalitarismus des 20. Jahrhunderts rückgängig gemacht wurden, muß kurz erinnert werden. Die Rechte des Einzelnen sind gegen die rücksichtslose Machtpolitik des absolutistischen Obrigkeitsstaates durchgesetzt worden. So wurde der Rechtsstaat erfochten, in dem nicht nur der Staatsbürger sich nach dem Gesetz zu richten hat, sondern auch der Staat und die Regierung. Das Gesetz verpflichtet nicht nur den Einzelnen, es schützt ihn auch: vor der Willkür der anderen Einzelnen und vor der Willkür des Staates. Hält die Regierung sich nicht an die Gesetze, muß der Einzelne die Möglichkeit haben, die Regierung zur Verantwortung zu ziehen: durch Neuwahlen, durch Klage beim Verfassungsgericht (Gewaltenteilung). Die Menschen- und Bürgerrechte (Grundrechte) dürfen durch kein Gesetz verletzt werden. Die Mehrheit bestimmt, aber die Minderheit ist geschützt. Im liberalen Rechtsstaat wird also, kurz gesagt, dafür gesorgt, daß der Einzelne zu seinem Recht kommt und zugleich die Gemeinschaft funktioniert. Und daß eine Kontrolle möglich ist, nicht nur des Einzelnen, sondern auch der Regierung. Der Nationalsozialismus und der Bolschewismus hatten diese Prinzipien abgeschafft: die Partei hatte allein zu bestimmen in Gesetzgebung, Ausführung und Gerichtsbarkeit; der

Einzelne war der Willkür der Partei vollkommen ausgeliefert. Die Partei war im Besitz des Staates, die Grundrechte waren außer Kraft, der Einzelne wurde wieder zum Leibeigenen, über den die Parteibonzen bestimmten: wen er heiratet, wohin er reist, wo er wohnt, welche Arbeit er verrichtet, auf alles konnte die Partei Einfluß nehmen. Da auch innerhalb der Partei die demokratische Legitimität abgeschafft wurde und an deren Stelle das »Führerprinzip« bzw. der »demokratische Zentralismus« gesetzt wurde, war jede Kontrolle und Selbstkontrolle des Machtapparates abgeschafft. Die Ergebnisse sind bekannt: Millionen Opfer.

Ob Brecht sich über die Konsequenzen seiner »Lehrstücke« klar war, darf man bezweifeln. Seine Lehrstücke waren eher als Provokation der satten Bürger gedacht und als Unterwerfungsangebot an die Kommunistische Partei, als Entreebillet eines entlaufenen Bourgeois, der das Mißtrauen der Partei doch nie ganz beseitigen konnte. Wie auch immer: Brecht hat mit diesen Stücken das Prinzip des Stalinismus, das in den blutigen »Säuberungen« voll zum Tragen kam, ausgesprochen und damit gewissermaßen hoffähig gemacht. Er hat damit mehr gesagt, als die Kommunisten sagen wollten. Das Prinzip ihres Handelns sprach er offen aus, sie haben es lieber mit schönen Worten verhüllt.

Es ist sicher kein Zufall, daß das Lehrstück »Der Jasager« einen religiösen Ursprung hat. Auch hier wird die marxistische Ideologie zur Ersatzreligion, die sich ihre Terminologie von der alten Religion ausleiht. Bei Brecht ist es der japanische Buddhismus. Wenn vorher Gott, wenn überweltliche Mächte Unterwerfung forderten, so ist es jetzt die Partei bzw. der Staat. An die Stelle der Götter treten die Götzen. Die Blutopfer, die die Götter nur noch symbolisch forderten, verlangen die Götzen tatsächlich.

Das japanische No-Spiel »Der Wurf ins Tal«, Brechts Vorlage, handelt von einer Wallfahrt, auf der einer der Teilnehmer erkrankte, d. h. er wurde »unrein«. Ein »Unreiner« darf aber nicht die Wallfahrt vollenden. Er wird daraufhin von den anderen ins Tal geworfen: »Im Angesicht der Götter gibt es keine Freiheit. Wir müssen ihn dem Brauch des Talwurfs unterwerfen«. Doch die Begleiter bitten die Engel herab und in der letzten Szene kommt tatsächlich ein »Engel himmlischer Musik« herbei, der den ins Tal Gestürzten mit sich in den Himmel trägt. Das No-Spiel handelt also von Verfehlung, Strafe, Unterwerfung und Erlösung. Es ist ein religiöses Spiel, das einen alten Brauch wiedergibt, der nur noch symbolische Bedeutung hat und von einem inneren Werdegang des gläubigen Menschen spricht: Tod und Auferstehung.[95]

Anders bei Brecht. Hier bleibt es bei der Struktur: der Schüler wird krank, den ihn begleitenden Menschen bleibt daraufhin nichts anderes (?), als ihn in die Grube zu werfen. Der Junge stimmt dem zu. Der religiöse Zusammenhang fehlt, die Erlösung bleibt natürlich aus. Die Härte des Mythos bleibt erhalten. Das Ende der 1. Fassung:

> *Der Lehrer* (ist zu dem Knaben im Raum 1 hinabgestiegen):
> Hör gut zu! Seit alters her besteht das Gesetz, daß der, welcher auf einer solchen Reise krank wurde, ins Tal hinabgeworfen werden muß. Er ist sofort tot. Aber der Brauch schreibt auch vor, daß man den, welcher krank wurde, befragt, ob man umkehren soll seinetwegen. Und der Brauch schreibt auch vor,

daß der, welcher krank wurde, antwortet: Ihr sollt nicht umkehren. Wenn ich deine Stelle einnehmen könnte, wie gern würde ich sterben!

Der Knabe
Ich verstehe.

Der Lehrer
Verlangst du, daß man umkehren soll deinetwegen?

Der Knabe
Ihr sollt nicht umkehren.

Der Lehrer
Verlangst du also, daß dir geschieht, wie allen geschieht?

Der Knabe
Ja.

Der Lehrer (ruft vom Raum 1 nach Raum 2):
Kommt herunter! Er hat dem Brauch gemäß geantwortet!

Der große Chor, die drei Studenten (diese im Hinabgehen nach Raum 1):
Er hat ja gesagt.
(Die 3 Studenten tragen den Knaben auf das Podest in Raum 2).

Die drei Studenten
Lehne einen Kopf an unseren Arm.
Strenge dich nicht an.
Wir tragen dich vorsichtig.
(Die 3 Studenten stellen sich vor ihn, ihn verdeckend, an den hinteren Rand des Podiums).

Der Knabe (unsichtbar):
Ich wußte wohl, daß ich auf dieser Reise mein Leben verlieren könnte.
Der Gedanke an meine Mutter
Hat mich verführt zu reisen.
Nehmt meinen Krug
Füllt ihn mit der Medizin
Und bringt ihn meiner Mutter
Wenn ihr zurückkehrt.

Der große Chor
Dann nahmen die Freunde den Krug
Und beklagten die traurigen Wege der Welt
Und ihr bitteres Gesetz
Und warfen den Knaben hinab.
Fuß an Fuß standen sie zusammengedrängt
An dem Rande des Abgrunds
Und warfen ihn hinab mit geschlossenen Augen
Keiner schuldiger als sein Nachbar
Und warfen Erdklumpen
Und flache Steine
Hinterher.«[96]

Brecht ließ diesen »Jasager« von Schülern der Neuköllner Karl-Marx-Schule 1930 aufführen. Diese Schüler waren nicht bereit, den blutigen Unsinn des Stücks mitzumachen. Sie setzten eine neue Fassung durch, in der sich nun der Schüler weigert, dem alten Brauch zu folgen. Brecht schrieb einen neuen Schluß: der

Einzelne ist hier klüger als das Kollektiv, und das Kollektiv wird durch die Vernunft des Einzelnen korrigiert. Der Schluß des Neinsagers:

Der Lehrer
Verlangst Du, daß man umkehren soll deinetwegen? Oder bist du einverstanden, daß du ins Tal hinabgeworfen wirst, wie der große Brauch es verlangt.

Der Knabe (nach einer Pause des Nachdenkens):
Nein. Ich bin nicht einverstanden.

Der Lehrer (ruft von Raum 1 nach Raum 2):
Kommt herunter! Er hat nicht dem Brauch gemäß geantwortet!

Die drei Studenten (im Hinabgehen nach Raum 1):
Er hat nein gesagt. (Zum Knaben): Warum antwortest du nicht dem Brauch gemäß? Wer a gesagt hat, der muß auch b sagen. Als du seinerzeit gefragt wurdest, ob du auch einverstanden sein würdest mit allem, was sich aus der Reise ergeben könnte, hast du mit ja geantwortet.

Der Knabe
Die Antwort, die ich gegeben habe, war falsch, aber eure Frage war falscher. Wer a sagt, der muß nicht b sagen. Er kann auch erkennen, daß a falsch war. Ich wollte meiner Mutter Medizin holen, aber jetzt bin ich selber krank geworden, es ist also nicht mehr möglich. Und ich will sofort umkehren, der neuen Lage entsprechend. Auch euch bitte ich umzukehren und mich heimzubringen. Euer Lernen kann durchaus warten. Wenn es drüben etwas zu lernen gibt, was ich hoffe, so könnte es nur das sein, daß man in unserer Lage umkehren muß. Und was den alten großen Brauch betrifft, so sehe ich keine Vernunft an ihm. Ich brauche vielmehr einen neuen großen Brauch, den wir sofort einführen müssen, nämlich den Brauch, in jeder neuen Lage neu nachzudenken.

Die drei Studenten (zum Lehrer).
Was sollen wir tun? Was der Knabe sagt, ist vernünftig, wenn es auch nicht heldenhaft ist.

Der Lehrer
Ich überlasse es euch, was ihr tun sollt. Aber ich muß euch sagen, daß man auch mit Gelächter und Schande überschüttet wird, wenn ihr umkehrt.

Die drei Studenten
Ist es keine Schande, daß er für sich selber spricht?

Der Lehrer
Nein. Darin sehe ich keine Schande.

Die drei Studenten
Dann wollen wir umkehren, und kein Gelächter und keine Schmähung sollen uns abhalten, das Vernünftige zu tun, und kein alter Brauch uns hindern, einen richtigen Gedanken anzunehmen.
Lehne deinen Kopf an unsern Arm.
Strenge dich nicht an.
Wir tragen dich vorsichtig.

Der große Chor
So nahmen die Freunde den Freund
Und begründeten einen neuen Brauch
Und ein neues Gesetz

>Und brachten den Knaben zurück.
Seit an Seit gingen sie zusammengedrängt
Entgegen der Schmähung
Entgegen dem Gelächter, mit offenen Augen
Keiner feiger als sein Nachbar.[97]

Die Einsicht, die die Berliner Schüler Brecht abzwangen, währte nicht lang, denn im Lehrstück »Die Maßnahme« von 1930 bleibt es bei der blutigen Unterwerfung. Er bleibt bei der Propagierung des »Kadavergehorsams«, wie in einer Besprechung des »Jasagers« Frank Warschauer richtig erkannte (Die Weltbühne, Nr. 26/1930): »Ich weiß nicht, ob der junge Berliner Musikkritiker, der von einem »Symbol neuer Disziplin« sprach, sich die Konsequenzen dieser Lehre klar machte. Den Kadavergehorsam hat man schon früher verherrlicht; neu ist höchstens hierbei die offene Apotheose der Treulosigkeit, der menschlichen Gemeinheit.
Daß die Musik von Weill gut, die Struktur des ganzen Gebildes als Mittel künstlerischer Aktivierung gelungen ist, steht auf dem anderen Blatt ästhetischer Wertung. Hier muß als viel wichtiger festgestellt werden, daß in dieser Schuloper kunstvoll eine Lebensanschauung in die Seelen junger Menschen geblasen wird, die alle bösen Ingredienzen eines auf sinnlose Autorität gegründeten reaktionären Denkens fein verteilt, aber höchst wirksam enthält. Und dann wundert man sich, wenn die moralische und soziale Weiterentwicklung um Jahrhunderte hinter der technischen zurückbleibt.«

Dieser von Brecht gepriesene Kadavergehorsam fiel in der zerrissenen Weimarer Republik auf fruchtbaren Boden, nicht nur bei linken, auch bei rechten Ideologen. Siegfried Günther hielt in »Die Musik« (23, 1930/31) die Moral der Geschichte des »Jasagers« für Links und Rechts fest: »Wiederum hat der philosophische Gedanke, daß der Brauch den Menschen überdauert und überwindet, so allgemeinen Geltungswert, hat die Darstellung des Gedankens von unserem über das Erdhafte ins Metaphysische reichenden Sein soviel Bedeutung, daß auch der Brechtsche Text allgemein annehmbar werden kann«.

In »Die Maßnahme« ist dieser Gedanke, daß der Mensch nichts, aber der Brauch, die Partei, die Ideologie alles ist, unübersehbar deutlich zum Ausdruck gebracht. Dort steht auch die Lobeshymne auf die Partei, die bei genauerer Betrachtung eine Lobeshymne des KGB bzw. der Stasi, also der bolschewistischen Geheimpolizei ist, denn in dieser Polizei ist das wahre Wesen der kommunistischen Partei aufs schönste hervorgetreten: »Der Einzelne hat zwei Augen, die Partei hat tausend Augen.« Brechts Hymne:

»LOB DER PARTEI

Der Einzelne hat zwei Augen
Die Partei hat tausend Augen
Der Einzelne sieht eine Stadt
Die Partei sieht sieben Reiche
Der Einzelne hat seine Stunde
Die Partei hat viele Stunden
Der Einzelne kann vernichtet werden
Die Partei kann nicht vernichtet werden
Denn sie beruht auf der Lehre der Klassiker

> Welche geschöpft ist aus der Kenntnis der Wirklichkeit
> Und bestimmt ist, sie zu verändern, indem sie, die Lehre
> Die Massen ergreift.«

Der Einzelne ist also nichts und die Partei ist alles, was in den Ländern, in denen die kommunistische Partei an der Macht war, konsequent verwirklicht wurde. Der Einzelne muß sich notwendig der Partei unterwerfen, wenn diese immer mehr weiß, mehr sieht als Einzelne. Der Einzelne geht letztlich unter in der Partei, die gewissermaßen unsterblich ist. Eine Kritik der Partei ist per definitionem unmöglich. Wie können zwei Augen mehr sehen als tausend Augen? Die Neuköllner Schüler wußten natürlich, daß mitunter ein Einzelner mehr weiß als die blinde Mehrheit. Brecht vertritt die Dogmatik der Partei hier rein und ungeschützt: es gibt nur eine Wahrheit, den Marxismus, und die Partei, die im Besitze dieser Wahrheit ist, kann sich nicht irren. Und diese Wahrheit ist identisch mit der Wirklichkeit. Ergo: wenn die Partei einen Genossen zum Tode verurteilt, ist es nicht die Partei, es ist die Wirklichkeit selbst, die ihn vernichtet:

DIE VIER AGITATOREN

Wir beschlossen:
dann muß er verschwinden, und zwar ganz.
Denn wir müssen zurück zu unserer Arbeit
und ihn können wir nicht mitnehmen und nicht da lassen
also müssen wir ihn erschießen und in die Kalkgrube werfen
denn der Kalk verbrennt ihn.

DER KONTROLLCHOR

Fandet ihr keinen Ausweg?

DIE VIER AGITATOREN

Bei der Kürze der Zeit fanden wir keinen Ausweg.
Wie das Tier dem Tiere hilft
wünschen auch wir uns, ihm zu helfen, der
mit uns gekämpft für unsere Sache.
Fünf Minuten im Angesicht der Verfolger
dachten wir nach über eine
bessere Möglichkeit.
Auch ihr jetzt denkt nach über
eine bessere Möglichkeit
(Pause)
Also beschlossen wir: jetzt
abzuschneiden den eigenen Fuß vom Körper.
Furchtbar ist es, zu töten.
Aber nicht andere nur, auch uns töten wir, wenn es nottut
da doch nur mit Gewalt diese tötende
Welt zu verändern ist, wie
jeder Lebende weiß.
Noch ist es uns, sagten wir
nicht vergönnt, nicht zu töten. Einzig mit dem
unbeugbaren Willen, die Welt zu verändern, begründeten wir
die Maßnahme.

DER KONTROLLCHOR

Erzähl weiter, unser Mitgefühl
ist euch sicher.
Nicht leicht war es, zu tun, was richtig war.
Nicht ihr spracht ihm sein Urteil, sondern
die Wirklichkeit. . . .

DIE DREI AGITATOREN

Dann erschossen wir ihn und
warfen ihn hinab in die Kalkgrube.
Und als der Kalk ihn verschlungen hatte
kehrten wir zurück zu unserer Arbeit.

DER KONTROLLCHOR

Und eure Arbeit war glücklich
ihr habt verbreitet
die Lehren der Klassiker
das ABC des Kommunismus
den Unwissenden Belehrung über ihre Lage
den Unterdrückten das Klassenbewußtsein
und den Klassenbewußten die Erfahrung der Revolution.
Und die Revolution marschiert auch dort
und auch dort sind geordnet die Reihen der Kämpfer
wir sind einverstanden mit euch.

Euer Bericht zeigt uns, wieviel
nötig ist, die Welt zu verändern:
Zorn und Zähigkeit, Wissen und Empörung
schnelles Eingreifen, tiefes Bedenken
kaltes Dulden, endloses Beharren
Begreifen des einzelnen und Begreifen des Ganzen:
nur belehrt von der Wirklichkeit, können wir
die Wirklichkeit ändern.[98]

Damit ist die Vernichtung des Einzelnen theoretisch abgesichert. Die Henker konnten ihr Werk beginnen. Brecht schrieb ja nur auf, was Tatsache war. So wie »Baal« den nackten Kapitalismus enthält – dort versteht es Brecht aber als Kritik am Kapitalismus –, so enthält »Die Maßnahme« den nackten Stalinismus: daß dies eine Kritik an der Partei ist, hat Brecht nie ausgesprochen.

Immerhin hatte er nun Ende der zwanziger Jahre gefunden, was ihm zu deren Beginn so schmerzlich fehlte: eine neue Religion, die ihm Halt und Sicherheit gab. Freilich war die Religion ohne Opfer nicht zu haben, ohne intellektuelle Opfer nicht und ohne künstlerische Opfer nicht.

Brecht ist einer der wenigen großen Dichter deutscher Sprache dieses Jahrhunderts, insofern nicht zu vergleichen mit mittelmäßigen Schreibern wie Johannes R. Becher. Stephan Hermlin oder Heinz Müller. Umso erstaunlicher ist es, daß diese große Begabung sich so bedingungslos einem Parteiapparat unterwarf, der von kleinkarierten Funktionären mit brutaler Gewalt dirigiert wurde.

Man könnte sagen, Brechts Charakter war seinem Talent nicht gewachsen. Der Charakter brauchte einen quasi-religiösen Halt, das Talent brauchte Freiheit. Brecht unterwarf sein künstlerisches Werk seit der »Heiligen Johanna der Schlachthöfe« seiner Ideologie und machte dadurch, so wie der Bolschewismus die Errungenschaft der bürgerlichen Freiheiten rückgängig machte, die Errungenschaft der modernen Kunst rückgängig. Denn diese hatte sich im Laufe des 18. Jahrhunderts aus der Abhängigkeit von Thron und Altar befreit und ihre Selbstgesetzlichkeit behauptet, ihre Autonomie erkämpft. Sie hatte damit aber auch auf ihre bisherige Wirkungsästhetik verzichtet: sie wollte nicht mehr, wie es noch die Poetik der Aufklärung empfahl, belehren, unterhalten und erfreuen. Sie wollte eine Wirklichkeit mit dem Blick eines begabten Individuums darstellen. Sie wollte Fragen stellen, nicht Antworten geben. Gerade die »Erklärungsdefizite« der großen Philosophien und Ideologien wollte sie aufzeigen.

Brecht stellte bewußt seine Kunst in den Dienst einer Ideologie. Solange diese Ideologie, die marxistische, der Kritik eines verkommenen Parlamentarismus, gar eines gemeingefährlichen Nationalsozialismus diente, solange wird man Brecht vielleicht noch folgen können, wenn sich auch bei genauerer Betrachtung zeigt, daß diese marxistische Ideologie genauso ein Totengräber der bürgerlichen Grundrechte war wie der Faschismus.

Doch wenn diese Ideologie, wie es unter Stalin in der Sowjetunion geschah, zur Rechtfertigung eines blutigen Terror-Regimes wird, dann wird man Brecht nicht mehr folgen können. Er wußte von den Verbrechen des Stalinismus, doch aus Parteidisziplin sprach er öffentlich nie darüber. So wurde er zum Mitwisser der Verbrechen, der die Ideologie, unter deren Deckmantel diese Verbrechen begangen wurden, weiterhin propagierte, als sei nichts geschehen. Brecht erniedrigte seine Kunst zur Magd der Ideologie und die Ideologie diente zur Rechtfertigung von Verbrechen, die in dieser Ideologie angelegt waren. Brechts »Die Maßnahme« lehrt uns das. Es ist die Gewalt gegen die eigenen Genossen, die hier als notwendig propagiert wird. Der Stalinismus war auch ein Terror-Regime von Kommunisten gegen Kommunisten. Wohl nie hat ein Staat einen so rückhaltlosen Krieg gegen seine eigenen Staatsbürger geführt wie die Sowjetunion unter Stalin. Etwa zwei Drittel der deutschen Kommunisten, die vor Hitler nach Moskau flohen, wurden dort umgebracht.

Ich fasse in drei Punkten zusammen:

1. Brecht machte seine Kunst (und jede Kunst, denn andere ließ er nicht gelten), zur Magd der Ideologie, die er freilich für eine Wissenschaft hielt, allerdings eine Wissenschaft, die die immer gültige, unumstößliche Wahrheit enthält, was dem modernen Wissenschaftsbegriff nicht entspricht. Das, was wir heute für richtig halten, kann morgen schon durch neue Erkenntnisse überholt werden: das ist unser Wissenschaftsbegriff, den Brecht nicht gelten ließ. So gebrauchte er Wissenschaft als Metapher, um damit der marxistischen Ideologie ein zeitgemäßes Mäntelchen umzuhängen.[99]

Dadurch, daß Brecht die Ästhetik politisierte, d. h. sie der Politik unterwarf, machte er eine wichtige bürgerliche Errungenschaft rückgängig: die der autonomen Kunst, die sich im 18. Jahrhundert gegen die Bevormundung von Kirche und Staat durchsetzte. Kunst kann sehr wohl engagiert sein, also soziale oder politische Verhältnisse kritisieren, doch sie darf sich nicht einem Regime oder einer Partei unterwerfen.

So wie die Bolschewisten die bürgerlichen Errungenschaften in der Politik (Menschenrechte, Gewaltenteilung, freie Presse) rückgängig machten, so macht Brecht die Errungenschaften der bürgerlichen Ästhetik rückgängig – ganz im Sinne der Partei, die überall, wo sie die Macht hatte, die Kunst in Dienst nahm.

2. Durch die propagandistische Unterstützung der marxistischen Ideologie – ich meine damit nicht die Philosophie von Karl Marx, sondern das, was unter Lenin und dann Stalin in der Sowjetunion und in allen von dieser abhängigen kommunistischen Parteien daraus wurde – durch die Unterstützung dieser Ideologie wurde Brecht zum Helfershelfer eines verbrecherischen Systems, dessen Verbrechen er kannte. Seine Werke dienten der bolschewistischen Sowjetunion und schließlich der DDR als Rechtfertigung ihres repressiven Staatsapparates. Bis zum Ende der DDR war das »Berliner Ensemble« Brechts und seiner Erben eines der Aushängeschilder, hinter dem sich der dreckige Stasi-Apparat verbarg.

Brechts Werk müßte, wollte man es für die Zukunft retten, von der Ideologie befreit werden, der sein Autor es ausgeliefert hat. Es wäre der Mühe wert. Und etliches wäre wohl zu retten: »Mutter Courage« als echte Tragödie, »Puntila« als Burleske (der treffliche Matti müßte dann freilich auch einmal auf die Schnauze fallen), »Galilei« als anti-stalinistische Farce. Auch um Goethes Staats- und Weltanschauung – um ein Beispiel zu nennen – kümmert sich heute keiner, der seine Stücke aufs Theater bringt oder sie auf dem Theater sieht. Warum solllten wir Brecht schlechter behandeln als Goethe?

3. Brechts persönliches Verhalten gegenüber der stalinistischen Sowjetunion und gegenüber der stalinistischen DDR unter dem unsäglichen Ulbricht war auf verhängnisvolle Weise vorbildlich für die Schriftsteller der DDR: nämlich sein Opportunismus, den er so drastisch in der Figur seines Galilei darstellte. Um des lieben Friedens willen, damit man gutes Essen hat und guten Wein, eine Datscha und eine Westreise, hält man das Maul. Aber insgeheim oder zwischen den Zeilen riskiert man eine Lippe und hält sich für einen großen Mann oder eine große Frau. Mutig zu sein braucht man nicht, denn traurig ist doch das Land, das Helden nötig hat, wie es im »Galilei« heißt. Daß man feige ist, liegt also an dem Land, nicht an einem selbst. Ich spreche von den bedeutenderen Autoren der DDR, nicht von den kleinen Parteidichtern, deren Namen wir nicht kennen und nicht kennen lernen wollen. Die waren der Partei natürlich treu ergeben, weil sonst niemand ihren Mist gedruckt hätte. Aber die, die nicht einen energischen Schlußstrich zogen wie Peter Huchel, Wolf Biermann, Robert Havemann, oder wie Uwe Johnson und Hans-Joachim Schädlich und die anderen, die in den Westen abgeschoben wurden, manche erst nach Gefängnishaft und Isolation, ich meine die Schriftsteller, die in der DDR blieben und in West- und Ost-Deutschland veröffentlichten und Ansehen genossen – der listige Brecht war ihr Vorbild, ob sie es nun wußten oder nicht. Es war jedenfalls nicht Carl von Ossietzky, nicht Gustav Landauer, nicht Heinrich Heine und nicht Georg Büchner.

Werner Mittenzwei, Klaus-Detlef Müller und die Vernichtung des Individuums

Bei den Arbeitern hatte Brecht wenig Erfolg. Dafür erreichte er die Intellektuellen und das Bildungsbürgertum, das fasziniert ist vom rauhen Klassenkampf, solange er auf der Bühne stattfindet. Am erfolgreichsten ist Brecht bei den Deutschlehrern und damit hat er eine große Anhängerschaft gewonnen. Denn die Deutschlehrer zwingen jahrein, jahraus Tausende von Schülern, Brecht zu lesen. Der Didaktiker Brecht ist sehr handlich für die Didaktiker des Deutschunterrichts. Seine späten Stücke (episches Theater) enthalten eine einfache Fabel und eine deutliche Moral, so daß sie sich gut interpretieren und diskutieren lassen, zumal Brecht nicht versäumte, die »Rahmenrichtlinien«, nach denen sie zu erklären sind, gleich mitzuliefern.

Als Anhänger der Poetik der Aufklärung, der letzten aristotelischen in Europa – doch das wußte der ungebildete Brecht nicht –, verfolgt auch Brecht noch didaktische Wirkungen. Waren ihm auch Gefühle suspekt, so blieben von den drei alten Zielen der Dichtkunst doch noch docere und delectare, also belehren und unterhalten, wenn auch movere (erregen) entfallen war.

Auch die Lehrstücke Brechts, die lange schamhaft beiseite gelassen worden waren, sind eines Tages wieder entdeckt worden: von einem zarten jungen Mann namens Reiner Steinweg, der sich ansonsten mit Friedensforschung beschäftigt. Auch die Germanistik in der DDR und der Bundesrepublik war gezwungen, sich mit diesen verdrängten Lobpreisungen des Terrors als Mittel der Politik zu befassen. Sie tat es auf unterschiedliche Weise, was an zwei zurückliegenden Beispielen erläutert werden soll, die lehrreich sind.

Werner Mittenzwei zeigt in seinem Buch »Brecht. Von der »Maßnahme« zu »Leben des Galilei«« von 1965 Brechts konsequenten Weg an der Seite der Arbeiterklasse, die für Mittenzwei nicht ein philosophisches Konstrukt, sondern eine historische Realität und zudem mit der SED, der »führenden Partei der Arbeiterklasse«, identisch ist. Weil er sich an dieser Partei orientiert, kann Mittenzwei sogar kritisch Brecht gegenüber sein. Aber er kann keinesfalls die Partei kritisieren, die ja gemäß der Lehre immer Recht haben muß. Da die Partei Vorbehalte gegen Brechts »Maßnahme« hatte, muß Mittenzwei ebenfalls welche haben.

Mittenzwei ist also kritiklos gegenüber der Partei, dafür aber kritisch gegenüber Brecht, das Zweite folgt aus dem Ersten. Nun ist Mittenzwei – wie die Partei – keineswegs gegen den Terror als Mittel »fortschrittlicher Politik«. Gerade die »Humanitätsduselei«, wie das die Nazis nannten (bei Mittenzwei heißt das

»falsche bürgerliche Humanitätsvorstellungen«), galt es schließlich zu überwinden, damit dem Fortschritt der Weg gebahnt wurde. Mittenzwei:

»Bei dem Übergang kleinbürgerlicher Intellektueller auf die Seite des Proletariats spielte immer, besonders aber in revolutionären Situationen, die Frage der Gewalt, des revolutionären »Terrors« eine Rolle. Sie wurde für diese Menschen zu einem zentralen Problem, zu dem Grunderlebnis ihres Übergangs zum Proletariat. Ein Blick in die Geschichte lehrt, daß sich in Zeiten eines beginnenden revolutionären Umschwunges oder nach niedergeschlagenen Revolutionen fast immer eine Antigewalt-Ideologie herausbildete, die der herrschenden Klasse dazu diente, die unzufriedenen kleinbürgerlichen Schichten, vor allem die Intelligenz, von den revolutionären Massen zu isolieren und gefügig zu machen. Es sei hier nur auf die Ausbreitung des Tolstoianertums nach 1905 in Rußland und die expressionistische O-Mensch-Dichtung in Deutschland nach 1918 verwiesen.«[100]

Und so setzte auch Brecht sich über die bürgerliche Humanität hinweg, vorbildlich und beispielhaft. Hatte er in der »Heiligen Johanna« schon demonstriert, daß christliche Güte lächerlicher Unsinn ist angesichts der Brutalität des Kapitalismus, daß gegen dessen Gewalt nur Gewalt hilft, so zeigte er in der »Maßnahme«, daß man auch gegen die eigenen Leute mit Gewalt vorgehen muß, wenn das historisch notwendig ist. Mittenzwei:

»In der »Maßnahme« spitzte Brecht einen solchen Fall bis zur äußersten Konsequenz zu: Wie verhalte ich mich zu einem Genossen, der aus Ungeduld gegen die Anordnung der Partei verstößt, weil er im Augenblick glaubt, einen besseren Weg zu wissen? Ist es gerechtfertigt, ihn zu töten, wenn es die Notwendigkeit verlangt?
Die ganze Fragestellung, die Brecht hier vorbringt, ist natürlich äußerst abstrakt, äußerst konstruiert, äußerst unreal.«[101]

Werner Mittenzwei schreibt dies, nachdem die abstrakte Konstellation Brechts in den stalinistischen Säuberungen höchst konkrete Gestalt geworden war. Auch die Opfer Stalins mußten ihr Einverständnis zu ihrer Ermordung geben, so wie der junge Genosse bei Brecht. Der Dichter stand hier mitten im Leben der Partei der Arbeiterklasse, was Mittenzwei nicht wahrhaben will. So kritisiert er Brecht sogar mit Schimpfworten: das Stück sei »idealistisch« und – aus marxistischem Munde noch schlimmer – »undialektisch«. Trotz allem enthalte das Stück aber mit »Lob der illegalen Arbeit« und »Lob der Partei« zwei Lieder, die »zu den großen Schönheiten unserer sozialistischen Literatur« gehören.

Die Argumentation der westlichen Brechtforscher, die durchweg Brecht-Anhänger, Brecht-Liebhaber, besser: Fans sind, ist von gänzlich anderer Art. Wie kommt der wohlbestallte Professor der Universität Tübingen Klaus-Detlef Müller, der die Vorzüge der bürgerlichen Humanität tagtäglich genießt, dazu, das Brechtsche Lob des stalinistischen Terrors zu feiern? Für Müller ist der Terror tatsächlich abstrakt, ein philosophisches oder ein philologisches Problem, die Opfer der marxistischen Ideologie kümmern ihn nicht im mindesten. Ihn bekümmert, daß das Stück Anlaß der Kritik am verehrten Meister sein könnte.

Mittenzwei besitzt als Orientierungshilfe die Partei. Was aber besitzt der westdeutsche Germanist im unübersichtlichen Pluralismus einer verkommenen bürgerlichen Demokratie als Orientierung? Den Dichter! Brecht ist sein ein und alles, ihn verehrt er derart, daß er kein kritisch Wörtlein an ihm dulden mag.

Der Dichter ist für Müller so unfehlbar wie die Partei für Mittenzwei. So muß Müller in seinem von Deutschlehrern viel benutzten Buch »Bertolt Brecht. Epoche – Werk – Wirkung« sich nach zwei Seiten wehren, um seinen Dichter zu schützen: einmal gegen die Parteivertreter wie Abusch oder Mittenzwei, denen die »Maßnahme« nicht behagt, zum andern gegen bürgerliche Interpreten wie Reinhold Grimm, die das Stück zu retten suchen, indem sie es in die Nähe der griechischen Tragödie stellen. Wäre Grimm im Recht, hätte der junge Genosse Mitleid verdient, das aber wäre nicht im Sinne Brechts. Lernen sollen wir doch an seinen Stücken und nicht Mitleid haben, weiß Müller. Ich zitiere einen Absatz aus dem von Müller herausgegebenen Arbeitsbuch:

»In der Maßnahme ist der eigentlich »pädagogische Part« der Rolle des jungen Genossen vorbehalten. In der zweiten Szene des Lehrstücks erklärt dieser sein »Einverständnis« mit der Art der revolutionären Arbeit, mit der »Auslöschung« der Individualität, die als Bedingung der Illegalität eingeführt ist. Der Durchgang durch die kleinste Größe ist hier als Vorbereitung auf die neue Identität im revolutionären Kollektiv gestaltet. Das Einverständnis ist, wie schon im Badener Lehrstück, auf die »Revolutionierung der Welt«, den »Vormarsch der proletarischen Massen aller Länder« gerichtet. Dieses Einverständnis, das zu Beginn der im Spiel vergegenwärtigten Stationen jeweils erneuert wird, kündigt der Genosse auf. Mit der revolutionären Disziplin geht auch die neu gewonnene kollektive Identität verloren, als er mit dem Zerreißen der Maske sein Einverständnis offen bricht. Die Maßnahme ist keinesfalls die Bestrafung eines Abtrünnigen: sie liegt in der Konsequenz des Einverständnisses als Bedingung der Möglichkeit erfolgreicher illegaler Tätigkeit. »Einzig mit dem / Unbeugbaren Willen die Welt zu verändern, begründeten wir / Die Maßnahme.« (2, 661) Mit dem Ja zu seiner Tötung, die gleichnishaft die extremste Folge des Einverständnisses wie seines Bruchs durch falsches politisches Verhalten verdeutlichen soll, stellt der junge Genosse ausdrücklich sein ursprünglich gegebenes Einverständnis mit der revolutionären Veränderung der Welt wieder her.«[102]

Der junge Genosse ist also selber schuld. Kein stalinistischer Richter könnte besser argumentieren als dieser bundesdeutsche Brecht-Forscher: Der junge Genosse gab sein Einverständnis, daß er dieses Einverständnis aufkündigte, war sein Fehler, dafür mußte er sterben (das Wort fällt nicht!). Daß er zu seiner Hinrichtung sein Einverständnis gab, hat ihn wieder ins Kollektiv zurückgeführt. Das Kollektiv ist alles, der Einzelne nichts. Die kollektive Identität annehmen, heißt, die individuelle Identität aufgeben bis zu deren völliger Vernichtung, auch der physischen Vernichtung. Zu Ende gedacht: nur wer tot ist, ist ein vollkommenes Mitglied des Kollektivs. Die Vernichtung des Einzelnen führt also letztlich auch zur Vernichtung des Kollektivs, wenn dies nur noch aus Toten besteht. Diese Tendenz ist tatsächlich im Stalinismus enthalten.

Doch zu Ende gedacht wird hier nicht. Dafür ist das Schuldurteil eindeutig. Müller schließt sich dem Kontrollchor der Partei im Stück an. Nur kann er es noch schöner formulieren: »Der Durchgang durch die kleinste Größe ist hier als Vorbereitung auf die neue Identität im revolutionären Kollektiv gestaltet.« Man versteht, was hier gemeint ist: der Durchgang durch die kleinste Größe ist offensichtlich die Vernichtung des Einzelnen. Was ist der Mensch wert? Brecht hat es in »Mann ist Mann« demonstriert: an sich ist er nichts wert. Er ist eine Art Maschine, die man beliebig manipulieren kann, wie er nicht ohne Schadenfreude feststellt. Also sagt auch Müller gegen den jungen Genossen:

»Sein revolutionäres Engagement ist überwiegend emotional begründet; Spontaneität, unmittelbare Betroffenheit setzen seine Handlungen in Gang. Er vermag auch später sein Gefühl nicht durch den Verstand zu kontrollieren, revolutionäre Ungeduld wird damit zum Hemmschuh der Revolution. Bürgerlich-individualistisch eingefärbte Tugenden wie Mitleid, Gerechtigkeit, Ehrgefühl sowie immer wieder aus spontanem Mitleiden geborene Ungeduld lassen ihn in den revolutionären Aufgaben versagen. Seine Einsicht in die eigenen Fehler kommt jedesmal zu spät.« [103]

Man merkt, wie es hier den Professor Müller vor Ekel schüttelt, wenn er die »bürgerlich-individualistisch eingefärbten Tugenden« in den Mund nehmen muß wie: Mitleid, Gerechtigkeit, Ehrgefühl? Grauenhafte Dinge müssen das sein.

Ich habe den Kollegen Müller einmal kennengelernt. Er ist ein freundlicher Mann mit durchaus bürgerlichen Umgangsformen. Wie kommt er zu solchen Sätzen? Hat er sie nur geschrieben, um sich als Herausgeber der neuen Brecht-Ausgabe anzudienen? Ich glaube nicht: hier wird deutlich, wie das, was Brecht schrieb und was die Germanisten dazu sagen, fernab von jeder Realität ist. Es ist eine Art Glasperlenspiel auf dem Theater und auf dem Katheder für die Gebildeten, die die Sätze wie Glasperlen herumdrehen, um dabei ihre eigene Wichtigkeit zu spüren. Eine interne intellektuelle Angelegenheit. Klaus-Detlef Müller wird sicher ungehalten sein, wenn ich hier seine Sprüche stalinistisch nenne und an die Opfer erinnere, die der Stalinismus forderte. Damit hat das, was er schrieb, nichts zu tun, meint er wohl.

Schreibt Klaus-Detlef Müller – er ist nur ein Exempel, andere Interpreten Brechts, etwa Jan Knopf, ließen sich nennen, oder die affirmativen Interpreten Heiner Müllers – schreibt also Klaus-Detlef Müller abgehoben von jeder gesellschaftlichen Realität, sowohl der der DDR, als auch der der Bundesrepublik, so hat sein Schreiben doch Einfluß auf die öffentliche Meinung. Diese Interpreten bilden Deutschlehrer aus und Literaturkritiker, die wiederum ihre Schüler und ihre Leser belehren. Und alle leben in einer parlamentarischen Demokratie, die sie gering schätzen, während sie ihre Vorzüge genießen, und sprechen von einem sagenhaften Marxismus, den sie schätzen, weil sie ihn am eigenen Leib nie spüren mußten. Ist es also Geschwätz, so ist es doch nicht folgenlos.

Ich schließe mit einigen Sätzen des deutschen Emigranten Hans Sahl, der in hohem Alter von New York nach Deutschland zurückkehrte. Sahl schreibt in seinen Erinnerungen »Das Exil im Exil« einige Sätze über Brecht, die die ideologischen Verrenkungen des Dichters und seiner Exegeten auf den Boden der Tatsachen herunterholen:

»Brecht hat sich gegen die »Einfühlung« gewandt. Er war gegen Toller und die »Mitleidsdichtung« – aus Gefühlsscham. Toller war ein anständiger Mensch, aber ein mittelmäßiger Dichter, der Gesinnung gern mit Sentimentalität vermischte, und um dies zu erkennen, dazu bedurfte es nicht erst einer Ästhetik, die das »unorganisierte« Mitleid grundsätzlich ablehnte und als reaktionär oder konterrevolutionär denunzierte.
Die Frage erhebt sich, ob nicht mit dieser Abschaffung des Mitleids als einer spontanen zwischenmenschlichen Attitude der Boden für eben jenes Totalitäre vorbereitet wurde, in dem es nur noch kontrollierte Emotionen geben sollte und das Mitleid nur dann gestattet war, wenn es nach Ansicht der Machthaber geschichtlich ›richtig lag‹. Die Auskältung und Einfrostung der zwischenmenschlichen Beziehungen im Stalinismus und im Nationalsozialismus, die Betrachtung des Menschen von außen, der nun zum bloßen Material der Geschichte wurde – dies alles ist von Brecht gewissermaßen

dichterisch vorweggenommen und ästhetisch salonfähig gemacht worden. Dabei ergibt sich der gewiß dialektisch zu nennende Widerspruch, daß bei ihm die Qualität des Dichtens ins Gegenteil umschlug und die Theorie zu einer von ihm natürlich nie gewollten materiellen Gewalt führte, von der er sich distanzierte, indem er sie nicht zur Kenntnis nahm.«

Später traf Hans Sahl Brecht im New Yorker Exil. Sahl:

»Bei einem meiner Besuche hatte er mir das Manuskript des »Guten Menschen von Sezuan« in die Hand gedrückt und mich gebeten, ihm zu sagen, was ich davon hielte. Ich muß gestehen, daß es mir nicht sonderlich behagte, zumal es seine häufig gestellte Frage »Wie kann man gut sein in einer Zeit, in der Güte nicht verlangt wird«, die ich ablehnte, wiederholte. Ich hielt jedoch mit meiner Meinung zurück und fragte ein wenig ironisch, wer mit der Figur der guten Shen-te, die sich in den bösen Vetter verwandelt, weil das Gute nur überleben kann, wenn es sich als Böses verkleidet, gemeint sei: Hitler oder Stalin.«[104]

Heiner Müller: der preisgekrönte Terrorist

Eine Bemerkung des Dichters Heiner Müller vorweg: Er konstatiert die unterschiedliche Haltung des DDR-Publikums und des westdeutschen Publikums in einer Aufführung seines Stückes »Germania, Tod in Berlin« am »Berliner Ensemble« 1989:

»Die Aufführung war sehr auf Textpräsentation abgestellt und verzichtete weitgehend auf Theatereffekte. Das DDR-Publikum ließ sie ziemlich kalt. Mit den historischen Ereignissen wurden die Theaterbesucher immer kälter, weil sie das Stück nur noch als Affirmation sehen konnten, und das interessierte die Leute nicht. Seit Westberliner und Westdeutsche hier massenhafter ins Theater gehen, ist das Stück ständig ausverkauft und großer Jubel zwischendurch und am Schluß. Sie verstehen das Stück offenbar völlig anders. Ein Schauspieler, der eine Szene mit dem Rücken zum Publikum zu spielen hat, beschrieb ein fast körperliches Gefühl des Zuhörens im Saal. Für das Westpublikum klingt das Stück wie ein goldenes Märchen, daß jemand mal solche Ideen gehabt haben kann«.[105]

Es ist nicht verwunderlich, daß die Bürger der DDR, sobald sie nicht mehr im Kollektiv ins Theater gehen müssen, sich der Müllerschen Version der DDR-Ideologie nicht mehr aussetzen wollen. Verwunderlich ist jedoch, mit welchem Beifall das westdeutsche Publikum sich diesen ideologischen Schmarren anschaut. Woher kommt der Erfolg des Dramatikers Heiner Müller, der so lange die stalinistische Ideologie predigte, bis ihm nur noch ein blutiger Unsinn daraus wurde: der Erfolg außerhalb der DDR und des »Ostblocks«?

Dieser Erfolg ist das Zeugnis einer tiefen Entfremdung zwischen Ost und West: die Menschen im Osten haben erlitten, wovon Müller immer noch schwärmt, die Menschen im Westen dagegen wissen nicht, was in diesen Ländern tatsächlich vor sich ging, sie wollten es nicht wissen und sie wollen es nicht wissen. So genießen sie Müller als ulkigen Exoten, der von einem fernen Land berichtet, wo die Eingeborenen sich die Köpfe blutig schlagen. Dabei stört es sie nicht, daß Müller behauptet, von der Stadt Berlin, in der sie das Stück sehen, zu sprechen. Das, was er über diese Stadt und ihre Geschichte zu sagen hat, ist so weitab von ihrer eigenen Erfahrung, daß sie es nicht als Aussagen über diese Stadt verstehen können. Paradox genug: gerade die Ideologie Müllers, die ihm einen genaueren Blick auf die Realität verwehrt, ist ein Garant seines Erfolgs im Westen, denn diese Ideologie hat mit der Realität so wenig zu tun, daß man sie nicht ernst nehmen muß.

Die Bürger der DDR mußten lange ernst nehmen, was Müller ihnen predigte: mit dem »Lohndrücker«, mit der »Korrektur«, mit »Zement«, mit »Bau«, also mit seinen Stücken über die Produktion, wurde ihnen die Ideologie eingeblasen, die ihre Unterdrückung ihnen verschönern sollte. Daß Müller auch die Unterdrückung selbst zeigte, nicht nur ihre Verschönerung, brachte ihm immer wieder Schwierigkeiten mit der Partei, die zwar eifrig die Unterdrückung betrieb, aber in der Literatur nur deren Beschönigung zu Wort kommen lassen wollte. Im Grunde war Müller mit der Partei einer Meinung: Unterdrückung ist nötig, auch Terror, damit es vorangeht in der Geschichte. Müller sah den Terror als gerechtfertigt an und gab sich unaufhörlich Mühe, Rechtfertigungen auch in entlegener Literatur zu finden. So war er ein treuer Partei-Dichter. Die Divergenz zwischen ihm und der Partei bestand darin, daß die Partei nicht aussprechen wollte, was Müller mit seiner Lust an der Grausamkeit immer wieder genüßlich ausspricht. Wir kennen die Situation: die Partei war gegen Brechts Lehrstücke, nicht weil sie gegen den Terror war, sondern weil sie nicht wollte, daß über ihren Terror gesprochen wird.

Nehmen wir dieses Stück »Germania, Tod in Berlin«, das kein Dramaturg und kein Lektor annehmen würde, wenn es ihm heute ein unbekannter Autor auf den Tisch legte. Es stimmt hinten und vorne nicht. Die ästhetische Kritik erübrigt sich, eine ideologische Kritik, wie wir sie nicht zuletzt von Karl Marx gelernt haben, zeigt die Fragwürdigkeit des Stückes, der Rest ist dann unerheblich. Sehen wir uns das saubere kleine Bändchen an, das der Rotbuch-Verlag in West-Berlin 1977 mit dem Stück herausgab. Da kommen zunächst einige kurze Prosatexte: »Lach nit es sei dann ein Stadt untergangen« steht auf Seite 3, auf Seite 4 klettern Schulbuben auf einen Baum, an dem ein Toter hing: »Wir sagten: Das war der. Wo sind die andern? Zwischen Ast und Erd ist Raum.« Sie wünschen sich offensichtlich, daß weitere gehenkt werden. Dann folgt eine Erzählung »Das eiserne Kreuz«, in der ein Nazi seine Frau und seine Tochter erschießt – ausführliche Schilderung –, aber nicht sich selbst wie vorgehabt, und dann nach Westen flieht. Dann folgt auf Seite 13 ein kurzer Text; ich zitiere ihn in voller Länge:

»Die Bauern standen mit dem Rücken zum Steinbruch. Er sah die Bauern an, die Bauern sahen ihn an. Ihre Augen waren weit vor Furcht, dann schmal vor Haß, dann wieder weit, dann wieder schmal. Er sah auf ihre Hände: sie waren zerarbeitet, dann auf seine eigne zerarbeitete Hand, die schwitzte. Er sagte die oftgesagte Formel lauter als gewöhnlich: FEUER AUF DIE FEINDE DER REVOLUTION und schoß als erster. Die Salve wirbelte die drei Körper über den grasbewachsenen Hang in den Steinbruch«.[106]

Die Szene wird aus ihrem historischen Kontext herausgenommen, damit wird sie dem kritischen Urteil entrissen: sie wird zur Szene, die es zu genießen gilt. Müller würde auf dem Theater das Fallen der Leichen sicher in einem Film in Zeitlupe zeigen, damit wir lange genug unsere Freude daran haben. So wie er zu Beginn seiner »Lohndrücker«-Inszenierug am »Deutschen Theater« in Berlin fast eine halbe Stunde lang in einem Film zwei Männer einen dritten verprügeln ließ mit nicht nachlassender Lust.

Müller macht aus dem Morden ein ästhetisches Vergnügen. Er macht das Schlachten genießbar. Aber er will uns natürlich auch etwas sagen, denn er muß Gründe finden, die das Morden rechtfertigen, damit er es in aller Seelenruhe darstellen kann. Die Gründe sind einfach: die Weltgeschichte hat schon immer Mord und Totschlag gekannt, das ist Müllers späte Version, mit der er das faschistische Geschichtsbild Gottfried Benns erreicht hat. Nicht ohne Grund zitiert er jetzt lieber Carl Schmitt oder Ernst Jünger als Karl Marx. Früher war Müller zwar auch der Ansicht, daß die Weltgeschichte aus Mord und Totschlag besteht, doch da hatte er noch eine marxistische Perspektive: es war eben der Klassenkampf, der die Weltgeschichte bestimmte, die unaufhaltsam voranschreitet. Der Fortschritt ist nicht aufzuhalten, aber der Fortschritt verlangt Opfer. Im Ausdenken von Szenen, die beweisen sollen, daß der Fortschritt Opfer notwendig macht, ist Müller einfallsreich.

Beispiel »Philoktet«. Bei Sophokles ist »Philoktet« eine Erlösungsgeschichte. Philoktet wurde wegen einer schrecklichen Krankheit von den Griechen auf einer Insel ausgesetzt. Erst als sie in Troja nicht vorankommen, besinnen sie sich des Philoktet und seines Pfeils und Bogens. Odysseus fährt zur Insel und versucht, Philoktet zu gewinnen. Der weist ihn zunächst zurück, doch greift eine Gottheit ein: Philoktet kommt nach Troja, sein Bogen hilft den Griechen siegen und Philoktet wird von seiner Krankheit befreit. Müller verkürzt diesen antiken Mythos um die Erlösung, wodurch er blutig und unversöhnlich wird. Bei Müller wird Philoktet umgebracht, weil er nicht seinen Bogen herausrücken will. Denn: ohne Bogen ist Troja für die Griechen verloren, nehmen sie aber den Bogen, ist Philoktet verloren. Also: Philoktet muß leider getötet werden. Der Einzelne stirbt um des großen Ganzen willen. Müller biegt die alte Geschichte so zurecht, daß sie entgegen ihrem ursprünglichen Sinn zu einer Legitimation des Terrors wird.

Der »Philoktet« gilt als Beginn einer Wende im Werk des Meisters, weil er sich hiermit von den Produktionsstücken getrennt und in den Mythos zurückgezogen hat. Wohl wahr. Nur die Rechtfertigung des Terrors zieht sich als roter Faden durch sein gesamtes Werk und in diesen »mythologischen Stücken« ist sie noch deutlicher als in den Produktionsstücken. Nächstes Beispiel »Der Horatier«. Der Horatier befreit Rom durch seinen Sieg im Zweikampf mit dem Kuratier. Danach tötet er seine Schwester, die mit dem Kuratier verlobt war. Das war unnötig, hat mit Roms Befreiung nichts zu tun. Es zeigt aber den Horatier als einen blutigen Schlächter. Der Horatier ist also ein Befreier und ein Mörder zugleich. Wie es auf seine Art wohl auch Stalin war. Oder war Stalin kein Befreier? Hat er nicht die Sowjetunion von den Deutschen befreit, nachdem er Millionen Russen umgebracht hatte, auch brave Bolschewiki, auch viele Offiziere der Roten Armee? Also ein Befreier und ein Mörder. So ist es halt in der Weltgeschichte.

Nächstes Beispiel »Mauser«. Damit hat, so heißt es, Müller das Lehrstück Brechts überwunden. Wieso? fragt der aufmerksame Leser. Zwar geht es auch hier um Morden im Namen der Partei, aber ein Genosse will nicht mehr morden. In Müllers gestylter Sprache, die der Banalität und Primitivität seines Sujets einen ästhetischen Reiz abzugewinnen sucht, also wieder das Scheußliche genießbar machen will, äußert einer Skrupel, im Auftrag der Partei weiterhin zu töten. Er will nicht mehr mitmachen. Dadurch werden aber die Feinde der Revolution, die es zu vernichten gilt, um einen weiteren Feind vermehrt: um ihn. Deshalb der Chor:

»CHOR [DIE SPIELER DER DREI BAUERN]
Und sie gingen zurück an ihre Arbeit
Drei Feinde der Revolution, unbelehrt.
Als er seine Hand aus dem Auftrag nahm
Den die Revolution ihm erteilt hatte
An einem Morgen in der Stadt Witebsk
Mit der Stimme der Partei im Schlachtlärm
War sie eine Hand mehr an unsrer Kehle.
Nämlich deine Hand ist nicht deine Hand
So wie meine Hand nicht meine Hand ist
Eh die Revolution gesiegt hat endgültig
In der Stadt Witebsk wie in andren Städten.«[107]

Der Chor hat in diesem Stück das letzte Wort. Auch hier steht der widersetzliche Einzelne der Revolution im Weg, also muß er beseitigt werden; auch hier wehrt er sich zuerst dagegen, ist dann aber genauso wie Brechts junger Genosse mit seiner Ermordung einverstanden.

Der Schluß:

»A [CHOR]
Ich will nicht sterben. Ich werfe mich auf den Boden.
Ich halte mich an der Erde fest mit allen Händen
Ich beiße mich mit den Zähnen fest in der Erde
Die ich nicht verlassen will. Ich schreie.
CHOR [A]
Wir wissen, daß das Sterben eine Arbeit ist.
Deine Angst gehört dir.
A [CHOR]
Was kommt hinter dem Tod.
CHOR [A]
Fragte er noch und stand schon auf vom Boden
Nicht mehr schreiend, und wir antworteten ihm:
Du weißt was wir wissen, wir wissen was du weißt
Und deine Frage hilft nicht der Revolution.
Wenn das Leben eine Antwort sein wird
Mag sie erlaubt sein. Aber die Revolution braucht
Dein Ja zu deinem Tod. Und er fragte nicht mehr
Sondern ging zur Wand und sprach das Kommando
Wissend, das tägliche Brot der Revolution
Ist der Tod ihrer Feinde, wissend, das Gras noch
Müssen wir ausreißen, damit es grün bleibt.
A [CHOR]
TOD DEN FEINDEN DER REVOLUTION«.[108]

Damit keine Mißverständnisse entstehen, fügt Müller diesem Stück, das nach der Pistole der Marke Mauser heißt, neben anderen diesen Satz hinzu: »Die Stadt Witebsk steht für alle Orte, an denen eine Revolution gezwungen war ist sein wird, ihrer Feinde zu töten.« »Mauser« ist also eine Parabel, die Gültigkeit für alle Zeiten verlangt. Und »Mauser« ist eine Rechtfertigung des Mordens im Namen der Revolution. Dieser Mord ist notwendig, die Revolution ist »gezwungen«, ihre Feinde zu töten.

Das ist eine Rechtfertigung des stalinistischen Terrors in voller Kenntnis der Verbrechen. Brecht konnte man noch zugute halten, daß seine »Maßnahme« *vor* den stalinistischen Verbrechen geschrieben wurde, Müllers »Mauser« wurde *nach* diesen Verbrechen geschrieben im Jahre 1970.

Insofern ist dieses Stück das einzigartige Dokument eines deutschen Dichters, der nach den Verbrechen Hitlers und Stalins den Massenmord als Mittel der Politik feiert und dies nicht nur als ästhetische Spielerei, was schon ekelhaft genug wäre, sondern in blutigem Ernst, wie er uns in seinem Nachsatz zum Stück zu verstehen gibt!

Ich spreche hier von der Intention der Müllerschen Texte, nicht von Müllers Absicht, die er außerhalb seiner Texte in Interviews äußert, in denen er mal dies und mal das sagt, je nach dem, wie er gerade gelaunt ist, was ihm gerade opportun erscheint! Die Texte stehen für sich, wenn sie der Autor nicht zurücknimmt, und das tut er nicht. »Mauser« inszenierte er 1991 am »Deutschen Theater« in Berlin zusammen mit »Quartett« und »Der Findling«, zwei Stücke, in denen es ebenfalls um Gewalt und Gewalttätigkeit geht. Damit hat er einerseits »Mauser« relativiert, andererseits aber auch rehabilitiert: so geht's halt zu in der Welt, nicht nur zu Zeiten der Revolution, warum also nicht auch zu Zeiten der Revolution.

Heiner Müller war in der späten DDR, die ein post-totalitärer Staat war, ein totalitärer Dichter. Das unterscheidet ihn scharf von anderen Autoren der DDR, etwa Christa Wolf, mit deren Position seine *nicht* verwechselt werden darf. Christa Wolf versuchte schon mit ihrem Roman »Nachdenken über Christa T.« die Rechte des Einzelnen gegen das Kollektiv zu behaupten; die Erzählerin bringt dort für einen Menschen, der gestorben ist, Mitleid auf und versucht, sein Leben zu rekonstruieren. Christa Wolf suchte dem DDR-Staat menschliche Züge zu entlocken. Anders Müller: gerade das, was die späte DDR unter Honecker wohltuend von der DDR unter Ulbricht unterschied und vom Stalinismus, nämlich daß sie ihre Feinde nicht mehr mit nacktem Terror einschüchterte oder umbrachte, gerade das ist es, was Müller an ihr vermißte. Er wollte den blutigen Ur-Zustand der Revolution zurückholen; sein Vorwand: nur dann ginge es weiter. Mit den Worten eines seiner Interpreten: Der stalinistische Terror »erscheine in »Mauser« als Entfernung vom *Urprinzip kollektiven Tötens*: der Stalinismus als *revolutionäre Seinsvergessenheit*« (Herzinger).[109] Nicht ohne Grund heideggert es in diesem Satz. Hier geht es nicht um Politik. Hier geht es um Metaphysik, aber um schlechte, mit Heidegger zu reden, und um blutige.

In dem genannten Band des Rotbuch-Verlags, »Germania, Tod in Berlin«, auf den ich nun zurückkomme, stehen noch zwei Prosastücke, bevor das Theaterstück folgt. Das eine handelt vom Tod der Frau Heiner Müllers: Inge Müller beging Selbstmord. Müller beschreibt in dem Text sehr genau, wie er seine Frau fand, als er nach Hause kam. Nach zwei Seiten bricht diese Beschreibung ab und es heißt: »Mein erster Gedanke an den eigenen Tod (es gibt keinen anderen).« Gibt es keinen anderen Tod, gibt es keinen Gedanken an einen anderen Tod? Läßt der Tod des anderen mich gleichgültig? Kann ich den Tod des anderen nicht denken oder erfahren?

Es folgt eine Remineszenz an die Kindheit, die sofort in Aggressivität umschlägt:

»DER DIE KATZE HIELT UNTER DEN MESSERN DER SPIELKAMERADEN WAR ICH/ICH WARF DEN SIEBENTEN STEIN NACH DEM SCHWALBENNEST UND DER SIEBENTE WAR DER DER TRAF/ICH HÖRTE DIE HUNDE BELLEN IM DORF WENN DER MOND STAND/WEISS GEGEN DAS FENSTER KAMMER IM SCHLAF/ WAR ICH EIN JÄGER VON WÖLFEN GEJAGT MIT WÖLFEN ALLEIN/VOR DEM EINSCHLAFEN MANCHMAL HÖRTE ICH IN DEN STÄLLEN DIE PFERDE SCHREIN.«[110]

Danach folgt eine Erinnerung an das Ende der Kriegszeit, in der Müller noch Soldat werden mußte. Auch hier denkt er weder an seinen eigenen Tod noch an den seiner Frau, sondern an den Mord an einem anderen: »Nie war mein Wunsch, einen Menschen zu töten, so heftig. Ich erstach ihn mit dem Seitengewehr, das er aus den Tiefen seines Militärmantels geklaubt hatte.«

Es ist schon erstaunlich, daß dieser Text über den Tod seiner Frau in der zweiten Hälfte durchweg von aggressiven Mordphantasien handelt. Ist Müller gänzlich unfähig, das Leben und den Tod eines anderen mitzufühlen und mitzuleiden? Wehrt er sich gegen die »Schwäche« der Empfindung durch Aggressivität? Ist er Sadist?

Der zweite Prosatext handelt von seinem Vater.[111] Sein Vater war ein braver Sozialdemokrat, der 1933 ein Jahr von den Nazis in Haft genommen wurde und dann zurückgezogen lebte. In der DDR schließlich wurde er wie viele Sozialdemokraten und Demokraten unter erheblichen Druck gesetzt. Müller zu Beginn des Textes »Ein toter Vater wäre vielleicht/Ein besserer Vater gewesen. Am besten/Ist ein totgeborener Vater«. Ist ihm dieser Vater, vielleicht weil er Sozialdemokrat war, ein Greuel, so daß er lieber keinen Vater hätte als diesen? Später heißt es: »Ich wünschte mein Vater wäre ein Hai gewesen/Der vierzig Walfänger zerrissen hätte/(Und ich hätte schwimmen gelernt in ihrem Blut).« Hier leidet er anscheinend darunter, daß sein Vater schwach war gegen die Nazis und später gegen die Kommunisten. Wünscht er sich deshalb einen mörderischen Vater? Ist es die Identifikation mit dem Aggressor, anscheinend die einzige, zu der Müller fähig ist, die ihn den blutigen Terror preisen läßt? Er will nicht schwach sein, also will er immer auf der Seite der Starken sein? Will er sich deshalb diesen unterwerfen? Dreimal ist er vor der SED zu Kreuze gekrochen, dreimal hat Heiner Müller öffentlich Selbstkritik geübt, um dann wieder von der Hand der Partei geführt zu werden. Gibt es einen anderen Dichter der DDR, von dem man das berichten könnte?

In diesem Text »Der Vater« heißt es: »1951 ging mein Vater, um sich herauszuhalten aus dem Krieg der Klassen, über den Potsdamer Platz in Berlin in den amerikanischen Sektor«. In einem Interview 1990 gesteht Müller, warum sein Vater wegging. Hier bricht die Wahrheit durch die Ideologie, die sich als Lüge entlarvt:

»Zu Weihnachten war ich bei meinem Bruder, da wohnt auch meine Mutter. Wir haben zusammen gefeiert, und meine Mutter hat drei oder vier Liköre getrunken und zum erstenmal über die Zeit gesprochen, als sie nach Westdeutschland gegangen ist und ich hiergeblieben bin. Das war 1951. Mein Vater ging zuerst weg. Er mußte wirklich, er wäre sonst im Zuchthaus gelandet.«[112]

»Er mußte wirklich, er wäre sonst im Zuchthaus gelandet.« Deshalb also der Versuch des Vaters, »sich aus dem Krieg der Klassen« herauszuhalten.

Müller hätte auch den Helden seines »Lohndrückers«, das Stück schrieb er 1956, in einem echten Konflikt »im Krieg der Klassen« zeigen können. Dann hätte der Held aber nicht in das ideologische Schema gepaßt, das Müller im »Lohndrücker« bietet. Der Arbeiter Garbe, Vorbild des Balke im Stück, hat nämlich nicht nur 1949 als Held der Arbeit, den Müller preist, sich verdient gemacht, sondern er hat auch am 17. Juni 1953 mit den anderen Arbeitern gegen die ausbeuterische Politik der SED gestreikt.

Nun aber endlich zu dem Stück »Germania, Tod in Berlin«, in dem es auch eine Darstellung des Aufstandes vom 17. Juni gibt. Das Stück besteht aus dreizehn kurzen Szenen, Genre-Szenen könnte man sagen, in denen nicht viel geschieht, die zur Illustration der Ideologie des Autors dienen. Szene 1 etwa bringt die vergebliche Hoffnung auf die Revolution in Berlin 1918, Szene 2 zeigt die endlich gelungene, aber noch arg bedrohte Revolution: die DDR als »Arbeiter- und Bauernstaat«. Ein Mann sagt: »Der Russenstaat«, daraufhin schlägt ihn ein anderer nieder. Da weiß man sogleich, daß der Krieg der Klassen noch nicht zu Ende ist. Zwar ist der Präsident nun »Ein Arbeiter wie wir«, gemeint ist wohl der Funktionär Pieck, aber die Leute sind zum Teil immer noch nicht zufrieden. Das ist ja auch klar: der Sozialismus muß doch erst aufgebaut werden. Erste Entschuldigung für Schwierigkeiten: Überbleibsel des Alten, in »Der Lohndrücker« wird das ausgiebig ausgebreitet; zweite Entschuldigung: der Feind im Westen. Nur die Partei selbst ist an gar nichts schuld, sie meint es nur gut.

Aber die Bundesrepublik! Deren Entstehung wird in einer primitiven Szene vorgeführt: Goebbels gebiert ein Kind, das Hitler gezeugt hat. Das Kind kann natürlich nur ein Monstrum sein, eine Spottgeburt, ein faschistischer Bastard. Erwartet wird der Bastard, den die »Heilige Familie«, wie es heißt, gebiert, von drei Heiligen, nicht von den Heiligen Drei Königen, soweit reicht Müllers Kenntnis des Christentums nicht. Diese drei Heiligen sind die Westalliierten, also USA, Frankreich, Großbritannien:

»Die Heiligen Drei schreiten die Front ab.
HEILIGER 1 Unsre Saat ist aufgegangen.
HEILIGER 2 Mir gefallen die Stiefel nicht.
HEILIGER 3 Veto. Mir gefallen sie auch nicht.
HEILIGER 1 Wir sollten nicht vergessen, worum es geht.
HEILIGER 2 Der Kommunismus ist eine schreckliche Bedrohung.
HEILIGER 3 Besonders in seelischer Hinsicht.
HEILIGER 1 Wenn man nur an die Kinder denkt.
EHRENKOMPANIE *bellt*: FREIHEIT DEMOKRATIE ABENDLAND FRIEDEN EIGNER HERD IST GOLDES WERT LIEBER TOT ALS ROT NUR DER TOTE INDIANER IST EIN GUTER INDIANER JEDEM DAS SEINE EINHEIT IN SAUBERKEIT.
GERMANIA *aufatmend*: Das hat geklappt.
HEILIGER 1 Was habe ich gesagt.
HEILIGER 2 Wirklich. Ein neuer Geist.
HEILIGER 3 Schließlich, Stiefel kann man putzen.
GOEBBELS *brüllt*: WOLLT IHR DEN TOTALEN –
HITLER in diesem historischen Augenblick –
Goebbels entfährt ein gewaltiger Furz, eine Wolke von Gestank verbreitend, der die Heiligen Drei umwirft.
EHRENKOMPANIE Sieg Heil Sieg Heil Sieg Heil.
Die Heiligen Drei zucken zusammen, halten sich die Nasen zu, stehn auf.

GOEBBELS Mein Führer
GERMANIA *zu Hitler:* Hoffentlich ist es kein Windei. Mit dir war nie viel los im Bett.
Hitler knurrt.
HEILIGER 3 Es riecht nicht gut, wie.
HEILIGER 2 Es riecht wirklich nicht gut.
HEILIGER 1 Man soll sich nicht an Kleinigkeiten stoßen.
HEILIGER 3 Es ist schließlich nur natürlich.
HEILIGER 2 Menschliches ist mir nicht fremd.
HEILIGER 3 Vielleicht sollten wir jetzt die Geschenke.
HEILIGER 2 Wir müssen nicht bis zum Schluß bleiben.
HEILIGER 3 Schließlich geht alles seinen Gang.
HEILIGER 1 Die Geschenke!
Soldaten der Heiligen Drei bringen die Geschenke und gehn wieder ab.
HEILIGER 3 Ein Satz Folterwerkzeuge. Ich habe sie selbst ausprobiert. Ich glaube, Sie haben da ein Sprichwort. WAS EIN HÄKCHEN WERDEN WILL.
HEILIGER 2 Ein historisches Spielzeug für den lieben Kleinen. Ich bin damit aufgewachsen. Stärkt das Selbstgefühl. Die Bedienung ist einfach. Sie stellen die Kanone auf, laden, binden Ihren Mann davor und Peng! Dazu ein Satz Farbige.
HEILIGER 1 Eine Kleinigkeit für Ihre Küche. Er ist ein frisches Exemplar. Wenig beschädigt. Die Jagd war gestern. Wir haben alle unsre kleinen Schwächen.
HITLER *groß*: Ich esse keine Farbigen.
HEILIGER 2 Peinlich; dieser Fanatismus.
HEILIGER 3 Er ist wirklich kein Umgang.
HEILIGER 1 Wir dürfen ihn nicht vor den Kopf stoßen. Gott weiß, wann wir ihn wieder brauchen.
GERMANIA *zu Hitler:* Wir müssen mit der Zeit gehn. Du auch. Bedank dich bei den Herrschaften.
Hitler knurrt und leckt den Heiligen Drei knurrend die Schuhe. Langer Schrei von Goebbels.
GERMANIA Herrschaften, es ist so weit. Wo ist meine Zange. Fassen Sie mal mit an.
Germania setzt die Zange an, zieht, Heiliger 1 zieht an Germania, zwei an eins, drei an zwei.
HITLER Mein Volk!
EHRENKOMPANIE DEUTSCHLAND ERWACHE! SIEG HEIL!
DIE HEILIGEN DREI HALLELUJAH! HOSIANNA!
Ein Wolf heult. Germania und die drei Heiligen fallen auf den Hintern. Vor ihnen steht ein Contergan-Wolf. ...«

Das ist also der »freie Westen« aus Müllers Sicht. Ist damit dem Meister nicht eine unübertreffliche Szene gelungen, so daß das westdeutsche Publikum im »Berliner Ensemble« mit Recht jubelte? Müller hat die simple Propaganda des »Neuen Deutschland« ins Poetische »überhöht« durch diese allegorische Darstellung. Die Bundesrepublik ist in beiden Fällen der Nachfolge-Staat Hitler-Deutschland, ist also faschistisch, militaristisch, imperialistisch usw. Die DDR ist dagegen der »Friedensstaat«, der unschuldig verfolgt wird. Nun sehen wir uns die Szene zum 17. Juni 1953 an: der edle alte Maurer Hilse – das ist ein verdrehtes Hauptmann-Zitat – wird von grauenhaften Burschen verfolgt und gequält, es sind offensichtlich faschistische Typen aus dem Westen. Das ist also der 17. Juni aus Müllers Sicht! Man glaube nicht, Müller sei nicht fähig, edle und gute Menschen darzustellen, wie die Partei sie liebt. Hilse ist ein solch rührender Arbeiter, und im »Lohndrücker« ist es der fehlerlose Parteisekretär.

Die zweite Szene zum 17. Juni spielt im Gefängnis, auch dort ein edler

Mensch, Kommunist natürlich, der durch Irrtum ins Gefängnis gekommen sein muß, aber immer noch treu zur Partei hält, die ihn sicherlich eines Tages wieder in ihren Schoß aufnehmen wird. Im Gefängnis gibt es außerdem einen bösen Brückensprenger, das ist einer dieser Saboteure, die der Westen pausenlos in die DDR schickte. Dann ist da noch ein Nazi, ein Bösewicht, versteht sich, und schließlich ein besonders übler Typ: Gandhi, ein Gewalttäter!

Niemanden muß Heiner Müller, der die Gewalt so gern verherrlicht, so sehr hassen wie Gandhi, den Mann der Gewaltlosigkeit, dem es tatsächlich gelang, Indien gewaltlos zu befreien. Was der kleine Müller hier mit dem großen Gandhi macht, ist schäbig, genauso wie das, was er aus der großen Rosa Luxemburg macht. Es gibt im Stück nämlich eine Hure, die der junge Arbeiter liebt, trotz allem, und die dem sterbenden Hilse als Rosa Luxemburg erscheint. Auch das ist infam: die Partei ist eine Hure, da hat Müller recht, und wenn er sie trotzdem liebt, oder gerade deshalb, ist das seine Sache. Aber diese Hure hat mit Rosa Luxemburg nicht das mindeste zu tun. Rosa Luxemburg hat früh davor gewarnt, daß die Verwirklichung des Sozialismus ohne Demokratie, wie Lenin sie ins Werk setze, verheerende Folgen haben werde. Sie hat Recht behalten. Die SED und ihr Dichter haben kein Recht, Rosa Luxemburg für sich in Anspruch zu nehmen.

Ich muß nun doch einige Dokumente zitieren, damit deutlich wird, was dieses ideologische Szenarium von Heiner Müller verstellt. Ich zitiere aus Hermann Webers »Geschichte der DDR« über die Lage der Arbeiter in der DDR:

»Das Fehlen jeder echten Mitbestimmung in Politik und Wirtschaft machte die Arbeiter auch skeptisch gegenüber den Behauptungen, die DDR sei ein Arbeiterstaat. Die große Mehrheit der Bevölkerung und gerade auch der Arbeiterschaft stand der Übertragung des sowjetischen Gesellschaftsmodells ablehnend gegenüber. Zwischen SED und Arbeitern bestand kaum ein Konsens. Die Arbeiter vermißten aber auch eine gewerkschaftliche Vertretung. Betriebsräte gab es seit 1948 nicht mehr, der FDGB ordnete sich als Massenorganisation der SED vor allem den Beschlüssen von Partei und Staat unter und hatte sich so auch den Massen entfremdet.
Zu größeren Differenzen zwischen Arbeiterschaft und Staat kam es schon 1951 wegen der Betriebskollektivverträge. Die Entlohnung sollte nunmehr – ebenso wie in der Sowjetunion – durch einen Beriebskollektivvertrag zwischen Betriebsleitung und Betriebsgewerkschaftsleitung geregelt werden. Betriebsleitung der VEB wie Betriebsgewerkschaftsleitung waren aber von der SED und dem Staat abhängig, so daß bei den »Vereinbarungen« zwischen diesen Partnern in erster Linie die Wirtschaftspolitik der SED und ihre Planziele berücksichtigt wurden und erst in zweiter Linie die Interessen der Arbeiter«.[114]

Hier wird knapp und deutlich gesagt, daß die Arbeiter in der DDR nichts zu sagen hatten, nicht einmal mehr eine Vertretung ihrer Interessen hatten, die sie sich doch im Kapitalismus errungen hatten. Die DDR als »Arbeiter- und Bauernstaat« war ein Rückfall hinter die Errungenschaften des Kapitalismus: Gewerkschaften, Betriebsrat, Streikrecht hatten die Arbeiter in der DDR verloren. Nun zum Streik am 17. Juni 1953:

»Am 17. Juni bestimmten Arbeiterdemonstrationen das Bild der Berliner Straßen. 12000 Hennigsdorfer Stahlarbeiter und 16000 Arbeiter der Reichsbahnunion Velten zogen von der DDR durch die im französischen Sektor gelegenen Arbeiterbezirke Reinickendorf und Wedding nach Ost-Berlin. 20000 streikende Bauarbeiter sammelten sich am

Strausberger Platz. Im Laufe des Vormittags traten die Arbeiter der wichtigsten Großbetriebe Ost-Berlins wie AEG, Kabelwerk Oberspree, Bergmann-Borsig, Transformatorenwerk Treptow, Kraftwerk Klingenberg usw. in den Ausstand. Ab 11 Uhr war der S-Bahn-Verkehr stillgelegt, und ab 12 Uhr ruhte der gesamte Verkehr. Eine Massenkundgebung von 15000 Hennigsdorfer und Ostberliner Metallarbeitern im »Walter-Ulbricht-Stadion« bildete einen Höhepunkt des Protestes.
Das Dramatische der Situation geht aus vielen Beschreibungen hervor. [...]
Heinz Brandt, damals Sekretär der Berliner SED, hat das so erlebt: »Am Morgen des 17. Juni stand Ostberlin, stand die DDR im Zeichen der Volkserhebung. Es kam zu tumultartigen Szenen in den Straßen Ostberlins. Ich sah, wie Funktionärsautos umgeworfen, Transparente und Losungen, auch Parteiabzeichen abgerissen und verbrannt wurden ... Als ich morgens zu dem mir zugeteilten volkseigenen Großbetrieb Bergmann-Borsig in Berlin-Wilhelmsruh kam, wurde dort keine Hand gerührt. Die Arbeiter diskutierten am Arbeitsplatz und führten in den Hallen kleine Versammlungen durch. Vertrauensleute nahmen von Abteilung zu Abteilung miteinander Verbindung auf, um eine Versammlung der gesamten Belegschaft herbeizuführen ... Zum Ausschußvorsitzenden wurde ein älterer, erfahrener sozialdemokratischer Arbeiter gewählt. In der Diskussion, die der Wahl des Betriebsausschusses folgte, sprachen etwa zwanzig Arbeiter. Das war eine elementare, leidenschaftliche Auseinandersetzung, eine historische Abrechnung mit dem SED-Regime. All das, was sich bisher gestaut hatte, nie offen in Versammlungen ausgesprochen worden war, brach sich jetzt Bahn. Aus eigenem Erleben, in der drastischen, ungekünstelten Sprache des erregten Menschen, der von seinen persönlichen Erfahrungen ausgeht, wurden zahllose empörende Beispiele von Rechtswillkür angeführt. Namen von Arbeitskollegen aus dem Betrieb wurden genannt, die verhaftet, verurteilt, mißhandelt worden waren, deren Angehörige nichts mehr von ihnen gehört hatten. Es wurde eine Entschließung angenommen, die den gewählten Arbeiterausschuß bevollmächtigte, die wirtschaftlichen und politischen Interessen der Belegschaft zu vertreten und sich mit ähnlichen Ausschüssen in anderen Betrieben in Verbindung zu setzen. Als politisches Hauptziel wurde die Wiedervereinigung Deutschlands durch freie demokratische Wahlen gefordert. Am Schluß der Versammlung sprang ein Arbeiter auf das Podium und forderte die Belegschaft auf, sich mittags am Betriebstor zu versammeln, um in das Stadtzentrum zu demonstrieren – überall wären bereits derartige Streikdemonstrationen im Gange. Der Demonstrationszug kam nicht weit. Um 13 Uhr war der Ausnahmezustand eingetreten. General Dibrowa, der sowjetische Stadtkommandant, hatte ihn verhängt. Unmittelbar darauf kämmten sowjetische Truppen die Straßen durch. Die Bergmann-Borsig-Demonstration wurde aufgelöst, die »Rädelsführer« – darunter der sozialdemokratische Vorsitzende des soeben gewählten Betriebsausschusses – verhaftet. Welch glorreiche Aktion der Sowjet(Räte)macht gegen die Räte.«
Um 13 Uhr verkündete der sowjetische Stadtkommandant Generalmajor Dibrowa den Ausnahmezustand. Sowjetische Panzer rückten im Zentrum Berlins ein. Dagegen konnten die unbewaffneten Aufständischen nichts ausrichten. Im Laufe des Nachmittags leerten sich die Straßen. Ab 21 Uhr war Ausgangssperre, und es zog allmählich Ruhe ein.«[115]

An einem einzigen Tag wäre der »Arbeiter- und Bauernstaat« unter dem Ansturm der Arbeiter zusammengekracht, wären nicht die sowjetischen Panzer gekommen. Und nur solange diese Panzer zur Unterdrückung bereit standen, solange stand der Staat. Als die Sowjetunion unter Gorbatschow ihre Panzer zurückhielt, fiel der »Arbeiter- und Bauernstaat« zur Verblüffung aller Intellektuellen in Ost und West wie ein Kartenhaus zusammen.
Das besagte Heft des Rotbuch-Verlags, »Germania, Tod in Berlin«, endet mit einer hübschen Fotoserie: Bild vom »Todestal« in den USA, Bild einer weibli-

chen Leiche, Gesicht in Großaufnahme, Zeitungsausschnitt mit der Meldung von der Hinrichtung eines Mörders mit Foto des Mörders, und das alles – man kann nicht genug davon kriegen – mehrmals hintereinander.

In seinem Text »Hamletmaschine« hat Müller diese schöne Kombination von Lust und Leiche dann heftig ausphantasiert. Es ist eine wahre Freude für jeden Nekrophilen, für jeden Leichenliebhaber: Sex and Crime, wie in der Horror-Picture-Show. Was ein DDR-Kritiker über Müllers Stück »Leben Gundlings ...« sagte, trifft auch auf diesen Text zu; nicht immer war die DDR-Kritik im Unrecht und der große Dichter ist nicht immer im Recht: »monströse Geschmacklosigkeit« nannte der Kritiker in Radio DDR am 28. 1. 78 das Stück »Leben Gundlings ...«.[116] Der westliche Kritiker und Zuschauer fürchtet, als Spießer zu gelten, so daß er es nicht wagt, von Geschmacklosigkeit zu sprechen. Was die Grenzen des Geschmacks, was die Grenzen der Moral überschreitet und auf dem Theater aufgeführt wird, muß Kunst sein. Also rufen sie lieber »Bravo«, als daß sie sich als Kunstbanausen blamieren. Viele germanistische Interpreten, von Gießen bis Madison, rufen ebenfalls »Bravo«, nur viel weitläufiger, damit sie zu einer langen Publikationsliste kommen.

Müllers Geschichtsbild beschrieb Vaclav Havel einmal sehr treffend, ohne Müller zu erwähnen, am Beispiel eines anderen ehemaligen Kommunisten: Milan Kunderas. Havel 1986:

»Die Frustation der ehemaligen Kommunisten wegen des Ergebnisses all dessen begreife ich vollständig und respektiere sie, nur gefällt es mir nicht, wenn sie ihren Aufprall auf dem harten Boden der Wahrheit dadurch abfedern wollen, daß sie auf das jahrhundertealte Schicksal hinweisen und sich so – strenggenommen – eigentlich die Hände in Unschuld waschen: die Verantwortung für die Geschichte hat schließlich die Geschichte! Etwas von diesem historischen Alibismus können wir in Kunderas Texten bis heute finden: wie derjenige, der einst glaubte, das »Steuer der Geschichte in der Hand zu halten« und der dann mit Bitterkeit erkannte, daß die Geschichte in eine andere Richtung geht als er gewollt hat, ist er dann – ein bißchen wie in einem Kurzschluß – zu dem Schluß gekommen, daß niemand das Steuer der Geschichte hält. Von daher seine Dämonisierung der Geschichte: als ob sie von Zeitalter zu Zeitalter irgendwo hoch über uns wanderte, in irgendeiner fatalen Überwelt, als ob sie ihren eigenen, von uns unabhängigen und gänzlich unerforschlichen Gang hätte, als ob sie irgendeine hinterhältige Gottheit wäre, die uns nur andauernd zerstören, betrügen, mißbrauchen oder – im besten Falle – sich einen Spaß mit uns machen kann. Mir erscheint das als eine zu weit gehende Extrapolierung der eigenen Enttäuschung. Die Geschichte ist doch nicht »woanders«! Sie ist hier, wir alle machen sie, Kundera mit seinen Romanen, Sie mit Ihren Gesprächen, die Chartisten mit ihren Petitionen; unser alltägliches gutes oder schlechtes Tun ist ihr konstitutiver Bestandteil; das Leben ist nicht außerhalb der Geschichte, und die Geschichte nicht außerhalb des Lebens.«[117]

Müller läßt in »Hamletmaschine« seinen Hamlet vor den Trümmern Europas monologisieren. Es sind aber nicht die Trümmer Europas, auf denen Heiner Müller sitzt, es sind die Trümmer des Bolschewismus, und er kann sagen, er hat daran mitgebaut.

Vorbild Heine: der kritische Intellektuelle

Das Wort »Intellektueller« taucht zum ersten Mal in Frankreich der Dreyfus-Affäre auf. 1898 veröffentlichte Emile Zola einen offenen Brief an den Präsidenten der Republik mit schweren Beschuldigungen gegen das Militär und die Justiz, die den Hauptmann Dreyfus zu Unrecht der Spionage ziehen. Kurz darauf erschien ein Manifest mit über hundert Unterschriften von Künstlern und Wissenschaftlern, das gegen die Rechtsverletzungen im Prozeß gegen den jüdischen Hauptmann protestierte. Dieses Manifest wurde »Manifeste des Intellectuelles« genannt. Anatole France definierte den Intellektuellen als einen »Gebildeten, der ohne politischen Auftrag« handele.[118]

Die Sache ist älter als das Wort. Pierre Bourdieu läßt sie mit den Schriftstellern und Publizisten des 18. Jahrhunderts beginnen, den Männern der Aufklärung (Voltaire und die Enzyklopädisten), die Wissen verbreiten und alte Vorurteile abbauen wollten und dazu eine öffentliche Meinung zu schaffen suchten.[119] In Deutschland ließen sich die Publizisten nennen, die die Ideale der französischen Revolution zur Goethezeit vertraten, und späterhin die Autoren des »Jungen Deutschland«, einschließlich Ludwig Börne und Heinrich Heine, die in einer Zeit der Restauration und Repression für politische Freiheiten eintraten.

Der Begriff war in Deutschland lange negativ besetzt, da die konservativen und reaktionären Politiker und Intellektuellen im »Intellektuellen« den Linken sahen, der die bestehenden Werte von Thron und Vaterland negiert, also »zersetzend«, »zerstörerisch« tätig ist. Der negative Beiklang war so stark, daß auch noch in der Weimarer Republik demokratisch gesinnte Intellektuelle wie Heinrich Mann oder Alfred Döblin sich eher »geistige Menschen« nannten als Intellektuelle; von »Geist und Macht« spricht Heinrich Mann, wenn er vom Verhältnis zwischen denen, die die Macht inne haben, und denen, die aufgrund ihrer wissenschaftlichen oder künstlerischen Arbeit Autorität gewonnen haben, spricht. Diese »Geistigen« waren frei von Amt und Partei, fühlten sich aber den Idealen der Demokratie verpflichtet, wie sie in der Verfassung der USA und der Deklaration der Menschenrechte in Frankreich formuliert wurden. Diese Ideale waren ihnen der Maßstab, an dem sie Mißstände und Auswüchse kritisierten. Sie waren also tatsächlich Gegner der Rechten, die durchweg nationalistisch, rassistisch und undemokratisch dachten, wenn auch diese Rechte oft von »Geistigen« oder »Intellektuellen« vertreten wurden. Es waren nicht zuletzt die deutschen Professoren an den Universitäten und Gymnasien, die den Ungeist des Nationalismus und Rassismus verbreiteten, die 1914 mit ihrem »Hurra-

Patriotismus« zum Krieg riefen und die in der Weimarer Republik den Boden für die braunen Machthaber vorbereiteten.

An das »Manifeste des Intellectuelles« von 1898 muß als Präzedenzfall erinnert werden: damals gelang es, dem Prozeß gegen den Hauptmann Dreyfus eine Wende zu geben – der Hauptmann wurde schließlich freigesprochen – und die antisemitische und nationalistische Welle in Frankreich zurückzudämmen, so daß die Republik vor einem neuen Bonapartismus bewahrt wurde. Jürgen Habermas sieht diesen Erfolg der Intellektuellen allerdings an bestimmte Voraussetzungen gebunden: »Die Intellektuellen wenden sich, wenn sie sich mit rhetorisch zugespitzten Argumenten für verletzte Rechte und unterdrückte Wahrheiten, für fällige Neuerungen und verzögerte Fortschritte einsetzen, an eine resonanzfähige, wache und informierte Öffentlichkeit: sie rechnen mit der Anerkennung universalistischer Werte, sie verlassen sich auf einen halbwegs funktionierenden Rechtsstaat und auf eine Demokratie, die ihrerseits nur durch das Engagement der ebenso mißtrauischen wie streitbaren Bürger am Leben bleibt. Nach seinem normativen Selbstverständnis gehört dieser Typus in eine Welt, in der Politik nicht auf Staatstätigkeit zusammenschrumpft; in der Welt des Intellektuellen ergänzt eine politische Kultur des Widerspruchs die Institutionen des Staates«.[120]

Diese Tätigkeit der demokratischen Intellektuellen setzt also eine halbwegs funktionierende Demokratie und einen Rechtsstaat voraus, meint Habermas. Wo diese gegeben sind, können die Intellektuellen in bestimmten Situationen, in denen die Institutionen des Staates zu versagen drohen, korrigierend eingreifen. Die Intellektuellen sind in der Regel Wissenschafter und Künstler, die sich in ihrer Wissenschaft und Kunst einen Namen gemacht haben und die diesen Namen nun für eine »gute Sache« einsetzen. Sie haben keinen politischen Auftrag, kein Amt, sonst scheiden sie aus der Gruppe der Intellektuellen aus und gehen zu der Gruppe der Politiker über. Sie gehören auch keiner Partei an, vertreten jedenfalls keine Parteibeschlüsse. Ihre Wirksamkeit setzt eine öffentliche Meinung voraus, wie sie sich nur bei freier Presse entwickeln kann. Denn sie haben nur Erfolg, wenn sie in der Öffentlichkeit Resonanz finden, d.h. auch, daß viele Staatsbürger sich den Regeln der Demokratie verpflichtet wissen. So meint jedenfalls Jürgen Habermas.

Dem ließe sich entgegenhalten, daß gerade die Diktaturen, in denen alle Institutionen gleichgeschaltet, die Bürgerrechte aufgehoben sind, Meinungsfreiheit nicht existiert, die Intellektuellen eine erstaunliche Wirksamkeit entfalten können: denken wir an die tschechischen Intellektuellen um den Schriftsteller Vaclav Havel und an ungarische Intellektuelle wie Görgy Konrad und an polnische Intellektuelle wie Adam Michnik. Gerade die unterdrückten Rechte haben diese Intellektuellen immer wieder eingeklagt, sie sind dafür verfolgt worden, haben aber nicht nachgegeben, so daß sie zu einem Stachel im Fleische der Herrschenden wurden.

Allerdings waren auch dazu zwei Voraussetzungen notwendig: das bolschewistische System war zu ihrer Zeit schon ein »posttotalitäres« (Havel), das nicht mehr wie zur Stalinzeit die Abweichler ermordete. Die Intellektuellen riskierten ihre Karriere, auch die ihrer Familie, sie brachten Opfer, mußten auch mit Gefängnishaft rechnen, mußten aber in der Regel ihr Leben nicht mehr aufs

Spiel setzen. Das verdankten sie auch der zweiten Voraussetzung: die öffentliche Meinung des westlichen Auslands war auf ihrer Seite; die Resonanz, die sie in ihrem Lande nicht finden konnten, weil niemand sich frei äußern durfte, fanden sie im Ausland, dessen Druck das Schlimmste verhinderte. In einem totalitären Staat, wie dem der Nazis, konnte allerdings auch der Druck des Auslands nicht verhindern, daß Carl von Ossietzky zu Tode gequält wurde.

Die Position von Jürgen Habermas ließe sich also dahingehend modifizieren, daß wenigstens ein Minimum an Bewegungsfreiheit vorhanden sein muß, damit die Intellektuellen ihre Wirksamkeit entfalten können. Die Intellektuellen können dann Vorkämpfer der Freiheiten sein, die den Bürgern des Staates vorenthalten werden. Nicht immer ist ihr Kampf so erfolgreich wie der von Vaclav Havel und der »Charta 77«. Es war aber auch hier das Ausland, das zu ihrem Sieg beitrug: die unter Gorbatschow veränderte Sowjetunion.

So wie die Intellektuellen zu Vorkämpfern der bürgerlichen Freiheiten werden können, etwa in Frankreich vor der französischen Revolution, in Deutschland in der Zeit der Restauration, so können Intellektuelle auch zu Vorkämpfern des nationalistischen Wahns, des faschistischen und des bolschewistischen Terrors werden, Beispiele gibt es genug, die Weimarer Republik bietet sie in Fülle. Jürgen Habermas unterscheidet – mit Hilfe der Untersuchungen von Michael Stark und Fritz K. Ringer – in der Weimarer Republik fünf Gruppen von Intellektuellen:

1. Die Unpolitischen unter den Schriftstellern und die Mandarine unter den Gelehrten. Er nennt als Beispiele Hermann Hesse sowie Ernst Robert Curtius und Carl Jaspers. Die Mandarine wehrten sich gegen eine Politisierung des Geistes, den sie von den alltäglichen Streitigkeiten fern halten wollten.

2. Die realpolitisch gesinnten Theoretiker wie Max Weber und Theodor Heuss, die ebenfalls auf einer Trennung von Geist und Macht beharrten, weil sie den Schriftstellern keine Kompetenz in der Politik zutrauten und diese den Berufspolitikern allein überlassen wollten. Diese Position wurde später in der Bundesrepublik von konservativen Gelehrten wie Helmut Schelsky und Arnold Gehlen vertreten. Diese plädierten für eine reinliche Trennung: hier die Geistigen, dort die Politischen, die rational ihre Arbeit betreiben, während die gesinnungsträchtigen Schwärmer ihnen unnötig dazwischenreden, ohne etwas von der Sache zu verstehen. Diese immer noch verbreitete Haltung ist eine letztlich undemokratische. Denn »Berufspolitiker« sollte es in der Demokratie nicht allein geben, sondern auch Leute, die ihren angestammten Beruf für einige Zeit aufgeben, um ein politisches Amt zu übernehmen, und mitzureden hat jeder das Recht im demokratischen Staat, insofern jeder Wähler ist, also auch der Schriftsteller. Zudem stellt sich immer mehr heraus, daß die fabelhaften »Berufspolitiker« vor allem an ihre Karriere denken und nicht an die sachlichen Probleme, die es zu lösen gilt, so daß es höchst nützlich ist, wenn sie von Zeit zu Zeit ein »Schwarmgeist« an diese Probleme erinnert.

3. Die Aktivisten der Weimarer Zeit, etwa die Gruppe um Kurt Hiller, aber auch expressionistische Geister wie René Schickele und Ernst Bloch nennt Habermas; es sind Leute, die in die politische Arena drängen, aber öffentlichen Einfluß mit der Verfügung über politische Macht verwechseln. Sie träumen von einer Internationalen, einem Konvent, einem Areopag der verbündeten Intellek-

tuellen. Auch diese Emphase von Geist und Tat führt nicht zu einer vernünftigen Einschätzung der Intellektuellenrolle. »Diese Aktivisten teilen mit den unpolitischen Dichterfürsten und mit den Mandarinen der Wissenschaft den bildungselitären Anspruch aufs Höhere, während sie mit den Realpolitikern die falsche Annahme teilen, daß politisches Engagement für den Intellektuellen heißen müsse, im Kampf der politischen Parteien eine eigene Machtposition zu erringen und im politischen Betrieb selbst eine Funktion zu übernehmen.« (Habermas)

4. Die Intellektuellen, die nun tatsächlich in einen Parteiapparat eintreten und an der Macht partizipieren. Hier nennt Habermas Georg Lukács, den Papst der marxistischen Literaturkritik, und Johannes R. Becher, den späteren Kultusminister der DDR. Diese Intellektuellen haben die Linie zum Berufspolitiker oder Berufsrevolutionär überschritten. Das Vorurteil gegen die Intellektuellen haben sie internalisiert, indem sie die Intellektuellen, die sich nicht der Partei unterwerfen, diffamieren und unter Umständen auch verfolgen. Becher: »Der Intellektuelle... muß den größten Teil dessen, was er seiner bürgerlichen Abstammung verdankt, verbrennen, bevor er in Reih und Glied mit der proletarischen Kampfarmee mitmarschieren kann«.[121]

Die kommunistische Partei wurde oft von Intellektuellen geleitet, durchweg mittelmäßigen Intellektuellen wie Abusch, Kurella, Gotsche, Hager, die auf ihrem eigentlichen Felde der Kunst, der Kritik, der Wissenschaft es nie zu etwas gebracht hätten, so daß einzig die Partei ihnen die Karriere ermöglichte, was ihre Parteitreue verbürgte. Mit Hilfe der Partei wurden sie den Intellektuellen, die ihnen an Können überlegen waren, an Macht überlegen. Der »Klassenkampf« wurde für sie zum Vorwand des Konkurrenzkampfes: die Schöpferischen konnten sie mit Hilfe der Partei sich unterwerfen oder gar vernichten. Das gilt auch für den brillanten Georg Lukács, dessen Literaturdoktrin verhängnisvolle Folgen hatte. Nicht nur daß ganzen Generationen im Ostblock die moderne Literatur vorenthalten wurde, moderne Künstler wurden auch behindert, gestört und vernichtet. Tretjakov und Ottwald, die Lukács als Kritiker verwarf, wurden später in Stalins KZs umgebracht. Noch ein Beispiel: »1935 erhob Gorki in der »Prawda« Klage über das literarische Rowdytum von Boris Pilnjak. Am 21. April 1938 wurde der Schriftsteller nach fünfzehn Minuten Gerichtsverhandlung als »Trotzkist, japanischer Spion und Vaterlandsverräter und wegen des Besitzes einer Waffe« zum Tode verurteilt und sogleich erschossen. Die Familie erhielt diese Mitteilung nach fünfzig Jahren und vierzehn Tagen.« (Mattenklott)

Jürgen Habermas bildet noch eine 5. Gruppe, die ich den anderen Gruppen zuschlagen möchte: es sind die rechten Intellektuellen , die ich auf die anderen Gruppierungen aufteilen möchte. Sei es, daß sie »Aktivisten« sind wie Hans Zehrer und sein »Tat«-Kreis, oder wie Ernst Jünger mit seiner Programmschrift des Nationalsozialismus »Der Arbeiter«, diese gehören also zur 3. Gruppe, sei es daß sie der Partei beitraten und politische Ämter übernahmen, um die Parteidoktrin durchzusetzen und ihre Karriere zu befördern wie Hanns Johst (4. Gruppe). Auch rechte Intellektuelle, die zur 1. Gruppe gehören, ließen sich finden: der späte Hugo von Hoffmannsthal etwa, der mit seiner blumigverquasten Rede »Das Schrifttum als geistiger Raum der Nation« dem kommenden Faschismus den Boden bereitete, indem er in der akademischen Jugend die Hoffnung auf den kommenden Führer und Erlöser weckte. Die »konservative Revolution«, die Hoffmannsthal sich vorstellte, sofern er überhaupt zu einer politischen Vorstellung fähig war, war sicher eine andere, als das, was dann 1933 kam, aber die Erwartungshaltung, die dieses 1933 möglich machte, hat er mit dieser Rede hervorgerufen. Er war nicht der einzige.

In den genannten vier Gruppen kommt der Intellektuelle nicht vor, den wir im Anschluß an das »Manifeste des Intellectuelles« meinen. Habermas sieht ihn in Heinrich Heine verkörpert, in der Weimarer Republik war er vielleicht in Kurt Tucholsky verkörpert und in Alfred Döblin und dann auch in Thomas Mann. Um die Position dieses »demokratischen Intellektuellen« zu verstehen, muß man die landläufigen Mißverständnisse ausräumen: 1. es geht nicht um eine Verschmelzung von Politik und Kunst und 2. die politische Einflußnahme bedeutet nicht die Eingliederung in einen Machtapparat.

Die Intellektuellen, die wie die nationalsozialistischen und die kommunistischen ihre Kunst der Parteidoktrin unterwarfen und sich an die Parteibeschlüsse hielten, ja sogar als Mitglieder und Funktionäre der Partei tätig waren, haben die Position des »demokratischen Intellektuellen« hinter sich gelassen. Die Freiheit des Wortes, der sie ihre Positionen verdankten, haben sie bekämpft. Der Platz des freien Intellektuellen ist ja gerade gegenüber den Machtapparaten, die er gegebenenfalls kritisiert. Die Parteigänger der rechten oder der linken Parteiapparate haben ihre Unabhängigkeit aufgegeben, um Macht zu gewinnen, also die universalen Interessen der Demokratie an die partikularen Interessen der Partei verraten.

Jürgen Habermas lobt Heinrich Heine als Vorbild des freien Intellektuellen, weil Heine nicht bereit war, die Schönheit der Kunst und das Glücksverlangen der Menschen für eine politische Doktrin dahinzugeben. Sein Hedonismus richtete sich ja nicht nur gegen die Askese der jüdischen und der christlichen Religion, sein Freiheitsverlangen bekämpfte ja nicht nur die deutschen Polizeistaaten; Heine wandte sich auch gegen die Männer des Fortschritts, die die Kunst in den Dienst der Politik stellen wollten. Daher seine Distanz zu Börne, Ruge und Marx. Die Lust am Leben, die er den Puritanern aller Schattierungen entgegenstellte, ist dem überschwenglichen Konsum des entwickelten Kapitalismus näher als der Mangelwirtschaft des Bolschewismus oder der Askese des Sozialismus. Habermas: »Dieser Stachel sitzt links wie rechts im deutschen Fleische. Die atheistische Grundierung jener mystischen Erwartung, daß Gott der Erlösung durch die Selbstemanzipation der Menschen harrt, mag ja auf dieser Seite der Barrikade noch hingehen; daß aber die Spannweite dieser Emanzipation nicht nur das glückenterbte Volk, sondern das Glück selber, den »verhöhnten« Genius und die geschändete Schönheit« umfassen soll, irritiert auch die tugendhaften Revolutionäre. Die hedonistische Demokratie, die Heine gegen die Puritaner einer auf Kosten der Schönheit betriebenen Revolution verteidigt, ist gezeichnet durch einen überschwenglichen Materialismus des Glücks: »Ihr verlangt einfache Trachten, enthaltsame Sitten und ungewürzte Genüsse; wir hingegen verlangen Nektar und Ambrosia, Purpurmäntel, kostbare Wohlgerüche, Wollust und Pracht, lachenden Nymphentanz, Musik und Komödien – Seid deshalb nicht ungehalten, Ihr tugendhaften Republikaner!««[122]

Welche Folgen dieser unbeschränkte Genuß haben sollte, wenn er nicht mehr einer Minderheit, sondern einer Mehrheit der Bevölkerung möglich war, das konnte Heine freilich noch nicht absehen.

Was in der Weimarer Republik nicht gelang, scheint nach den blutigen Erfahrungen mit dem Nationalsozialismus und dem Krieg endlich in der Bundesrepublik Deutschland gelungen: Eine Gruppe von Intellektuellen, die auf ihrem Arbeitsgebiet sich einen Namen machten, konnten von Zeit zu Zeit in die öffentliche Diskussion eingreifen wie seinerzeit die Intellektuellen um Emile Zola. Habermas nennt etwa Heinrich Böll und Alexander Mitscherlich. Gerade Autoren der »Gruppe 47« wie Heinrich Böll, Günter Grass und Hans Werner Richter haben dazu beigetragen, daß ein demokratisches Verständnis in der Öffentlichkeit sich durchsetzte. Sie haben eine deutliche Absage an den Totalitarismus formuliert, an den der Nationalsozialisten genauso wie an den der Stalinisten und Post-Stalinisten.

Gerade die öffentliche Arbeit von Hans-Werner Richter ist hier beispielhaft: er war Präsident der Anti-Atom-Bewegung, er gründete den Grünwalder Kreis gegen rechtsradikale Bestrebungen, er gab 1961 einen Band heraus, als die schändliche Mauer in Berlin gebaut wurde, er publizierte 1962 den Sammelband »Bestandsaufnahme«, der eine kritische Auseinandersetzung mit der bundesrepublikanischen Gesellschaft führte, und schließlich schrieb er »Briefe an einen jungen Sozialisten«, als die Studentenbewegung immer mehr zu einem dogmatischen Marxismus tendierte. Hier beharrte Richter, genauso wie Günter Grass, der dafür Ende der sechziger Jahre angefeindet wurde, hier beharrten beide auf den bürgerlichen Errungenschaften: auf der parlamentarischen Demokratie, auf dem Rechtsstaat, auf der Gewaltenteilung gegen ein totalitäres Denken, das die Erfahrungen der Geschichte nicht gelten lassen wollte.

Richters Briefe wenden sich an diese jungen Akademiker, die im Marxismus wieder einmal eine faszinierende Lehre fanden, die ihnen alles zu erklären vermochte. Ihr dumpfes Unbehagen angesichts der Restauration in der Bundesrepublik fand hier ein analytisches Instrument, das freilich bald zur Weltanschauung verkam. Der Marxismus wurde ihnen zum eindrucksvollen Gerede, das die Erfahrungen der Menschen in der DDR oder der CSSR ignorierte. Der Berliner linksradikale Studentenbund SDS schickte bekanntlich 1968 Emissäre nach Prag, um den dortigen Genossen klarzumachen, was sie zu tun hätten. Richter und Grass waren befreundet mit Schriftstellern, die den demokratischen Reformprozeß in Prag voranbringen wollten, der von den sowjetischen Panzern niedergewalzt wurde.

Gerade das Beispiel von Grass und Richter, von Böll und Mitscherlich macht die genannte Modifikation der Habermasschen These wieder verständlich: sie wirkten bahnbrechend, insofern sie eine demokratische Meinungsbildung beförderten, die in den verkrusteten Strukturen der Adenauer-Zeit stecken geblieben war.

Die »Gruppe 47« setzte sich auf zwei Gebieten gegen starken Widerstand durch:

In der Literatur, indem sie gegen Edel-Nazis wie Friedrich Sieburg, der als Literaturchef der »Frankfurter Allgemeinen Zeitung« die Richtung bestimmte, ihr offenes Konzept von Literatur geltend machte; Sieburg über Martin Walser:

Waschküchengeruch. Sieburg gehörte zu jenen Mandarinen, die im »geistigen Leben« nur das Erhabene gestatten wollten, im praktischen Leben aber zu schäbigen Kompromissen bereit waren, wenn das ihrer Karriere nützte. Sieburg diente von 1933 bis 1945 in Paris den Nazis.

Zum anderen setzten sich Vertreter der »Gruppe 47« in der politischen Öffentlichkeit durch. Daß in einer parlamentarischen Demokratie ein Regierungswechsel nicht notwendig zum Untergang des Abendlandes führt, mußte erst einmal vielen Bürgern der Bundesrepublik verständlich gemacht werden. Als Willy Brandt mit der SPD schließlich einen Regierungswechsel schaffte, war das auch ein Verdienst der Intellektuellen, die die öffentliche Meinung darauf vorbereitet hatten.

Zur Modifikation von Habermas' These: wenn die parlamentarische Demokratie funktioniert, das Parlament wirklich die Regierung kontrolliert, das Verfassungsgericht tatsächlich unabhängig und die Presse kritisch ist, dann sind die öffentlichen Auftritte der freien Intellektuellen nicht nötig. Erst wo Gefahr im Verzuge ist, sind sie am Platze. Gerade Habermas selbst gibt dafür ein Beispiel, gehört er doch zu den von mir hier kritisch genannten Intellektuellen: als in der sog. Historikerdebatte die Tendenz aufkam, die Einmaligkeit der Nazi-Verbrechen an den Juden aufzuheben, ergriff er das Wort und führte das Thema in die öffentliche Diskussion, so daß schließlich diese Tendenz zurückgewiesen wurde.

Auch der französische Soziologe Pierre Bourdieu definiert den kritischen Intellektuellen am Beispiel von Emile Zola: »Über dem naturalistischen Schriftsteller Zola und dem Zola des »J'accuse« hat man den anderen Zola vergessen, der der Weggefährte der Impressionisten war und der als solcher zum Theoretiker des l'art pour l'art, der reinen Kunst geworden ist. Gibt es eine Verbindung zwischen diesem Theoretiker des l'art pour l'art, den man zugleich zur Symbolfigur der engagierten Kunst, der proletarischen Kunst erhoben hat und dem, der gegen Ende seines Lebens »J'accuse« geschrieben hat? Es ist in der Tat derselbe Zola, der, nachdem er für die Autonomie der Intellektuellen gestritten hat, eine Intervention im politischen Bereich unternimmt. Das ist nur scheinbar ein Widerspruch. Der Intellektuelle taucht auf in einer bereits konstituierten intellektuellen Welt, die über eine starke Autonomie verfügt, die auch Verweigerungen impliziert (ich denke an Flauberts Wort von den Ehren, welche entehren, Sartre, der den Nobelpreis ablehnt), weil sie keine andere Legitimität anerkennt als einzig und allein die intellektuelle. Ist diese Autonomie erreicht, und zwar für alle gemeinsam, so kann jemand, der in der Gelehrtenrepublik über Autorität verfügt, im Bereich der Politik intervenieren, und zwar nicht nach Art eines Politikers (es gab zu Zolas Zeiten Intellektuelle, die Politik trieben, womit sie aber darauf verzichteten, Intellektuelle zu sein), sondern eben als Intellektueller, mit einer intellektuellen Autorität, die der Intellektuelle zum Teil gerade der Tatsache verdankt, daß er nicht Politik treibt, sondern »interesselos« ist, »rein« ist, daß er transzendente Werte hat etc. Er wird zum Anwalt des Allgemeinen. Im Namen der Autonomie der Intellektuellen kann und muß Zola, können und müssen Intellektuelle Politik machen. Zola ist der Erfinder eines historischen Modells, das es meines Erachtens wert ist, verteidigt zu werden, obwohl ich ihre historischen Grenzen sehe. Aus seltsamen historischen Gründen ist eine Konstellation entstanden, in der es profitabel ist, interesselos zu sein, eine der seltenen Konstellationen, wo es profitabel ist, allgemeine Sachen zu vertreten, gegen die Apartheid zu kämpfen, für Guatemala oder Chile etc.«[123]

Für den »freien« Intellektuellen ist es also profitabel, interesselos zu sein, d.h. auch der Intellektuelle, der ohne Auftrag etwa für unterdrückte Minderheiten, die sonst keinen Fürsprecher hätten, eintritt oder für Probleme, die sonst übergangen würden, handelt in seinem eigenen Interesse: weil er damit seinen Ruhm befestigt, weil er damit auch für seine eigene Unabhängigkeit und die seines Standes ficht.

Daß der freie Intellektuelle genauso von sozialen Bedingungen abhängig ist, wie die andern, die er kritisiert, das sollte ihm freilich bewußt sein: er sollte sich also nicht als Genie, als Dandy oder Bohemien überheben. Der Intellektuelle, der in die politische Arena steigt, hat dieselben Kriterien zu erfüllen, die er bei anderen einklagt: er muß sich der Kritik genauso stellen wie diese und er muß genauso beim Wort genommen werden können wie diese. Er ist genauso verantwortlich für das, was er sagt und tut, wie die anderen. Denn das, was er sagt, kann genauso dumm sein, wie das, was andere sagen. Beispiele gibt es genug. Aber so wenig die Dummheit und Korruptheit einzelner Parlamentarier die parlamentarische Demokratie als politisches System überflüssig macht, so wenig macht die Dummheit und Eitelkeit einzelner Schriftsteller die Position des kritischen Intellektuellen überflüssig.

Hans Werner Richter:
Literatur und Politik in der BRD

Zwei Beispiele des kritischen Intellektuellen will ich ausführlicher darstellen: Hans Werner Richter in der Bundesrepublik und Peter Huchel in der DDR. Richter gelang es als Leiter der Gruppe 47 und als Publizist und Organisator, einer demokratischen Toleranz in Literatur und Politik der Bundesrepublik zum Durchbruch zu verhelfen. Peter Huchels Absicht, eine relativ offene Diskussion mit seiner Zeitschrift »Sinn und Form« in Gang zu setzen, also einen gewissen Pluralismus der Meinungen, wurde vom repressiven System der DDR konsequent unterbunden, der Autor wurde mundtot gemacht. Zu Hans Werner Richter ein Gespräch, das ich mit ihm 1984 führte; es ist zugleich ein Rückblick auf die deutsche Geschichte dieses Jahrhunderts.[124]

Richter
Als der Erste Weltkrieg ausbrach, war ich 6 Jahre alt. Ich kam gerade zur Schule und wir mußten im ersten Jahr, das war das Jahr der Siege, 1914/15, dann hörte das ja auf, sehr häufig einen Sieg feiern. Wir kleinen Steppkes mußten jedesmal singen »Heil dir im Siegerkranz« und dann war schulfrei. Ich habe insofern einen schönen Schulanfang gehabt, weil wir viel frei hatten und Siege feierten, obwohl wir nicht wußten, um was es eigentlich ging. Ich war dann 10 Jahre alt, als der Krieg zu Ende ging. Das war das 1. System, das ich erlebt habe, natürlich nicht bewußt. Das 2. System war die Weimarer Republik. Auch das waren ja keine leichten Jahre. Aber mein Vater kam nach dem Krieg nach Hause und mein ältester Bruder, und wir versuchten uns zu ernähren, so gut es ging.
Wir waren 7 Kinder, zwei Töchter und fünf Söhne, ich bin der 5. Die Weimarer Republik ist die Zeit meiner Jugend gewesen, meiner ersten Jugendliebe. All das spielte an der pommerschen Küste, im Seebad Bansin. Ich wurde dann Buchhändler in Swinemünde, das gefiel mir aber nicht; ich wollte zur See fahren. Ich fuhr ein halbes Jahr dann auf einem Küstendampfer, doch die haben mich von Bord gejagt, weil ich zu viel las. Als das 3. Reich kam, war ich 24 Jahre. Und als das 4. System kam, die Bundesrepublik, war ich 38 Jahre. Auch das System der DDR habe ich miterlebt, weil meine Familie drüben lebte und ich oft dorthin gefahren bin, in den fünfziger Jahren häufiger als heute. Es sind also fünf Systeme, die ich in meinem Leben miterlebt habe, und zwei Kriege.

Zimmermann

Lassen Sie uns an einen Punkt Ihrer Lebensgeschichte zurückgehen: zur Zeit der Machtergreifung der Nazis 1933. Sie waren kurz zuvor als KP-Mitglied von der KP ausgeschlossen worden.

Richter

Ja. Das war mein Glück. Ich war von 1930 an Mitglied der Kommunistischen Partei; ich war eingetreten unter dem Druck der Nazis. Als die Nazis aufkamen – ich war vorher verhältnismäßig unpolitisch –, wurde ich politisch tätig. Ich sah die große Gefahr für uns. Als junger Mensch – ich war damals 22 Jahre alt – tritt man dann der radikalsten Partei bei, die es gegen das Übel gibt; das war damals die KPD. Ich wurde Marxist, ich las alles, von Karl Marx bis Bucharin und Plechanow. Im November 1932 wurde ich dann aber ausgeschlossen wegen »Trotzkismus«. Ich war gar kein Anhänger Trotzkis, doch es war die Zeit der Auseinandersetzung zwischen Stalin und Trotzki. Dieser Ausschluß war mein Glück. Die Gestapo hätte mich sicher frühzeitig verhaftet, denn ich war als Funktionär in Pommern tätig. Aber diesen Ausschluß aus der KP konnten sie sich nicht erklären. Später bei Verhören – 1938 kamen sie erst auf mich – habe ich immer gesagt: ich sei ausgetreten, weil ich gegen den Kommunismus sei. Da haben sie mich wieder laufen lassen, wenn sie mich auch zeitweise unter Bewachung stellten.

Zimmermann

Sie haben 1933 den Versuch gemacht zu emigrieren. Sie waren einige Zeit in Paris, sind aber wieder zurückgekehrt.

Richter

Ja, das habe ich beschrieben in dem Roman »Ein Julitag«. Die Rückkehr wollte ich nicht, aber in Paris leben konnte ich auch nicht. Wir waren junge, unbekannte Leute, ohne Geld, ohne Unterstützung hungerten wir uns durch. Wenn sie heute die Geschichtsschreibung der deutschen Emigranten nach 1933 verfolgen, so lesen Sie meistens von Prominenten, aber nicht von den vielen jungen unbekannten Leuten. Mit mir sind viele junge Leute weggegangen und vor mir schon; die mußten, wenn sie nicht ins KZ kommen wollten, fliehen. Wir waren 1933 ein Kreis von jungen Leuten in Paris, die alle nicht existieren und nicht zurückgehen konnten. Ich habe es dann doch versucht und das war mein Glück. Ich habe zwei Jahre in Berlin unangemeldet gelebt, bin aber dann langsam wieder in die Legalität zurückgekehrt. Ich wurde Verkäufer in einer großen Buchhandlung in der Friedrichstraße in Berlin und hatte wieder Glück gehabt. Ich wurde von einem Verlag aufgefordert, das war der Verlag des »Vereins Deutscher Ingenieure«, da konnte ich gut unterkriechen, da hatte ich nichts zu tun mit der Ideologie. Von dort ging ich 1938 zu Langenscheidt, wo Wörterbücher hergestellt wurden, auch das war wieder ganz unverfänglich. Im April 1940 war ich Verkäufer im Kaufhaus Wertheim in Berlin. Dann wurde ich eingezogen.

Zimmermann

Das ist ja nun eine schreckliche Situation: als ein Gegner des Nationalsozialismus mußten Sie wie viele andere auch Soldat werden in einem Krieg der Nazis, mußten also für die Nazis kämpfen, die Sie verabscheuten. In Ihrem ersten Roman »Die Geschlagenen« schreiben Sie als Widmung zu Beginn: »Meinen vier Brüdern, die Gegner und Soldaten dieses Krieges waren, die ein System haßten und doch dafür kämpfen mußten und die weder sich selbst, ihren Glauben noch ihr Land verrieten.«

Richter

Man hatte keine Wahl! Man war dagegen, aber man wurde eingezogen. Und nicht gehen oder fahnenflüchtig werden, hieß erschossen werden. Das wäre das Ende gewesen. Also ging man. Ich war schon 33 Jahre alt und es war schrecklich zu Anfang für mich. Doch beim Militär ist man auch untergetaucht, man war weg, aus den Augen der Gestapo. Ich habe viele Gesinnungsgenossen in der Wehrmacht getroffen, und wir haben uns gemeinsam durchgeschlagen. Ich hatte wieder Glück. Ich kam nicht nach Rußland, wie es zu erwarten gewesen wäre. Ich wurde abgestellt zum Zollgrenzschutz nach Polen. Das war eine ruhige Zeit und eine unverfängliche Situation. Ich kam danach wieder zur Wehrmacht, aber nicht nach Rußland wie andere, sondern nach Frankreich und dann nach Italien. Ich mußte die Schlacht von Monte Cassino 1943 mitmachen; dort geriet ich in amerikanische Gefangenschaft und war dann endlich heraus aus der ganzen Sache.

Zimmermann

Als Sie 1946 aus der amerikanischen Kriegsgefangenschaft zurückkamen, haben Sie gewissermaßen das Fazit aus Ihren Erfahrungen gezogen und dieses Fazit dann auch in der Zeitschrift »Der Ruf« zum Ausdruck gebracht. Könnte man dieses Fazit mit dem Begriff »demokratischer Sozialismus« zusammenzufassen?

Richter

Ja, ich blieb ja Sozialist während der ganzen Zeit, auch in Paris in den vielen Diskussionen mit den marxistischen Freunden, aber ich hatte mich völlig distanziert von der KPD. Ich wollte einen Sozialismus mit einer parlamentarischen Demokratie, eine demokratische Gesellschaft mit einem sozialistischen Untergrund, wobei wir uns nicht genau überlegt hatten – ich auch nicht –, wie denn die Wirtschaft funktionieren sollte. Hier fehlten die Konzeptionen, was man auch dem »Ruf« anmerken kann. Aber »Der Ruf« existierte ja nur kurze Zeit, 7 Monate. Wir kamen über 16 Nummern nicht hinaus, weil die Amerikaner gegen unsere Position waren und auch viele Deutsche. So wurde der »Ruf« verboten, d.h. er wurde weiter gemacht von Erich Kuby, es wurde den Lizenzträgern nur gesagt, wenn die beiden Leute – Alfred Andersch und ich – verschwänden, könnten sie weitermachen. Ich habe es immer als Verbot angesehen und Alfred Andersch auch. Danach, im Sommer 1947, saß ich hier in München und wußte nicht, was ich machen sollte.

Zimmermann

Lassen Sie uns noch einen Moment beim »Ruf« verweilen. Daß Sie dort etwas zum Ausdruck brachten, was tatsächlich – wie der »Ruf« behauptete – im Sinne der neuen Generation war, also dieser Generation, die den Krieg gegen ihren eigenen Willen mitmachen mußte, zeigte doch die hohe Auflage, die »Der Ruf« in kurzer Zeit erreichte.

Richter

Darf ich korrigieren, was Sie gesagt haben: in dieser Generation, die aus dem Krieg zurückkam, waren natürlich auch viele junge Leute, die begeisterte Nationalsozialisten waren. Die wurden als 18jährige eingezogen und man kann diesen Jungs nicht übelnehmen, daß sie wirklich daran glaubten. Aber die große Enttäuschung trieb sie dann zu uns. Was in dieser Generation schließlich lebendig wurde, waren diese beiden Dinge: Demokratie und Sozialismus.

Zimmermann

»Der Ruf« hat eine Position vertreten, die aus den Erfahrungen der Deutschen mit dem Nationalsozialismus Konsequenzen ziehen wollte: Deutschland sollte seinen eigenen Weg gehen, was dann durch die deutsche Teilung in Ost und West verhindert wurde.

Richter

Wir haben gedacht, wir könnten einen eigenen Weg gehen, vielleicht einen für Europa vorbildlichen Weg. Wir waren für den europäischen Zusammenschluß, allerdings für einen anderen als den, der dann gekommen ist. Wir alle – Andersch und ich und viele unserer Mitarbeiter – haben damals nicht erkannt, daß die Militärregierungen, also die beiden großen Siegermächte, ihre Systeme in ihrem Teil Deutschlands verwirklichen wollten, also das kommunistisch-marxistische System und das amerikanisch-kapitalistische System. Daran sind wir damals gescheitert. Ich habe das kurze Zeit später erkannt, als die Teilung kam.

Zimmermann

Diese Idee – »ein dritter Weg«, demokratischer Sozialismus – ist dann wieder im Prager Frühling hervorgetreten. Daraufhin haben Sie ja auch Kontakte zu den tschechischen Schriftstellern aufgenommen.

Richter

»Ein dritter Weg«: diese Idee habe ich noch heute. Sie tauchte bei den Tschechen 1968 auf und sie wird wieder auftauchen. Beide Systeme, das hochkapitalistische der USA und das verbürokratisierte Plansystem der Sowjetunion, beides, glaube ich, sind nicht die letzten Antworten auf die Frage nach einem vernünftigen Gesellschaftssystem in unserer Zeit. Ich hatte 1968 die Absicht – das hatte ich mit den Tschechen schon besprochen – in Prag eine Tagung der Gruppe 47 abzuhalten und dann die Gruppe 47 zu beenden, denn sie war nur ein Notbehelf nach dem Verbot des »Ruf«.

Ich wollte den »Ruf« danach wieder neu herausgeben. Ich hatte schon Verhandlungen mit den tschechischen Schriftstellern. Doch am 21. August 1968 marschierten die Russen in Prag ein und damit war alles wieder am Ende.

Zimmermann

Kann man also sagen, daß die Gruppe 47, die Sie berühmt gemacht hat, ein Ersatz war, ein Ersatz für die eigentliche Arbeit, die Sie leisten wollten?

Richter

Ja, wir wollten eine Zeitschrift machen. Wir glaubten damals an die Möglichkeiten der Literatur und des Worts überhaupt. Nach der »Zeit der Tat« – Hitler hatte das immer gesagt und die anderen Nazis auch – wollten wir auf das Wort vertrauen. Wir glaubten, das Wort hätte einen entscheidenden Einfluß. Deshalb wollten wir Zeitschriften herausbringen. Nach dem »Ruf« habe ich den »Skorpion« im Sommer 1947 herausgeben wollen, bekam aber keine Lizenz der Militärregierung dafür. Und dann war die Gruppe 47 ein Ersatz. Es stimmt allerdings nicht, was manchmal gesagt wird: wir sind nicht in die Literatur geflüchtet, das war kein Eskapismus. Wir glauben an die politische Wirkung, an die auf lange Sicht gesellschaftsverändernde Wirkung der Literatur. Insofern war die Gruppe auch ein Politikum, jedenfalls in den ersten Jahren. Sie war auch eine Gruppe, die die Leute einer bestimmten politischen Mentalität aneinanderband, also meistens Leute des dritten Weges.

Zimmermann

Am Anfang bei den ersten Treffen, die dann nach und nach zu den Tagungen der Gruppe 47 wurden, waren zunächst nur die Mitarbeiter, die ehemaligen Mitarbeiter des »Rufs« dabei. Dieser Kreis hat sich dann später erweitert. Wie ist das vor sich gegangen?

Richter

Ja, das ging schneller, als man heute annimmt. Da waren zuerst 17 Leute, fast alles Freunde von mir, also Mitarbeiter des »Ruf« wie Kolbenhoff, Schnurre, Walter Maria Guggenheimer. Und dann sagten die, das müssen Sie unbedingt weitermachen. Und dann habe ich zwei Monate später eine neue Tagung einberufen, da kamen dann schon andere dazu – Günter Eich war schon dabei –, die ich eingeladen hatte. Ich hatte den Kreis von mir aus vergrößert und er wurde immer größer und zwar ganz organisch, ohne daß ich besonders darauf geachtet hätte, daß immer mehr Leute kämen. Es kamen Freunde, die sagten: »Ich hab da jemanden kennengelernt, der ist recht begabt, lad den doch mal ein.« Einige habe ich selbst entdeckt wie Ingeborg Bachmann auf einer Reise nach Wien.

Zimmermann

Es sind aber auch welche zurückgeblieben oder nicht wieder gekommen. Alfred Andersch etwa.

Richter

Alfred Andersch wollte etwas anderes. Er war ja auch nicht dabei, als die Gruppe entstand. Er wollte dann 1953 eine Gruppe mit einem kleinen klaren Programm, mit einem literarischen und politischen Programm. Darauf bin ich nicht eingegangen, weil ich wußte, das Programm wird in drei, vier Jahren bereits veraltet sein. Die Gruppe 47 sollte keine Stilgruppe werden, also keine expressionistische oder surrealistische oder ähnliche Gruppe. Eine solche Festlegung wollte ich unter keinen Umständen. Ich wollte nur die deutsche Literatur beleben und einen gewissen Einfluß auf die politische Entwicklung gewinnen.

Zimmermann

Was heute einem Literaturwissenschaftler, der die Gruppe 47 untersucht, die Arbeit so schwer macht, ist gerade das Fehlen eines eindeutigen, eines formulierten Programms der Gruppe.

Richter

Ist es nicht schön, daß sich das nicht erfassen läßt? Ich bin jedenfalls froh darüber. Das Programm, das ich hatte, wenn es denn eines gab, war die Wiederbelebung der deutschen Literatur und damit die Wiederbelebung des gesellschaftlichen Lebens in Deutschland. Ich glaubte eben, daß die neue Generation auch eine neue Literatur mit sich bringen würde, die sich im vorhinein nicht auf eine Schule festlegen ließe.

Zimmermann

Es gab aber doch zwei Kriterien für die Aufnahme in die Gruppe. Das eine war: die Mitglieder der Gruppe durften keine Anhänger des Nationalsozialismus gewesen sein, also ein politisches Kriterium; und das zweite war ein literarisches: literarische Qualität wurde erwartet; es gab Autoren, die durchgefallen sind bei den Lesungen und deshalb nicht mehr eingeladen wurden.

Richter

Wie groß wäre wohl der Kreis geworden, wenn ich nicht immer wieder welche weggelassen hätte. Ich ließ die weg, die durchgefallen waren, meistens wenigstens. Es gab auch welche, die sind dreimal durchgefallen und beim vierten Mal haben sie es dann doch geschafft. Und es gab Autoren, die zuerst gar nicht ankamen – wie Günter Grass etwa –, und die es dann doch schafften. Das andere war allerdings ein ungeschriebenes Gesetz: Wer im Nationalsozialismus wirklich mitgemacht hatte, konnte nicht bei der Gruppe 47 sein! Bei einigen jungen Leuten, die einmal an den Nationalsozialismus geglaubt hatten, habe ich das allerdings übersehen; das konnte man übersehen, die hatten ja gar keine andere Chance gehabt. Streng galt aber die Regel: Wer im Dritten Reich mitgeschrieben hatte, wird nicht eingeladen! Später habe ich festgestellt, eigentlich erst in jüngster Zeit, daß einige doch im Dritten Reich publiziert hatten; es waren Lyriker, die ab und zu mal ein Gedicht veröffentlichten.

Zimmermann

Gab es ganz zu Anfang nicht doch die Andeutung eines literarischen Programms? Ich denke an diese Bezeichnung »Kahlschlagliteratur«.

Richter

Das ist kein Wort von mir. Das ist ein Wort, das Wolfgang Weyhrauch prägte. Das war nicht auf die Gruppe 47 gemünzt, sondern auf die gesamte damalige Literatur; man schrieb ja im Sprechstil. Ich war allerdings überzeugt, daß – wie soll ich das sagen – daß die deutsche Sprache »gerodet« werden muß. Sie war durch die Propagandasprache der Nazis einerseits und durch die Sklavensprache der Unterdrückten andererseits überwuchert. Sie mußte sozusagen entrümpelt werden.

Zimmermann

Auch Ihre eigenen Romane, Ihre Romane der Nachkriegszeit, von »Die Geschlagenen« bis zu »Du sollst nicht töten« sind doch Beispiele für diesen damaligen Stil. Thomas Mann hat über Ihren Roman »Sie fielen aus Gottes Hand«, für den Sie damals den René-Schickele-Preis erhielten...

Richter

Von ihm.

Zimmermann

Ja, in der Jury waren Hermann Kesten, Robert Neumann und Thomas Mann. Thomas Mann äußerte Bedenken: der Roman sei ihm nicht künstlerisch genug durchgebildet.

Richter

Ja. Womit er Recht hat.

Zimmermann

War das nicht gerade Ihre Absicht?

Richter

Das war das, was ich damals konnte, und meine Absicht war natürlich nicht, einen hochkünstlerischen Roman zu schreiben. Ich wollte eine Reportage schreiben, ich wollte zwölf Schicksale von Menschen darstellen, die in den Weltkrieg gekommen waren.

Zimmermann

Dieser Reportagestil, den Sie in Ihren ersten Romanen ausprobiert haben, war nicht der Stil, der sich in der Gruppe 47 durchgesetzt hat. Sie sprachen einmal davon, daß es in der Gruppe zwei Richtungen gab, zum einen die Realisten oder Neo-Realisten, zum anderen die Formalisten.

Richter

Das hat sich erst später ergeben. Die ersten Jahre bis 1952 stand die »Kahlschlagprosa« im Vordergrund. Doch dann kam etwas anderes. Ich war damals in Wien und habe Ingeborg Bachmann kennengelernt und zur nächsten Tagung eingeladen; sie war damals völlig unbekannt. Mit Ingeborg Bachmann und mit Ilse Aichinger kehrte die Poesie wieder, ganz zu Recht. Danach gab es dann zwei Richtungen, die lange Zeit nebeneinander standen; ich nenne sie manchmal die surrealistische und die realistische Richtung, um es einfach zu machen. Es war natürlich differenzierter. Der große literarische Erfolg der Gruppe 47 fängt dann erst an. Aber berühmt war sie schon 1952.

Zimmermann
    Heinrich Böll und Günter Eich gehörten ja schon zur vorhergehenden Generation.

Richter
    Ja, berühmt war die Gruppe schon 1952, als die zweite Generation dazukam. Sie war schon ein Zentrum, zu dem die Jungen hinstrebten. Günter Eich erhielt den Preis der Gruppe 1950, Heinrich Böll 1951.

Zimmermann
    So kann man von verschiedenen Generationen innerhalb der Gruppe 47 sprechen: die erste Generation – Ihre, die von Andersch, Schnurre, Böll und Eich; dann die nächste Generation, die eine mehr poetische, mehr metaphorische Sprache benutzte – also Ingeborg Bachmann, Ilse Aichinger, Paul Celan. Und dann kamen Günter Grass und Hans Magnus Enzensberger und andere dazu?

Richter
    Das ist die dritte Generation, die »Kriegskinder«, wie ich sie einmal genannt habe. Dann kommt noch einmal eine Generation, die »Wirtschaftswunderkinder«; dazu gehörten Peter Bichsel, Hans-Christoph Buch und Nicolas Born; die kamen 1962 dazu.

Zimmermann
    Dann sind auch Kritiker, die Sie einmal »Nur-Kritiker« nennen, also Kritiker von Berufs wegen und keine Schriftsteller, hinzugekommen. Ich hatte den Eindruck, daß Sie das nicht ohne Skepsis sehen, wenn Sie sich heute daran erinnern.

Richter
    Ich glaube, ich habe das damals schon mit Skepsis gesehen; ich konnte es aber nicht bremsen, weil sich einige der Autoren, die zunächst als Schriftsteller auftraten, sich dann zu Kritikern entwickelten. Walter Jens z.B. hatte oft aus seinen literarischen Arbeiten gelesen und wurde zuerst gar nicht als Kritiker eingeschätzt. Joachim Kaiser dagegen trat von vornherein als Kritiker auf, aber er hat auch gelesen. Eigentlich tauchten die Berufskritiker erst mit Marcel Reich-Ranicki 1958 auf. Dann kam Hans Mayer dazu und dann haben sich andere, die zunächst als Schriftsteller auftraten, zu Kritikern entwickelt. Ich habe das mit Skepsis gesehen. Meine Absicht war: Autoren kritisieren Autoren. Es gab in

Sigtuna in Schweden eine Tagung der Gruppe 47, in der die Kritiker dominierten und nicht die Schriftsteller.

Zimmermann
Sie sprechen einmal von einem »Sieg der Kritik« in Sigtuna. Und Sie haben dann auch den Satz gebraucht, der doch recht selbstkritisch klingt: »der Erfolg blendete auch mich«. Sie haben weitergemacht, obwohl Sie nicht hätten weitermachen wollen.

Richter
Ja, weitermachen. Ich wollte schon nach 1952, nach dem großen Erfolg in Niendorf nicht weitermachen. Aufhören wollte ich öfter, vielleicht wollte ich nach Sigtuna auch aufhören, aber ich habe dann nicht aufgehört – was vielleicht doch richtig war, von heute aus gesehen. Es war nicht der richtige Zeitpunkt. Schweden war ein großer Erfolg, weil die Kritik innerhalb der Gruppe so eingespielt war, daß die Schweden staunten, daß es so etwas überhaupt gibt.

Zimmermann
Könnte man sagen, daß das, was heutzutage in Klagenfurt bei dem Wettbewerb um den Ingeborg-Bachmann-Preis geschieht – also Lesungen junger Autoren vor einer Jury, die sofort kritisiert – daß das gerade das ist, was innerhalb der Gruppe 47 von Ihnen mit großer Skepsis betrachtet wurde?

Richter
Die Gruppe 47 war etwas anderes! Die Autoren waren immer dabei, sprachen immer mit, alle. Und viele haben immer wieder gelesen, Ingeborg Bachmann hat in den ersten Jahren immer wieder gelesen, Günter Grass hat gelesen von seinem ersten Auftreten in der Gruppe 47 1955 bis zum Ende der Gruppe 47, auf jeder Tagung. Hans Magnus Enzensberger hat oft gelesen. Wir waren eine Gemeinschaft, wenn man so will, wir wollten uns anhören und wir wollten uns kritisieren; also Ratschläge geben. Ich werde ja häufig gefragt, was war denn nun die Gruppe 47 eigentlich. Ich weiß es selbst nicht genau. Es war ein Zusammentreffen von Menschen ähnlicher Mentalität. Es war eine Art Bruderschaft. Nicht alle waren miteinander befreundet, einige waren auch miteinander verfeindet, aber alle gehörten zusammen. Dieses Zusammengehörigkeitsgefühl war ja lange Zeit da. Die Kommunikation, die 1947 in Deutschland vollkommen fehlte, diese enge Kommunikation, die ist dort erst entstanden, und das hat das literarische Leben in Deutschland beflügelt.

Zimmermann
Von Gegnern ist Ihnen ja manchmal zum Vorwurf gemacht worden, daß die Gruppe 47 eine Art Interessenvertretung sei, daß sie versuche, ihre eigenen Leute in den Rundfunkanstalten, in den Verlagen »durchzuboxen«.

Richter
»Durchboxen« ist Unsinn, ich habe jedenfalls nie etwas Derartiges versucht. Ich habe niemanden bei einer Rundfunkanstalt untergebracht oder bei einem

Verlag. Ich bin aber oft – das gebe ich zu – von Verlegern gefragt worden: Sollen wir diesen oder jenen Autor drucken? Z.B. sollen wir Ingeborg Bachmann drucken? Ich habe jedesmal Ja gesagt, aber die Verleger haben es nicht gewagt, bis Klaus Piper sich entschlossen hat, die Gedichte Ingeborg Bachmanns zu veröffentlichen. Ernst Schnabel gehörte zur Gruppe 47, er leitete damals einen großen Sender, den NWDR; er holte sich Alfred Andersch für sein Nachtstudio und andere Leute. Er hat Gedichte von Ingeborg Bachmann gebracht und von Paul Celan, das war schon eine enge Zusammenarbeit, das gebe ich zu. Aber wir haben, glaube ich, andern nichts weggenommen.

Zimmermann

Von anderer Seite wurde damals auch eine gewisse Literaturpolitik betrieben. Ich erinnere mich an die Abteilung Literatur der Akademie der Künste in Berlin. An den Listen der Mitglieder kann man sehr genau feststellen, daß bis etwa Ende der fünfziger Jahre kein Mitglied der Gruppe 47 in die Akademie aufgenommen wurde, weil dort andere Schriftsteller und Kritiker wie Friedrich Sieburg und Hans Egon Holthusen dominierten.

Richter

Das ist bei der Darmstädter Akademie für Sprache und Dichtung ähnlich gewesen. Wir waren damals verpönt. Wir sind in den ersten Jahren immer von der Darmstädter Akademie angegriffen worden. Dann ist man in der Darmstädter Akademie auf die Preisträger der Gruppe 47 aufmerksam geworden. Die erhielten nach und nach den Darmstädter Büchner-Preis. Dadurch wurde der Büchner-Preis natürlich attraktiv. Es stimmt: Wir waren berühmt, aber wir waren angefeindet. Doch dieser Gegner – und davon gab es eine Menge – konnten schreiben, was sie wollten, sie machten die Sache selbst – also die Gruppe 47 – noch berühmter.

Zimmermann

Wenn Sie die heutige literarische Situation in der Bundesrepublik betrachten, meinen Sie dann, daß eine solche literarische Gruppierung wie die Gruppe 47 wieder notwendig wäre?

Richter

Ich weiß nicht, ob ich das richtig sehe. Ich habe den Eindruck, daß wir uns in einer Talsohle des literarischen Lebens, der literarischen Entwicklung befinden; das gibt es in jeder Literaturentwicklung: Zeiten, in denen nichts Großes entsteht und dann wieder Zeiten, in denen große Werke produziert werden. Ich glaube, das wird auch bei uns so sein. Vielleicht sind auch schon junge Leute da, die eine neue literarische Epoche einleiten, das weiß ich nicht. Aber wenn, dann werden sie ihre eigenen Formen des literarischen Lebens finden. Es wird sicher nicht die Form der Gruppe 47 sein.

Zimmermann

Herr Richter, ich würde gern noch über Ihre eigenen Arbeiten mit Ihnen sprechen. Es ist doch erstaunlich, daß Ihr eigenes literarisches Werk in der Öffentlichkeit viel weniger Beachtung findet als ihre Tätigkeit in der Gruppe 47.

Richter

Das ist mein Schicksal. Man kann nicht eine Gruppe begründen wie die Gruppe 47, die berühmt wird, und dann auch noch als Schriftsteller berühmt werden. Das hätten mir meine Freunde, glaube ich, auch übel genommen. Aber ich habe in den letzten Jahren wieder geschrieben, drei Bücher, und ich werde weiterschreiben, soweit meine Jahre noch dazu geeignet sind, denn ich wollte ja immer schreiben und nicht die Gruppe 47 leiten.

Zimmermann

Mir ist aufgefallen, daß in Ihrem belletristischen Schaffen eine Pause entstanden ist. Da sind die frühen Arbeiten nach dem Krieg, »Die Geschlagenen«, »Sie fielen aus Gottes Hand«, dann der Roman der Kindheit »Spuren im Sand« und der Antikriegsroman »Du sollst nicht töten«; diese Schaffensphase endete 1959 mit »Linus Fleck oder Der Verlust der Würde«, einem satirischen Nachkriegsroman. Dann entsteht eine Pause bis 1970, als sie mit »Geschichten aus Bansin« wieder an die Kindheitserinnerungen anknüpfen, danach kommt eine Produktion, die bis in die letzten Jahre hineingeht, »Die Flucht nach Abanon« von 1980, »Die Stunde der falschen Triumphe« von 1981 und »Ein Julitag« von 1982. Warum diese Pause?

Richter

Ich bin 1962 aus vielen Gründen – es war das Ende der Anti-Atombewegung, ich war zum Schluß Präsident der europäischen Anti-Atombewegung, ich war erschöpft von der politischen Tätigkeit – ich bin 1962 nach Berlin gegangen. Ernst Schnabel wollte einen literarisch-politischen Salon in Berlin haben. Den habe ich in der Erdener Straße im Grunewald – dem ehemaligen Haus des alten S. Fischer-Verlages – geschaffen. Da trafen sich Politiker und Schriftsteller, es gab Hörfunk- und Fernsehgespräche, es waren ereignisreiche Tage. Das habe ich intensiv betrieben, da habe ich nicht schreiben können. Es hat mir viel Spaß gemacht. In der Erdener Straße haben damals fast alle Politiker verkehrt, von Franz-Joseph Strauss bis Helmut Schmidt, und viele Schriftsteller, Grass, Enzensberger u.a.

Zimmermann

Sind dort nicht auch die ersten Kontakte zwischen den Sozialdemokraten und den Schriftstellern der Gruppe 47 entstanden, zwischen Egon Bahr und Ihnen, zwischen Willy Brandt und Günter Grass? Und ist daraus nicht auch die sozialdemokratische Wählerinitiative hervorgegangen, die schließlich mit dazu geführt hat, daß die Sozialdemokraten an die Regierung kamen?

Richter

So kann man das sagen. Dort ist der Kontakt entstanden, dort hat Günter Grass Willy Brandt kennengelernt.

115

Zimmermann

Dann haben Sie ja auch wichtige Bücher herausgegeben: »Die Mauer und der 13. August« 1961, ein Band mit Äußerungen von ost- und westdeutschen Schriftstellern zum Bau der Mauer in Berlin, und 1962 die »Bestandsaufnahme«, ein damals sehr wichtiges Buch. Es war eine Zeit, in der es im Grunde genommen kaum eine öffentliche Opposition gab. Und dieses Buch gewährte einen kritischen Durchblick durch die gesellschaftliche Situation der Bundesrepublik. Insofern sind diese Ihre Arbeiten politische Arbeiten, die langfristig doch etwas bewirkt haben.

Richter

Sie sehen, meine Tätigkeit war immer sowohl politisch als auch literarisch; das hing beides zusammen.

Zimmermann

Auch Ihre eigenen Romane haben letztlich die Zeitgeschichte zum Thema. Das fängt an mit der Kaiserzeit in »Spuren im Sand«, und geht über die Weimarer Republik in »Rose weiß, Rose rot«, dem Roman von 1972, über Nazizeit und Krieg, also etwa »Die Geschlagenen« oder »Sie fielen aus Gottes Hand«, zur Nachkriegszeit und zum »Wiederaufbau« in »Linus Fleck oder Der Verlust der Würde«. Im Grunde genommen setzt sich das dann auch in den letzten Werken fort. Vielleicht ist »Die Flucht nach Abanon« von 1980, diese sehr eindringliche Erzählung, das einzige Werk, das hier herausfällt. Sehen Sie das auch so?

Richter

Wissen Sie, ich gehöre zu den Schriftstellern, die alles vom Autobiographischen her entwerfen. Alles habe ich irgenwie selbst erlebt. Ich habe nicht genug Phantasie, um mir etwas völlig selbständig auszudenken. So schreibe ich eigentlich Geschichten, die ich selbst erlebt habe oder zum Teil selbst erlebt habe; die baue ich aus, das werden dann Romane. Da mein Leben eng mit der Zeit zusammenhing, wurden das alles Geschichten aus dem politischen Geschehen dieser Zeit.

Zimmermann

So sind alle Ihre Werke mehr oder weniger autobiographisch?

Richter

Ich glaube, Hemingway hat das einmal gesagt: alle Schriftsteller schreiben autobiographisch.

Zimmermann

Ist Ernest Hemingway eines Ihrer Vorbilder?

Richter

Er war es zeitweise, heute ist er es nicht mehr, aber nach dem Krieg war sein Einfluß sehr stark. Ich lernte Hemingway schon vor 1933 kennen, da kam der erste Roman »Fiesta« bei Rowohlt heraus. Zeitweise stand ich unter seinem Einfluß, das gebe ich zu, besonders mit dem »Sprechstil«, diesem Dialogstil, den habe ich zweifellos von Hemingway übernommen und von den amerikanischen Schriftstellern der »lost generation«. In meiner Jugend beeindruckten mich am meisten die großen Romanciers des 19. Jahrhunderts, sowohl die französischen als auch die russischen, also Stendhal und Flaubert und Dostojewskij und Tolstoi.

Zimmermann
Aber die Art, in der Sie schreiben, scheint mir doch mehr Ähnlichkeit mit den Amerikanern zu haben als mit diesen Romanciers des 19. Jahrhunderts.

Richter
Ich versuche, das zu überwinden. In meinen letzten Arbeiten können Sie das bemerken: »Die Flucht nach Abanon«, »Die Stunde der falschen Triumphe« und »Ein Julitag«, den Hans Mayer besser findet als alle anderen, der aber leider nicht bei den Lesern angekommen ist.

Zimmermann
Es ist mir aufgefallen, daß diese letzten Arbeiten knapper sind, eindringlicher, daß Sie mehr in die Personen hineingehen, während Sie früher dazu neigten, die Figuren gänzlich von außen zu betrachten, mit viel Dialog, in dem die Figuren sich äußerten. Jetzt gibt es Versuche, das Innere, die Überlegungen, die Gefühle der Figuren zu erfassen.

Richter
Ich muß mich hüten, daß ich da nicht zu weit gehe, daß ich nicht zu einem psychologischen Roman komme, was ich nicht will. Ich weiß, daß ich das jetzt stärker einbeziehe als vorher. Aber das geschieht nicht absichtlich, das geht vielmehr mit der eigenen Entwicklung zusammen.

Zimmermann
Und doch ist mir aufgefallen – besonders in »Die Flucht nach Abanon« und in »Ein Julitag« – ein größeres Zögern beim Schreiben als früher. Unter »Zögern« verstehe ich, daß in diesen Werken Überlegungen auftauchen wie die: habe ich diese Person jetzt richtig beschrieben oder nicht, weiß ich denn, was eigentlich in ihr vorgeht.

Richter
Früher, in den fünfziger Jahren – »Die Geschlagenen« habe ich in 2 Monaten geschrieben – habe ich sehr rasch geschrieben. Das war eine Reportage und ich habe dem keine besondere Bedeutung beigemessen. Zu der Zeit konnte ich mich um 9 Uhr an die Schreibmaschine setzen, nachmittags um fünf schrieb ich immer noch. 10 Seiten am Tag waren da möglich; das kann ich heute nicht. Ich habe genug zu tun, wenn ich zwei Seiten zuende bringe. Diese Bremse, das ist eine ganz natürliche Bremse, die ergibt diesen langsamen Lauf und das spürt wohl auch der Leser.

Zimmermann

Was würden Sie einem Leser raten, der gerne Ihre Arbeiten lesen möchte und noch nichts gelesen hat? Ich denke an viele junge Leute, die Ihren Namen kennen, die wissen, daß Sie die Gruppe 47 geleitet haben, aber die Ihre Romane nicht kennen.

Richter

Also, wenn es junge Leute sind, die sich für Politik interessieren, dann sollten sie »Briefe an einen jungen Sozialisten« lesen. Das Buch ist auch wenig beachtet worden; es geht alles verloren. Von den Romanen? Da würde ich raten: die letzten. Eigentlich stehe ich nur zu den letzten Romanen. Sie sollten schon »Die Flucht nach Abanon« und »Ein Julitag« lesen und »Die Stunde der falschen Triumphe«, diesen Roman, weil darinnen steht, was viele junge Leute heute nicht mehr begreifen: die ungeheuren Schäden, die das Dritte Reich im deutschen Volk angerichtet hat.

Zimmermann

Ich habe den Eindruck, daß Sie in Ihren eigenen Arbeiten, auch in der Gruppe 47, den Versuch machten, etwas von dem kulturellen, kommunikativen Zusammenleben wieder aufzubauen, das in der Nazi-Zeit zerstört worden ist.

Richter

Günter Grass hat einmal in der »New York Times«, glaube ich, geschrieben: was er in der Gruppe 47 gelernt hätte, wäre Toleranz gewesen; die Ansicht des anderen zu achten, sie sich anzuhören und dann mit ihm zu streiten, also Gegnerschaft, aber keine Feindschaft. Es ging mir, und das war vielleicht das Wichtigste für mich, um eine Veränderung der deutschen Mentalität. Ich meine, das ist geglückt, daran haben wir alle gearbeitet, die Schriftsteller, nicht nur in der Gruppe 47, sondern auch in den Rundfunkanstalten, den Zeitungen und Zeitschriften. Viele Publizisten haben mitgearbeitet an dieser Veränderung der deutschen Mentalität.

Der Traum im Tellereisen:
Peter Huchel in der DDR

»Gefangen bist du, Traum,
Dein Knöchel brennt,
Zerschlagen im Tellereisen.«

Die Akademie der Künste der DDR ist am Ende; ihre Zeitschrift »Sinn und Form« wird sie wohl überleben. Die Zeitschrift ist das Werk eines Mannes, gegen den die Akademie sich ziemlich schäbig benommen hat: das Werk des großen Lyrikers Peter Huchel.[125]

Peter Huchel, der 1903 in Berlin-Lichterfelde geboren wurde und in Alt-Langerwisch in der Mark Brandenburg aufwuchs, starb 1981 in Staufen bei Freiburg im Breisgau fern von der geliebten Mark. 1971 konnte er nach langen Bemühungen die DDR verlassen, in der er seit 1962 vollkommen isoliert lebte. Von 1948 bis 1962 war er Chefredakteur der Zeitschrift »Sinn und Form«, einer Neugründung, deren Name ihm immer als zu prätentiös erschien. Anfang 1949 kam das erste Heft der Zeitschrift heraus; mit dem zweiten begannen bereits Huchels Schwierigkeiten mit der SED-Kulturpolitik. Huchel dazu später:

»Aber schon nach der zweiten Nummer gab es die ersten Angriffe. Nach Meinung der Partei hatte ich zuviel Literatur aus dem Westen gebracht. Essays von Benjamin, Adorno, Horkheimer, Lukács, Herbert Marcuse, Bloch, Hans Mayer und Ernst Fischer erregten Mißtrauen. Ich brachte Bert Brechts Barlach-Aufsatz, dessen Abdruck das SED-Zentralorgan "Neues Deutschland" abgelehnt hatte. Damals galt in der DDR die Parole: Wer für Barlach ist, unterstützt den amerikanischen Imperialismus. Also wurde ich zu Becher zitiert, der mich beschimpfte.«

An seinen Freund, den in Hamburg lebenden Schriftsteller Hans Henny Jahnn schrieb Huchel 1952: »Dazu kommt, daß ich seit der Übernahme der Zeitschrift durch die Deutsche Akademie der Künste nicht mehr die volle Aktionsfreiheit besitze, die ich vorher hatte. Besonders in letzter Zeit habe ich – das sei Ihnen vertraulich mitgeteilt – manches einstecken müssen, und es ist nicht immer leicht, die Zeitschrift auf der gewohnten Höhe zu halten. Ich blicke oft mit Schmerz auf die ersten beiden Jahrgänge zurück. Ich hoffe aber, daß eine endgültige Aussprache mit Becher manches klären wird.«

Jede Nummer seiner Zeitschrift mußte er der Deutschen Akademie der Künste, später Akademie der Künste der DDR abringen; wie schwer es ihm auch wurde, es gelang ihm, die Zeitschrift auf einem Niveau zu halten, das in Ost und West seinesgleichen suchte. Das gefiel Kurt Hager keineswegs:

»In dem Bestreben, eine gesamtdeutsche Zeitschrift zu sein, eine Zeitschrift, die auch in Westdeutschland gefällt, eine »Brücke zwischen Ost und West«, wich die Zeitschrift, der man ein hohes literarisches Niveau zugestehen muß, jahrelang sorgfältig einer entscheidenden Parteinahme für die sozialistische Entwicklung in der DDR aus.«

1953 schickte man Peter Huchel mit einer Delegation nach Moskau. In seiner Abwesenheit sollte F.C. Weiskopf die Redaktion übernehmen. Huchels Selbstbezichtigung, in Ich-Form und mit seinem Namen unterschrieben, war schon formuliert. Nur dem energischen Eingreifen von Bert Brecht war es zu verdanken, daß Huchel nicht schon 1953 seinen Posten als Chefredakteur abgeben mußte. Brecht sagte zu ihm: sein »Berliner Ensemble«, Huchels »Sinn und Form« und Felsensteins »Komische Oper« seien die einzigen vorzeigenswerten kulturellen Leistungen Ost-Berlins. Nach Brechts Tod häuften sich dann die Angriffe in der Ost-Berliner Akademie; verteidigt haben ihn immer wieder zwei Mitglieder, die ihren Wohnort in West-Berlin hatten: Herbert Ihering und Walter Felsenstein. Huchel: »Immer wieder gab es Sitzungen in der Akademie, mußte ich berichten, 1958 zum Beispiel über die ersten zehn Jahrgänge. Da stellte dann Alexander Abusch eine Frage, deren Antwort er selber schon kannte: Haben Sie den Geburtstag von Walter Ulbricht nicht wenigstens einmal gewürdigt? Ich verneinte, und dann nahm Herr Professor Kurella die Hefte in seine gepflegten Finger, hob sie hoch, ließ sie herunterfallen und rief: In den ganzen zehn Jahren wurde die Existenz der DDR nicht erwähnt (was übrigens nicht stimmte).«

Die Zeitschrift wurde nicht nur im Osten als elitär, sondern auch im Westen als kommunistisches Aushängeschild angegriffen. Willy Haas allerdings, der damals Kritiker in Hamburg war und bis 1933 die bedeutendste Literaturzeitschrift der Weimarer Republik, »Die literarische Welt«, ediert hatte, an der übrigens Huchel schon mitarbeitete, wußte den Wert des Blattes zu schätzen: »Sie haben diese Ihre Monatszeitschrift »Sinn und Form« zu einer der drei führenden geistigen Zeitschriften im gesamten Deutschland erhoben. Ihre Zeitschrift ist und bleibt – hoffentlich für lange – eine der sehr wenigen repräsentativen Zeitschriften Gesamtdeutschlands. Diese Feststellung ist so evident, daß sie kaum einer Begründung bedarf. Niemand von einiger Kompetenz wird sie bestreiten können.«

Nach dem Bau der Mauer in Berlin wurde das Aushängeschild »Sinn und Form« unter dem Chefredakteur Peter Huchel für die Parteigrößen überflüssig. Der Ministerrat der DDR höchstselbst beschloß zu Beginn des Jahres 1962 »eine Neuregelung der ideologischen und personellen Lage in der Redaktion Sinn und Form«, was sofort Folgen hatte. Der damalige Präsident der Akademie, Willi Bredel, und der Direktor derselben, ein Dr. Hossinger, besuchten mehrmals Huchel, um ihm einen faulen Kompromiß aufzudrängen: er solle nominell neben Bodo Uhse die Redaktion beibehalten, die eigentliche Arbeit aber solle Bodo Uhse machen. Huchel lehnte jeden Kompromiß ab. Da Uhse sich einarbeiten mußte, konnte Huchel noch den Jahrgang 1962 redigieren. Das letzte Heft der Zeitschrift unter dem Chefredakteur Peter Huchel nannte der Akademie-Präsident Bredel dann »ein schlimmes Kapitel in der Geschichte der Akademie«; aus heutiger Sicht ist es eines der wenigen guten Kapitel in deren Geschichte. Das Heft enthielt u.a. Brechts »Rede über die Widerstandskraft der Vernunft«, in der es heißt: »Tatsächlich kann das menschliche Denkvermögen in erstaunlicher Weise beschädigt werden. Dies gilt für die Vernunft der einzelnen wie der ganzer Klassen und Völker. Die Geschichte des menschlichen Denkvermögens weist große Perioden teilweiser oder völliger Unfruchtbarkeit, Beispiele erschreckender Rückbildungen und Verkümmerungen auf.«

Wenn Brecht 1936 dabei an die Nazi-Diktatur dachte, so dachte Huchel 1962 dabei an das SED-Regime. Die Partei-Bonzen verstanden ihn, die Rache ließ nicht lange auf sich warten. Auf dem VI. Parteitag der SED im Januar 1963 wurde er öffentlich gemaßregelt. Es folgten Beschimpfungen am 25. März 1963 bei der Beratung des Politbüros mit Schriftstellern, und am 28. Mai 1963 verdammte ihn gehorsamst die Delegiertenkonferenz des Schriftstellerverbandes. Huchel galt nun als »Arbeiterverräter« und »Nuttendichter«.

Huchel: »Leute meiner Generation wie Arnold Zweig, Anna Seghers, Johannes R. Becher, mit denen ich früher befreundet war (und über die er in »Sinn und Form« Sonderhefte gebracht hatte), haben mich von heute auf morgen nicht mehr gekannt und besuchten mich auch nicht«. Huchel lebte seitdem isoliert in seinem Häuschen in Wilhelmshorst bei Potsdam. Nur wenige Getreue wie Werner Krauss und Hans Mayer hielten Kontakt. Im Nachbarhaus saß ein Stasi-Spitzel, der ihn beobachtete und jeden Besuch, der zu ihm durchkam, protokollierte. Post erreichte Huchel seitdem nicht mehr. Einladungen in ost- oder westeuropäische Länder konnte er nicht annehmen. Publizieren konnte er nicht mehr in der DDR und wollte er auch nicht mehr. Wenn in Warschau oder Sofia eines seiner Gedichte veröffentlicht wurde, protestierte die Botschaft der DDR dagegen aufs schärfste.

Und die Akademie der Künste der DDR, die sich mit »Sinn und Form« schmückte? Die Akademie war, laut Huchel, »nicht mehr gewillt, die mit mir schriftlich und mündlich getroffenen Vereinbarungen (Altersversorgung auf Grund meines Einzelvertrags) einzuhalten. Überdies betrieb sie eine offenkundig falsche Information allen ausländischen Institutionen und Freunden gegenüber, die sich nach mir erkundigten«.

An diese Tätigkeit der Ost-Berliner Akademie kann ich mich gut erinnern. Ich war ab 1969 Sekretär der Abteilung Literatur der West-Berliner Akademie der Künste. Franz Tumler, der damalige Direktor der Abteilung, und ich, wir trafen abwechselnd Peter Huchel. Treffpunkt war die Buchhandlung in der Unterführung des Bahnhofs Friedrichstraße. Huchel mußte mit der Bahn den weiten Weg von Potsdam um West-Berlin herum zurücklegen. Meist stand er schon da, wenn ich kam: in seinem abgetragenen Trenchcoat, groß, grauhaarig, müde lächelnd. Wir sahen uns verstohlen um wie zwei kleine Gauner und gingen dann ins Bahnhofsrestaurant, wo wir bei einer Tasse Kaffee zwei Stunden zusammensaßen. Das war also Huchels Westkontakt, den die Stasi erlaubte oder nicht bemerkte. An diese entwürdigende Situation, nicht für mich, sondern für den großen Peter Huchel, muß ich jetzt immer denken, fast zwanghaft, wenn ich von den kulturellen Leistungen der DDR lese oder höre. Literarische Neuerscheinungen konnte ich Huchel nicht mitbringen, sie wurden mir beim Eintritt in die Hauptstadt der DDR abgenommen. Einmal gab er mir fünf Gedichte, die ich nach Westen schmuggelte. Rudolf Hartung hat sie dann in der »Neuen Rundschau« veröffentlicht.

Der damalige Präsident der West-Berliner Akademie, der Komponist Boris Blacher, hatte einen Brief an die Ost-Berliner Akademie geschrieben, in dem er bat, Huchel doch endlich die lange beantragte Ausreise zu erlauben. Der Brief wurde so wenig beantwortet wie andere Briefe zuvor. Huchel hatte den Einfall, ich sollte einmal in der Ost-Berliner Akademie nachfragen. Das tat ich denn auch, kam aber nur bis zu einem kleinen dicken Beamten in einem muffigen Büro, der sehr verwundert war über meinen Besuch; neben ihm saß einer, der nichts sagte, aber aufmerksam zuhörte. Ich trug mein Anliegen vor: die höfliche Bitte um Antwort auf ein Schreiben des Präsidenten. Der kleine Beamte erbat daraufhin meinen Ausweis, offensichtlich ein Reflex. Ich gab ihm verblüfft meinen Ausweis, den er prüfte. »Da steht ja noch Student drin«, sagte er und gab mir den Ausweis zurück. Das war die Antwort, die ich erhielt.

Mein Besuch dürfte aber doch zu Ohren des Präsidenten der Ost-Akademie Konrad Wolf gekommen sein, denn einige Zeit später sagte er seinen Besuch bei Boris Blacher an, der auch korrespondierendes Mitglied der Ost-Akademie war. Dieses Gespräch zwischen Konrad Wolf und Boris Blacher dürfte etwas bewirkt haben. In der quasi-feudalen DDR, in der die Bürger keine verbrieften Rechte hatten, gab es manchmal Gnadenakte. Die Entscheidung hat aber wohl letztlich Heinrich Böll herbeigeführt, der damals Präsident des internationalen PEN war und zweimal in Ost-Berlin vorstellig wurde. Im April 1971 durfte Huchel ausreisen – nach acht Jahren der Isolation. In seiner Dankrede für den österreichischen Staatspreis für europäische Literatur im Jahre 1972 sagte er: »Ich verließ ein Land, meine verehrten Damen und Herren, wo für Menschen meiner Art die letzte Freiheit die Einsamkeit ist, keine Post, keine Reisen, acht Jahre totale Isolation, eine traurige Bilanz, nicht nur für mich«.

Huchel wohnte nach der Ausreise mit seiner Frau und seinem Sohn kurze Zeit in einer Pension in München, dann einige Zeit in der Villa Massimo in Rom. Schließlich zog er in die Nähe von Freiburg, wo ein Mäzen ihm ein Häuschen zur Verfügung stellte. Ich sah ihn noch einige Male bei Mitgliederversammlungen der West-Berliner Akademie der Künste. Er hatte Heimweh nach der Mark Brandenburg, die ihm für immer verschlossen war. »Sie wohnen doch im schönsten Winkel Deutschlands, in der Nähe von Freiburg«, versuchte ich ihn einmal zu trösten. »Mir fehlen die wendischen Weiber«, war seine Antwort. Die Wenden, die slawischen Ureinwohner Brandenburgs, spuken gewissermaßen durch seine Gedichte. Die karge Landschaft der Mark, die Heide, die Seen, die Sümpfe und der weite graue Himmel sind in seinen Gedichten lebendig – und das Leben der kleinen Leute auf dem Land, der Knechte und Mägde, so wie es früher und noch bis vor kurzem war. Aber auch die Geschichte und die Politik steht in seinen Gedichten: die Verwüstungen der Nazi-Zeit und des Krieges und die Zerstörungen des Stalinismus, Zerstörungen der Landschaft und der Seen zugleich. In einem seiner schönsten und traurigsten Gedichte spricht er davon:

>   Der Garten des Theophrast
>   Meinem Sohn
>
> Wenn mittags das weiße Feuer
> Der Verse über den Urnen tanzt,
> Gedenke, mein Sohn, Gedenke derer,
> Die einst Gespräche wie Bäume gepflanzt.
> Tot ist der Garten, mein Atem wird schwerer,
> Bewahre die Stunde, hier ging Theophrast,
> Mit Eichenlohe zu düngen den Boden,

Die wunde Rinde zu binden mit Bast.
Ein Ölbaum spaltet das mürbe Gemäuer
Und ist noch Stimme im heißen Staub.
Sie gaben Befehl, die Wurzel zu roden.
Es sinkt dein Licht, schutzloses Laub.[126]

Theophrast, der Schüler des Aristoteles, der sich mit dem Gartenbau beschäftigte, ist der Arzt der Natur, der ihr aber nicht mehr helfen kann. Die Gespräche und die Bäume werden rücksichtslos vernichtet. Das Laub, das Schutz gewährt, ist selber schutzlos. Der Sohn wird gebeten, derer zu gedenken, die Bäume und Gespräche pflanzten, deren Arbeit aber von anderen zugrundegerichtet wurde. Es ist ein Appell an uns: heute an die zu denken, die wie Huchel mit einer Zeitschrift »Gespräche wie Bäume« pflanzten und deren fruchtbare Arbeit von anderen, den unfruchtbaren Kulturfunktionären der DDR, rücksichtslos beiseitegeräumt wurde. Das Gedicht gemahnt nicht nur an die Zeitschrift »Sinn und Form«, denn in den Bemühungen Huchels um diese Zeitschrift war ja eine Hoffnung auf ein besseres Leben enthalten, die bitter enttäuscht wurde, ein Traum, der im Tellereisen wie ein Tier gefangen und getötet wurde. Huchel war schließlich – wie er in seinem Gedicht »Das Gericht« schreibt – nicht mehr in der Lage, »den blutigen Dunst noch Morgenröte zu nennen«, also die Blutspur des Stalinismus für die Morgenröte des Sozialismus zu halten.

Huchel mußte wie sein Freund Ernst Bloch, der 1961, und sein Freund Hans Mayer, der 1963 von einer Westreise nicht zurückkehrte, die DDR verlassen. Nicht weil er im Westen die Verwirklichung seines Traumes sah, ging er in den Westen, sondern weil er hier fand, was ihm die DDR wie all ihren Bürgern verweigerte: die Luft zu atmen; mit Huchels Worten: »das Maß an persönlicher Freiheit, das, wie ich glaube, jedem Menschen zusteht«.

Erst nach dem Weggang von Peter Huchel entdeckten die SED-Funktionäre, daß es besser ist, die aufbegehrenden Schriftsteller sogleich in den Westen abzuschieben, als lange Kampagnen zur ihrer Befreiung auszulösen. Huchel mußte sich die Ausreise noch hart erkämpfen. Er lehnte jeden Kompromiß ab. An den Dokumenten, die sein Herausgeber Axel Vieregg im zweiten Band der Huchelschen Werke veröffentlicht, läßt sich die Arbeit der SED gut erkennen: es ist das alte Rezept von Zuckerbrot und Peitsche. Gerade den Widerspenstigen bot die Partei Privilegien an, wenn sie zu Zugeständnissen bereit waren. Huchel zu einem solchen Angebot: »Ich kannte diesen stalinistischen Trick und lehnte diese Art von Bestechung ab. Es gab auch in den folgenden Jahren, als ich schon isoliert zu Hause saß, immer wieder solche Vorschläge. Ich wußte, wenn ich den kleinen Finger reichen würde, nähme man gleich die ganze Hand«.

Alfred Kurella bot ihm für den Fall, daß er den West-Berliner Fontane-Preis ablehne, schriftlich an: »Sie können versichert sein, daß durch einen solchen Akt Sie nicht nur in unserer Republik viele Menschen wieder für sich gewinnen würden, sondern daß Ihnen auch die Zustimmung und die Achtung vieler Menschen sicher wäre, die mit uns und mit Ihnen Gegner einer Politik sind, wie sie durch den Brandt-Senat vertreten wird. Umgekehr wird es uns schwer sein, wenn Sie sich nicht in dieser Weise von dem Brandt-Senat distanzieren, mit Ihnen über alle die vielen Einzelfragen zu reden, die Sie in unserem Gespräch in Form von Widerspruch, Klagen, Gekränktsein vorgebracht haben.«

Huchel reagierte auf den Brief nicht: »Aber ich wollte keine Privilegien«, sagte er später dazu, »ich war jetzt ein einfacher Bürger«. Nachdem er auf Kurellas Angebot nicht eingegangen war, schlug die Partei unbarmherzig zu: »Bei Nacht und Nebel erschien ein kleiner Funktionär mit drei Polizisten und einem Lastwagen und räumte aus einem Zimmer, das wir dazu gemietet hatten, mein ganzes persönliches Archiv aus. Briefe von Thomas Mann, von Brecht, von Bloch und Döblin, die ganzen Jahrgänge von Sinn und Form, die Wörterbücher. Ich stand dabei und schimpfte, aber der Funktionär hatte seine Sprüche auswendig gelernt: Er zitierte Kurt Hager, der mich den »englischen Lord von Wilhelmshorst« genannt hatte, berief sich auf den sechsten Parteitag, auf dem ich als Arbeiterverräter beschimpft worden war«.

Die Gemeinde Wilhelmshorst klagte später sogar gegen ihn, weil er die Miete für den Schuppen nicht bezahle, in dem sein wertvolles Archiv verrottete. Es kam zu einer Gerichtsverhandlung, in der Huchel wenigstens erfuhr, wo sein Archiv aufbewahrt wurde: »Ich fand es in einem alten Gemüseschuppen, alles aufgerissen, zerstreut, die Briefe klaubte ich aus dem Staub, auf manchen Büchern lag fingerdick der Schimmel. Ich ging zum Bürgermeister und hielt ihm ein Buch unter die Nase: Früher gab es Bücherverbrennung, heute Bücherverschimmelung, sagte ich.«

Peter Huchels Gedicht »Das Gericht«:

>Nicht dafür geboren,
>unter den Fittichen der Gewalt zu leben,
>nahm ich die Unschuld des Schuldigen an.
>
>Gerechtfertigt
>durch das Recht der Stärke,
>saß der Richter an seinem Tisch,
>unwirsch blätternd in meinen Akten.
>
>Nicht gewillt,
>um Milde zu bitten,
>stand ich vor den Schranken,
>in der Maske des untergehenden Monds.
>
>Wandanstarrend
>sah ich den Reiter, ein dunkler Wind
>verband ihm die Augen,
>die Sporen der Disteln klirrten.
>Er hetzte unter Erlen den Fluß hinauf.
>
>Nicht jeder geht aufrecht
>durch die Furt der Zeiten.
>Vielen reißt das Wasser
>die Steine unter den Füßen fort.
>
>Wandanstarrend,
>nicht fähig,
>den blutigen Dunst
>noch Morgenröte zu nennen,

hörte ich den Richter
das Urteil sprechen,
zerbrochene Sätze aus vergilbten Papieren.
Er schlug den Aktendeckel zu.

Unergründlich,
was sein Gesicht bewegte.
Ich blickte ihn an
und sah seine Ohnmacht.
Die Kälte schnitt in meine Zähne.[127]

Die herrschende Klasse in der Literatur

Auch auf dem kulturellen Feld gibt es »Klassenkämpfe«, also Kämpfe um Einfluß und Macht, wie wir gesehen haben, etwa zwischen den etablierten Künstlern und Wissenschaftlern und den Jungen oder den Außenseitern. Diese Rangkämpfe innerhalb des kulturellen Feldes werden oft mit Kämpfen im gesamtgesellschaftlichen Raum verwechselt, die Intellektuellen wollen das jedenfalls gerne sich und andere glauben machen. Sie tun gerne so, als ginge es ihnen um das Volk oder um die Arbeiter und nicht um ihre eigenen Interessen. Nun wissen wir aber: auch dann, wenn sie »interesselos« handeln, also etwa für Minderheiten eintreten, handeln sie, wie Bourdieu zeigt, im eigenen Interesse. Bourdieu:

»In meiner Beschreibung steckt tatsächlich etwas wie Abwehr gegen eine volkstümelnde Idealisierung der unteren Klassen. Letztere ist, meiner Meinung nach, Produkt des schlechten Gewissens der Intellektuellen, und gibt eher die Intellektuellen wider als das, wovon diese sprechen. Anders gesagt: Wenn die Intellektuellen von den unteren Klassen oder der Arbeiterklasse sprechen, dann sprechen sie von sich, nicht von der Arbeiterklasse, die sie in der Regel nicht kennen«.[128]

Dies ist der eine Gesichtspunkt, der aus Bourdieus Untersuchungen festgehalten werden muß. Der andere ist: auch die tonangebenden Intellektuellen gehören zur herrschenden Klasse! Sie sind die Herren der »symbolischen Gewalt«. Sie besitzen einflußreiche Ämter in Zeitungen, Verbänden, Akademien und Universitäten. Ihre Tätigkeit steht zwar in einem gewissen Spannungsverhältnis zu der herrschenden Schicht im ökonomischen und im politischen Bereich, doch die Führungsschichten aller drei Bereiche zusammen bilden die »herrschende Klasse«, so Bourdieu.

Ein Beispiel bieten die DDR-Schriftsteller, die, in der DDR lebend, sich in der DDR und in der Bundesrepublik eine Namen machen konnten. Am 4. November 1989, fünf Tage vor Öffnung der Berliner Mauer, nahmen einige bekannte DDR-Autoren an einer Demonstration auf dem Ost-Berliner Alexanderplatz teil, also in einer Phase, in der die SED-Herrschaft ihrem Ende entgegenging. Dort kritisierten Christa Wolf, Stefan Heym, Heiner Müller das SED-Regime, forderten aber zugleich einen sozialistischen, diesmal wahrhaft sozialistischen Umbau der DDR, an deren weiterer Existenz sie unverbrüchlich glaubten.

Diese Reden der Schriftsteller lesen sich wie Illustrationen zu Bourdieus Thesen: sie sind Zeugnisse der Isolation der Intellektuellen vom Volk, was gerade für diese Intellektuellen schließlich schmerzhaft spürbar wurde, hielten sie sich doch für besonders volksverbunden. Ihre Reden sind aber auch

Zeugnisse ihrer Teilnahme an der Macht im SED-Staat: im Sinne Bourdieus gehörten auch sie zur herrschenden Klasse, ganz unabhängig davon, daß es zwischen ihnen und den politischen Machthabern erhebliche Spannungen gab. Auf dieser Kundgebung sprachen übrigens auch ein Mitglied des ZK der SED und der stellvertretende Minister für Staatssicherheit, der Spionagechef Markus Wolf. Daß dann noch Honecker-Nachfolger Egon Krenz eine Resolution der Autoren, in der sie für eine eigenständige DDR eintraten, unterschrieb, belegt nur, daß die herrschende Klasse der DDR ein gemeinsames Interesse einte: die Erhaltung des Staates, ohne den sie ins gesellschaftliche Abseits gestoßen wurde.

Man denke: Vaclav Havel hätte in Prag an einer öffentlichen Kundgebung teilgenommen, an der zugleich ein ZK-Mitglied der KP und ein Spionagechef einer KGB-Bruder-Organisation mitgewirkt hätten. Undenkbar! Die tschechischen Intellektuellen um Havel hatten eine radikale Gegenposition zum bolschewistischen Staat eingenommen, so daß sie zu Außenseitern wurden, die am Rande der Gesellschaft zu leben gezwungen waren. Die Abschaffung des bolschewistischen Staates, wie unmöglich sie auch scheinen mochte, war ihr Ziel; eine Verbesserung konnten sie sich nicht vorstellen. Das Reich der Lüge, in dem sie laut Havel zu leben gezwungen waren, konnte nur beseitigt werden, nicht in eines der harmloseren Lügen umgebogen werden.

Anders die etablierten Autoren der DDR: auch die, die das System kritisierten, zweifelten am Sozialismus nicht, wenn sie auch einen anderen Sozialismus im Sinne hatten als den, der da realisiert worden war. Ihre Kritik lief immer auf eine Verbesserung des Systems der DDR hinaus, nie auf dessen Abschaffung. Das war ihnen undenkbar. Dieses Denkverbot hatte eine deutsche Ursache. Nach den Verbrechen des Nationalsozialismus, nicht zuletzt an den Menschen der Sowjetunion, war die »antifaschistische Sowjetunion« und die von ihr beherrschte DDR außerhalb der Kritik. Gerade weil die Nazis mit einer Diffamierung der Kommunisten ihre Unterdrückung und Vernichtung der Menschen in der Sowjetunion begründeten, mußte jeder Angriff gegen das System der Sowjetunion als potentiell faschistisch erscheinen; diesen Anschein unterstützte die SED mit einer gezielten, jahrzehntelangen Popaganda. Das schlechte Gewissen wegen der Nazi-Vergangenheit machte die DDR-Schriftsteller zu Anhängern eines Systems, dessen Mißwirtschaft, dessen Repressalien sie täglich erlebten. Auch wenn sie die Mißwirtschaft, die Repressalien ablehnten, mehr oder weniger deutlich, »zwischen den Zeilen«, das System selbst konnten sie nicht infrage stellen. Das gelang sogar den entschiedenen Gegnern des Systems nicht: auch Wolf Biermann, erst recht Robert Havemann, argumentierten als Marxisten oder Sozialisten gegen die DDR. Selbst Peter Huchel verstand sich als »irgendwie marxistisch«.

Auch die meisten DDR-Autoren, die in den Westen abgeschoben wurden, konnten ein Ende der DDR sich nicht vorstellen, geschweige denn es fordern, so entschieden sie sich auch von der SED distanzierten. Dies ganz im Gegensatz zur Bevölkerung der DDR, zur überwiegenden Mehrheit der Bevölkerung der DDR, die sich offensichtlich nichts sehnlicher wünschte, als ein Ende dieses verhaßten Staates; sie wollten ebenso sein wie die Deutschen im Westen, sie wollten so leben wie diese. Mögen sie sich über den Westen

Illusionen gemacht haben, über die Misere in der DDR machten sie sich keine Illusionen.

Mit den Insassen eines Gefängnisses kann man, werden endlich die Gefängnistore geöffnet, nicht über eine neue, bessere Gefängnis-Ordnung sprechen: das wollten die DDR-Schriftsteller am 4. November 1989. Die Insassen wollten raus aus dem Gefängnis, sie wollten die Bastille schleifen. Die DDR-Bevölkerung hatte in 40 Jahren DDR kein Verhältnis zu ihrem Staat ausbilden können, die SED hatte es systematisch verhindert. Dies im Gegensatz zu den DDR-Schriftstellern: die DDR war trotz allem »ihr Land«.

Daß diese Schriftsteller die DDR nicht als Gefängnis betrachteten, hatte seinen Grund. Für sie war die DDR kein Gefängnis, sie konnten ein- und ausreisen, wie sie es wünschten, solange sie sich nicht gar zu aufmüpfig verhielten. Und das taten sie nicht. Die Konsumschätze des Westens – vom Auto über die Kleidung bis zur Seife – konnten sie sich leisten, welche Vorteile sollte ihnen eine Veränderung der politischen Situation bringen? Sie konnten nur ihren angestammten Platz im kulturellen Feld Deutschlands verlieren: in Westdeutschland wurden sie wegen jeder kleinen Kritik hoch gelobt, im Osten waren sie als Devisenbringer und Aushängeschilder bei der Partei angesehen, und die Bevölkerung, die keine freie Presse kannte und kein freies Verlagswesen, war dankbar für jede kleine Widersetzlichkeit.

Der Staat, der nur so lange Bestand hatte, wie eine Mauer seine Bürger am Weglaufen hinderte, fiel konsequent mit dieser Mauer. Nach dem Fall der Mauer wurde nicht nur das politische, sondern auch das kulturelle Feld in Deutschalnd neu geordnet. Die Rangkämpfe unter den Intellektuellen entbrannten sogleich. Die DDR-Literatur wurde neu bewertet, was nicht ohne Ironie ist, weil gerade die Blätter, die zuvor die bekannten DDR-Schriftsteller gelobt hatten, sie nun wegen ihrer Anpassungsfähigkeit tadelten. Die Wahrheit lag wohl in der Mitte: die bekannten DDR-Schriftsteller übten Kritik in begrenztem Umfang und sie paßten sich an in begrenztem Umfang.

Heiteres Zwischenspiel: Auch die linken Dandys im akademischen Milieu der Bundesrepublik sind schöne Beispiele für die Isolation der Intelligenz von der Bevölkerung, in diesem Fall von der der DDR wie der der BRD. Manche unter ihnen tragen an einer zarten Depression, wie man hört, weil mit der DDR doch eine Hoffnung auf ein besseres Deutschland zu Ende gegangen sei. Man muß sich die köstliche Situation vorstellen: da ist der Professor der – sagen wir – Universität Hamburg, der zugleich eine gewinnträchtige Gastprofessur in – sagen wir – Wisconsin hat, der regelmäßig zu längeren Studienaufenthalten nach Italien fährt und viel Zeit zur Erforschung der französischen Küche verwendet. Ausgerechnet dieser Gelehrte ist nun ungehalten darüber, daß die Leute in Leipzig auch Bananen essen wollen und einmal nach Italien fahren wollen, statt endlich den wahren Sozialismus aufzubauen, an dem unserem linken Dandy so sehr liegt.

Trauriges Zwischenspiel: Nach der blutigen Unterdrückung der Prager Reformbestrebungen verbrannte sich der Student Jan Palach im Februar 1969, um ein Signal des Widerstandes gegen die Bolschewisten zu setzen. Die Prager verstanden, was hier geschah, nicht nur die Intellektuellen. Blumen wurden immer wieder an der Stelle, an der er sich verbrannte, niedergelegt; jedes Jahr gedachten viele Menschen seines Todestages. Vaclav Havel wurde im Februar 1989 verhaftet, weil er Blumen zum Gedenken an Jan Palach niederlegte. Nicht wegen der Blumen wurde er verhaftet: die Blumen waren das Zeichen, daß er jedes Einverständnis mit dem bolschewistischen Staat aufgekündigt hatte. Deshalb wurde er verhaftet und mit Gefängnis bestraft.

Auch die DDR besitzt einen Helden wie Jan Palach, der ein Signal setzen wollte gegen die Unterdrückung: den Pfarrer Oskar Brüsewitz, der sich am 18. August 1976 vor der Michaeliskirche in Zeitz verbrannte unter einem selbstgefertigten Transparent: »Die Kirchen klagen den Kommunismus wegen der Unterdrückung der Jugend an«. Gibt es einen DDR-Schriftsteller, der das Andenken an diesen Mann wach hielt, gibt es einen, der nach Zeitz fuhr, um vor der Kirche Blumen niederzulegen? Es gibt auch sonst niemanden in der DDR, auch in deren evangelischer Kirche nicht, der sich an Pfarrer Brüsewitz gerne erinnert hätte. Pfarrer Brüsewitz' Fanal störte den Burgfrieden zwischen Kirche und Partei. Und warum sollten die Schriftsteller, die doch alle den Sozialismus wollten, den wahren, versteht sich, für das Recht der Christen eintreten, die ihre Kinder christlich erziehen wollten? Christentum ist doch eine überlebte Sache, wenn die unterdrückt wird, ist das doch in Ordnung. Oder? Wenn die Lehrerin jeden Morgen den einzigen Schüler, der konfirmiert werden soll, aufruft und zu den andern sagt: »Guckt Euch den mal an, der glaubt noch an Gott. Haha«, dann ist das doch in Ordnung. Oder?

Nun, der kritische Intellektuelle kämpft für seine eigene Freiheit, indem er für die Freiheit der Anderen kämpft: auch wenn er kein Christ ist, für das Recht der Christen auf Ausübung ihrer Religion, auch wenn er kein Jude oder Zigeuner ist, für das Recht der Juden oder Zigeuner, nach ihrer Art leben zu dürfen. Wie heißt es im Grundgesetz: niemand darf wegen seines Geschlechts, seiner Rasse, seiner Religion benachteiligt werden.

Nach dem Tode von Pfarrer Brüsewitz schrieb der Berliner Dozent für praktische Theologie Heinrich Fink Folgendes:

»Der Aufbau des Sozialismus in unserem Lande geschieht in einem vertrauensvollen Verhältnis zwischen Christen und Marxisten, bei dem unterschiedliche Standpunkte stets offen erörtert werden können. Unsere Kirchen stehen in einem lebendigen Kontakt und Besuchsaustausch mit den Kirchen der Welt und dem Weltkirchenrat in Genf. Darum ist es nicht nur unverantwortlich, sondern eine vorsätzliche grobe Verfälschung der Tatsachen, wenn eine im persönlichen Scheitern eines Pfarrers begründete Kurzschlußreaktion in Rundfunk und Fernsehen der Bundesrepublik wie ein Beweis für eine Christenverfolgung in der DDR hochgespielt wird«.

Als Belohnung für seine stramme Haltung wurde Heinrich Fink nach der Wende in der DDR Rektor der Humboldt-Universität, deren Reform er auf eine merkwürdige Art betrieb. Sein Kollege, der Theologe Richard Schröder, sprach am 5. September 1976 in einer Predigt über den Tod des Pfarrer Brüsewitz diese Worte:

»Wir Christen können nicht zugeben, daß Pfarrer Brüsewitz ein armer Irrer war, sozusagen aufgrund dieser Tat sein mußte. Denn wir wissen, daß in unserem Staat wohl jeder zu essen, aber mancher schlaflose Nächte hat. Wir wissen, daß uns die Angst im Nacken sitzt, vor falschen Ohren ein falsches Wort gesagt zu haben. Wir wissen, daß unsere Jugend schon früh lernt, das zu sagen, was man von ihr hören will.«[129]

Es ist sicher kein Zufall, daß im vereinten Deutschland Richard Schröder, der SPD-Fraktionsvorsitzender in der frei gewählten Volkskammer war, einer der Intellektuellen aus der alten DDR ist, der zum demokratischen Aufbau des neuen Deutschland Wesentliches beizutragen vermag.

Tröstlicher Schluß: Den Künstlern, Schriftstellern und Wissenschaftlern der DDR, die Sehnsucht nach ihrem verflossenen Staat haben, in dem sie einen festen Platz sich erobert hatten, weiß ich Trost. Genauso den linken Dandys der Bundesrepublik, die der DDR nachtrauern, da sie doch eine bessere Alternative darstellte. Ist die DDR auch aus der Weltgeschichte verschwunden, so dauert sie doch in manchen Bereichen fort: nicht zuletzt in den Zerstörungen, die sie angerichtet hat, den ökonomischen und ökologischen, den psychischen und den sozialen. Hier kann die nostalgische DDR-Intelligenz und die nostalgische BRD-Linke sich nach wie vor zu Hause fühlen. Ich zitiere einen Artikel aus der »Frankfurter Allgemeinen Zeitung« vom 10. September 1991:

»Bei den Ansätzen, die Stasi-Vergangenheit in der ehemaligen DDR aufzuarbeiten, ist bemerkenswert, daß zwar Täter entlarvt werden, aber die Opfer des Staatssicherheitsdienstes schweigen. Als »Opfer« bezeichnen sich vielmehr zunehmend jene, die dank den Akten der Gauck-Behörde als Mitarbeiter des Ministeriums für Staatssicherheit entlarvt wurden und denen deshalb im Einklang mit dem Einigungsvertrag das Arbeitsverhältnis gekündigt wurde. Sie nutzen nun die auch im Gebiet der ehemaligen DDR geltenden Arbeitsschutzgesetze, um sich über diesen Umweg wieder in die alten Positionen hineinzuklagen.

Die wirklichen Opfer dagegen, die wegen ihrer Gegnerschaft zum System oft jahrelang inhaftiert waren, melden sich kaum zu Wort. In der Zeit von 1963 bis 1989 sind von der Bundesrepublik 33775 ostdeutsche politische Häftlinge gegen Devisen freigekauft worden – anfangs für 40000, später für mehr als 90000 Mark.

Daß jahrelange Haft und körperliche wie seelische Folter einen Menschen für sein Leben zeichnen und krank machen können, weiß man genauer, seit die Krankengeschichten von Überlebenden des Holocaust aufgearbeitet worden sind, vor allem in Zentren in Skandinavien, Holland und Israel. Sogar die DDR hatte ihren »Opfern des Faschismus« in einem eigenen, gut ausgestatteten Krankenhaus in der Berliner Scharnhorststraße eine besondere medizinische Betreuung gewährt.

Auf die Besonderheiten des »Stasi-Verfolgten-Syndroms« hat unlängst der Kölner Psychiater Uwe Henrik Peters in der medizinischen Fachzeitschrift »Fortschritte der Neurologie-Psychiatrie« am Beispiel von dreißig Opfern aufmerksam gemacht.

Die Schweigsamkeit der Opfer hänge vor allem mit Drohungen zusammen, die jedem Freigekauften mit auf seinen westlichen Weg gegeben wurden. Falls er über seine Erfahrungen und Qualen während der Haft sprechen würde, könne ihn der lange Arm des Stasi jederzeit erreichen. Die Entlassenen hatten guten Grund, dies zu glauben, schließlich gab es auch im Westen Deutschlands viele Stasi-Spitzel. Peters berichtet von Patienten, die intensiv glaubten, »daß eines Tages die DDR hier rüber kommt«. Auch nach der Vereinigung seien diese Ängste nicht verschwunden, vielmehr seien Mitteilungen über die weiter funktionierenden Seilschaften der Stasi in den neuen Ländern geeignet, sie weiterhin zu nähren.

Die tiefsitzende Angst ist die häufigste psychische Belastung der Freigelassenen. Sie kann sich soweit steigern, daß das Opfer wähnt, sein Telefon werde überwacht, oder ein Schaden an seinem Auto beruhe auf einem Sabotageakt. Die Ängste sind nachzuvollziehen, weil diese Menschen die Methoden des Stasi aus Verhören und von Mithäftlingen in den Anstalten genauestens kannten und wußten, wozu er fähig war. Diskussionen über eine allgemeine Amnestie für Stasi-Mitarbeiter bleiben für diesen Personenkreis unverständlich.

Die Ängste, die der Verfolgte bei Tag durch die Arbeit zu verdrängen vermag, kommen nachts regelmäßig zurück: In Alpträumen erlebt er wieder die erniedrigenden Situationen und die Folter in der Haft. Auch nach der Entlassung kann der Anblick von Uniformierten das Gefühl von Angst und Wut so aktivieren, daß das Opfer des Stasi, etwa bei kleinen Auseinandersetzungen mit der Polizei, unangemessen heftig reagiert. Vielen ist es unmöglich, eine Prüfungssituation erfolgreich durchzustehen, weil sie stets unbewußt an die stundenlangen Verhöre mit ihren entwürdigenden Umständen erinnert werden.

Der Dauerkonflikt, in dem diese Menschen leben, ruft nicht selten ein tiefes Erschöpfungsgefühl hervor, das entweder ununterbrochen besteht oder sich nach geringen körperlichen Anstrengungen einstellt und wie ein starkes Krankheitsgefühl erlebt wird. Die ehemals Gepeinigten bringen es aber von sich aus nicht mit der erlittenen Verfolgung in Zusammenhang.

Neben den psychischen Erscheinungen werden vor allem psychosomatische Störungen gefunden. Kopf-, Gelenk-, Brust- und Bauchschmerzen, die immer wiederkehren und für die die ärztlichen Fachdisziplinen keine organische Erklärung finden können, belasten die Menschen. Bei geistig Tätigen findet sich auch eine scheinbar nicht zu erklärende Arbeitshemmung und tiefe Hoffnungslosigkeit im Hinblick auf die Zukunft. Eine »unfrohe Verstimmung« ist typisch für viele, die sich zu mißtrauischen und verschlossenen Einzelgängern verändern.

Ganz besonders leiden sie an der Verständnislosigkeit von Menschen im Westen Deutschlands, die ihnen nicht glauben. So geht es bei der Verfolgung von Rentenansprüchen oft ganz vordergründig um ein amtliches Papier, das die Leiden schriftlich anerkennt. Da die wenigsten deutschen Ärzte Erfahrungen mit den Folgen von langer, lebensbedrohlicher Haft haben, verwundert es nicht, daß nur selten die Zusammenhänge zwischen der Haft und den beobachteten psychischen und psychosomatischen Störungen erkannt werden. Stasi-Opfer, die zu Patienten werden, gelten vielen Ärzten leicht als Psychopathen, als Rentenneurotiker, als sozial abnorm. Geholfen werden kann ihnen meistens mit den Mitteln der Psychotherapie. Der Arzt, der hier helfen will, sollte möglichst umfangreiche Kenntnisse über die Behandlung von Haftkranken haben. Damit wird er dem Patienten gegenüber glaubwürdig und kann ihm das Gefühl geben, verstanden zu werden.

Anders aber als bei den neurotischen Störungen, die bei der Verdrängung von Konflikten zustande kommen, und in der Psychoanalyse ans Licht des Bewußtseins gezogen und bewältigt werden können, ist bei den Stasi-Opfern nicht das Verdrängte, sondern das ständige Erinnern das Problem. Das schmerzhafte, immer gegenwärtige Erinnern ist wie eine offene Wunde, die man nicht berühren darf, die aber gleichwohl auf Heilung wartet. In der Therapie komme es darauf an, fand Peters, diese Wunde zum Heilen zu bringen, mit vorsichtigem, aber stetem »Zur-Sprache-Bringen« des schmerzhaft Erlebten.«

In der Tat, hier steht eine große Aufgabe vor der DDR-Literatur über das Ende der DDR hinaus: das zur Sprache zu bringen, was geschehen ist.

Die DDR als real existierende Utopie

Im März 1989 führte das Staatstheater Dresden ein Stück des DDR-Autors Christoph Hein zum erstem Mal auf: »Die Ritter der Tafelrunde«.[130] Das Stück scheint eine Art Abgesang auf die DDR, die kurz vor ihrem Ende war, was aber damals noch niemand ahnte, auch Christoph Hein nicht, nur der Stasi-General Markus Wolf, der sich aus dem aktiven Dienst zurückgezogen hatte, wußte wohl davon; Wolf war die Ratte, die das sinkende Schiff verließ.

Die Ritter der Tafelrunde sind die aus der mittelalterlichen Artus-Epik bekannten Gestalten. Bei Hein allesamt alte Herren, die nach einem lebenslangen Kampf einzusehen beginnen, daß ihr Streben nach dem Gral vergeblich war, ja, daß es sogar fraglich ist, ob es diesen Gral überhaupt gibt. Es sind also tragische Gestalten, die unser Mitleid verdienen. Sie haben sich für eine Zukunft abgerackert, die nun keiner haben will.

Wer mit diesen alten Herren gemeint ist? Die boshaften Greise des Politbüros um Honecker und Mielke, die realitätsblind und machtversessen so lange an ihren Stühlen klebten, bis die Gesellschaft vollends ruiniert war? Hein ist in diesem Stück der Ideologie des SED-Systems aufgesessen, ohne es zu merken, und er trägt zur Bestärkung dieser Ideologie bei, indem er sie mit seinem Stück reproduziert. Die SED war nie auf der Suche nach dem Gral, also nach der Utopie des Sozialismus, weder unter Ulbricht, noch unter Honecker, mag sie das noch so lautstark behauptet haben. Diese Behauptung war der ideologische Schleier, hinter dem sich einzig und allein Machtpolitik verbarg. Es ging immer nur um die »Machtfrage«, wie es so schön hieß. Nämlich darum, daß eine kleine Clique die Macht in der Partei und daß die Partei die Macht im Staat und in der Wirtschaft besitzt. Sozialismus wird man das nicht nennen können. Auch nicht Streben nach dem Sozialismus. Die »voll durchgesetzte sozialistische Basis der Gesellschaft«, wie es hieß, bedeutete gerade, daß das Machtmonopol der Partei in allen Bereichen der Gesellschaft durchgesetzt war.

Wenn man unter Sozialismus die Demokratisierung des Wirtschaftsbereichs versteht, und was sollte man sonst darunter verstehen, gab es in der DDR keinen Sozialismus, nicht einmal in Ansätzen. Die Einparteienherrschaft der SED war gerade das Gegenteil von Sozialismus. Sozialismus hieße: Mitbestimmung aller am Wirtschaftsprozeß Beteiligten, Miteigentum aller an den Produktionsmitteln und gemeinsames Tragen von Verlust und Gewinn des Unternehmens. Nachdem im politischen Bereich der aufgeklärte Absolutismus durch die parlamentarische Demokratie im Lauf der Zeit abgelöst wurde, steht im wirtschaftlichen Bereich diese Ablösung noch bevor. Ansätze dazu gibt es im Kapitalismus: Betriebsrat, Mitbestimmung in der Montan-Industrie.

Meine Thesen, die ich Heins Stück entgegensetze:

1. Es gab in der DDR nie einen Sozialismus; das, was die SED darunter verstand, war die Herrschaft der SED. Die SED hat alle Ansätze zu Mitbestimmung und Selbstbestimmung verhindert. Das läßt sich an den Dokumenten, die Hermann Weber in seinen verschiedenen Darstellungen zur Geschichte der DDR veröffentlichte, nachlesen. Die SED hat zunächst die SPD als wichtigste Konkurrentin durch die Zwangsvereinigung beseitigt, dies mit Hilfe des brutalen Drucks der sowjetischen Besatzungsmacht. Diese Besatzung hat die beiden Führer der CDU, Lemmer und Kaiser, die einen christlichen Sozialismus wollten, abgesetzt und durch genehme Figuren ersetzt. Die SED hat nicht nur Großgrundbesitzer und Großunternehmer enteignet, sondern schließlich auch den Mittelstand und die meisten Handwerker, dann auch die Bauern, bis im gesamten politischen und wirtschaftlichen Bereich nur noch die SED zentralistisch regierte. Dieses Ziel war der Gral, den sie von Anfang an erstrebte und den sie schließlich auch erreichte mit brutaler Gewalt. In einer freien Wahl hätte sie sich nie behaupten können.

2. Die DDR war sehr wohl die Realisierung einer Utopie und zwar einer Utopie, die von Karl Marx inspiriert wurde und schon sehr früh von Michael Bakunin kritisiert wurde. Bakunin wurde deshalb von allen Marxisten als russischer Spinner ignoriert. Ich zitiere aus dem Essay Hugo Balls »Kritik der deutschen Intelligenz« eine hellsichtige Voraussage Bakunins, die er schon 1868, als Marx »Das Kapital« schrieb und die Internationale ihren ersten Kongreß abhielt, in der Zeitschrift »Démocratie européenne« veröffentlichte:

»Ich bedaure gleich Ihnen die Verblendung jener, hoffen wir, an Zahl nicht allzu beträchtlichen Arbeiterpartei in Europa, die sich einbildet, daß sie ihren materiellen Interessen desto besser dient, je mehr sie sich in den politischen Fragen ihres Landes jeder Intervention enthält, und die glaubt, sie werde ökonomische Gleichheit und Gerechtigkeit auf einem anderen Wege als auf dem der Freiheit erlangen können. Die Gleichheit ohne die Freiheit ist eine heillose Fiktion, geschaffen von Betrügern, um Dummköpfe zu täuschen. Die Gleichheit ohne die Freiheit bedeutet den Staatsdespotismus. Unser aller großer Lehrer Proudhon sagte in seinem schönen Buche von der »Gerechtigkeit in der Revolution und in der Kirche«, die unglückseligste Kombination, die kommen könne, sei die, daß der Sozialismus sich mit dem Absolutismus verbände; die Bestrebungen des Volkes nach ökonomischer Emanzipation und materiellem Wohlstand mit der Diktatur und der Konzentration aller politischen und sozialen Gewalten im Staat. Mag uns die Zukunft schützen vor der Gunst des Despotismus; aber bewahre uns vor den unseligen Konsequenzen und Verdummungen des doktrinären oder Staatssozialismus. Seien wir Sozialisten, aber werden wir nie Herdenvölker ... Suchen wir die Gerechtigkeit, jede politische, ökonomische und soziale Gerechtigkeit auf keinem andern Wege als auf dem der Freiheit. Es kann nichts Lebendiges und Menschliches gedeihen außerhalb der Freiheit, und ein Sozialismus, der sie aus seiner Mitte verstieße oder sie nicht als einziges schöpferisches Prinzip und als Basis annähme, würde uns geradenwegs in die Slaverei und die Bestialität führen.«[131]

Wenn die Freiheit abgeschafft wird, ist der Weg in die Despotie geebnet. Insofern wurde in der DDR die Utopie, wie sie Bakunin bei Marx angelegt sah, verwirklicht: als Despotie. Da diese Despotie die bürgerlichen Rechte, für die die französischen Revolutionäre stritten und die Marx verachtete, unterdrückte,

133

konnte sie auch im wirtschaftlichen Bereich keinen Sozialismus ermöglichen, weil Sozialismus, wie Rosa Luxemburg richtig bemerkt, Freiheit voraussetzt. Die »Volkseigenen Betriebe« der DDR gehörten nicht dem Volk und schon gar nicht denen, die darin arbeiteten, sie gehörten dem Staat, der wiederum im Besitz der Partei war.

Daß die DDR eine real existierende Utopie war und kein real existierender Sozialismus zeigt ein Blick auf Ralf Dahrendorfs Charakterisierung der Utopie.[132] Dahrendorf sieht in seinem Aufsatz »Pfade aus Utopia« in der Utopie die Hoffnung ausgedrückt, die Geschichte könne zum Stillstand kommen, also gewissermaßen an ihr Ende. Stillstand ist aber Tod. Solange eine Gesellschaft lebendig ist, gibt es Konflikte, gibt es ein Hin und Her von Interessengruppen, gibt es Dissens und Konsens. Die Utopie will das Ende der Geschichte, das nicht vorstellbar ist. Wir können nicht aus der Geschichte aussteigen. Wird nun diese Aporie »Ende der Geschichte in der Geschichte« doch realisiert, kann das nur zu einem großen Gefängnis führen, in dem alle Widersprüche mit Gewalt niedergehalten werden, solange es eben geht.

Fünf Merkmale charakterisieren laut Dahrendorf die Utopie: 1. Es besteht ein allgemeiner Konsens über alle Werte und alle Institutionen, alle sind einer Meinung und immerdar. 2. Das bedeutet, daß es keine Konflikte mehr gibt. Utopia ist vollkommen, es gibt nichts mehr, worüber sich streiten ließe. 3. Das wiederum bedeutet, daß allüberall soziale Harmonie herrscht. 4. Alle Prozesse, die in Utopien ablaufen, wenn denn welche ablaufen, laufen nach dem immer gleichen Muster ab. Sie bestärken den status quo und gefährden ihn nicht. 5. Die Utopie ist isoliert von anderen Gesellschaften, die nicht erwähnt werden. Sie befindet sich also nicht nur außerhalb der Zeit, sondern gewissermaßen auch außerhalb des Raums.

Alle diese fünf Merkmale kennzeichneten die DDR, die versuchte, so weit es eben ging, das Unmögliche zu verwirklichen, eine Utopia zu sein:
1. Die SED behauptete, daß alle Menschen in der DDR allem zustimmten, was die Regierung macht. Die wenigen, die dem nicht zustimmten, mußten demgemäß Feinde sein, die von außerhalb kamen oder doch von außerhalb gesteuert wurden; sie mußten vernichtet oder kaltgestellt werden. 2. Konflikte gab es offiziell keine mehr, wenn doch welche zugegeben wurden, dann wurden sie ebenfalls dem äußeren Feind angelastet oder den alten Strukturen, die noch nicht ganz überwunden waren. Die DDR selbst kannte keine Konflikte, nur Schein-Konflikte, wie sich an den Werken ihrer Dichter ablesen läßt: spontane Individualität, die sich früher oder später der Weisheit der Partei unterordnet. 3. Es herrschte offiziell auch soziale Harmonie, weshalb keine Gewerkschaft zu einem Streik aufrufen mußte, es war doch alles in Ordnung. 4. Die gesellschaftlichen Prozesse vollzogen sich nach festgelegten Ritualen: Aufmärsche, Wahl der Einheitsliste, Akklamationen. Wenn alles bestens war, mußten doch alle zustimmen. Die Aufzucht der Kinder war geregelt, auch die Selektion der Eliten; es war immer dafür gesorgt, daß keine Unruhe in die beste aller Welten eindrang. 5. Auch räumlich war die Utopie isoliert: eine Mauer, die man nur bei Lebensgefahr überwinden konnte, grenzte die heile Welt gegen das böse Ausland ab. Utopia konnte sich selbst genug sein.

Die real existierende Utopie DDR erinnert insofern auch an den utopischen Entwurf eines Sadisten, an die »120 Tage von Sodom« des Marquis de Sade: einige lüsterne Greise unterwerfen sich dort eine Schar von Menschen, die ihnen nicht entfliehen können. Die DDR-Greise waren freilich nicht sexlüstern, sondern machtlüstern. Die DDR war ein gigantischer Menschenversuch: die Realisierung der Utopie, die nicht zu realisieren ist. Diese Utopie konnte nur mit brutaler Repression aufrecht erhalten werden und mußte in dem Moment zusammenbrechen, als die Repression entfiel. Die Probleme, die geleugnet wurden, waren ja handgreiflich für alle zu spüren, so daß alle mit der Lüge zu leben gezwungen waren. Das hat Vaclav Havel in seinem Essay »In der Wahrheit leben« festgestellt, nicht Christoph Hein, jedenfalls in dem genannten Stück nicht. In seinem Roman »Horns Ende« dagegen zeigt Hein die Realität dieser DDR deutlich: wer sich nicht anpaßte, der wurde vernichtet, psychisch oder physisch, wie sein Horn, der aus Verzweiflung in den Tod geht.

Mit der DDR ist also nicht die Idee des Sozialismus am Ende, sondern die Idee der Utopie. Sozialismus wird in kleinen Gemeinschaften seit Jahrhunderten erfolgreich praktiziert: in den christlichen Kommunen der Hutterer und der Amish People etwa. Auch diese relativ kleinen Gruppen können sich dem gesellschaftlichen Wandel nicht verschließen, da sie sich nicht von der Geschichte isolieren können. Es ist schließlich der soziale Konflikt, »die große schöpferische Kraft« (Dahrendorf), die die menschliche Gesellschaft vorantreibt. Nicht das Vorhandensein von Konflikten, sondern das Fehlen von Konflikten ist anormal. Es kommt also darauf an, die Konflikte auf friedliche Weise zu regeln, nicht sie zu unterdrücken, weil das früher oder später zu Explosionen führen wird. Gerade der Verzicht auf Utopie eröffnet die Möglichkeit zur Verbesserung der gesellschaftlichen Ordnung.

Unter Utopie verstehe ich hier nicht alternative Gesellschaftsmodelle, die praktikable Vorschläge machen für die Verbesserung gesellschaftlicher Institutionen. Ich meine damit das leere Gerede, das von der Gegenwart ablenkt und die Hoffnungen auf eine Zukunft richtet, über die nichts Konkretes gesagt wird, nur daß dann alles schön und gut sein soll. Ich meine damit vornehmlich den prophetischen Gestus, wie ihn Ernst Bloch so meisterhaft handhabte. Dahrendorf plädiert für eine vernünftige Regelung der notwendigen gesellschaftlichen Konflikte. Bloch nimmt diese Konflikte zum Anlaß, uns eine konfliktfreie, paradiesische Welt zu versprechen. Damit lenkt er unseren Blick von der Alltagsrealität ab, die wir bewältigen müssen, und lenkt ihn auf ein Irgendwo hinter der Geschichte, das wir nie erleben werden. Und wie die Geschichte der DDR zeigt, auch nicht erleben können, weil es gar nicht zu realisieren ist. Die Verachtung der praktischen Politik, die Geringschätzung des normalen Lebens folgt daraus. Bloch vertröstet uns auf den Sankt-Nimmerleinstag, indem er eine ursprünglich religiöse Haltung in den politischen Sektor hineinnimmt, wobei er die Religion und die Politik zugleich entwertet. Die religiöse Haltung wird politisiert und die Politik wird diskreditiert. Die Leere, die durch den Tod des alten Kirchenglaubens entstand, hat Bloch nicht als Freiraum für den Einzelnen offen gehalten, sondern zugestopft mit einer neuen Heilslehre. Die religiöse Erlösungshoffnung verpflanzte er in den politischen Bereich, den er damit sakralisierte. Was zur Mündigkeit, wenn auch in einem schmerzhaften Prozeß

– aber die gesamte Industrialisierung Europas war und ist ein schmerzhafter Prozeß –, was also zur Mündigkeit hätte führen können, wurde von Bloch in einen Aberglauben zurückgebogen. Bloch tat gerade das, was Benjamin in seinem theologisch-politischen Fragment als unzulässig brandmarkte: er erweckte die Hoffnung auf ein Reich Gottes in dieser Welt. Er unterwarf die Theokratie der Politik.

Norbert Bolz: »Blochs Wille zum Reich versteht sich als Christusmystik nach dem Tod Gottes. Vom Nihilismus unterscheidet sich der mystische Atheismus gerade dadurch, daß er die religiöse Reichsintention in jenen Hohlraum projiziert, den der Tod Gottes eröffnet hat.«[133] Bolz zitiert aus der ersten Auflage von »Geist der Utopie« von 1918: »Die Organisation der Erde besitzt im Geheimnis des Reichs ihre unmittelbar einwirkende, unmittelbar deduzierende Metaphysik.« Dazu Bolz: »Hier wird also doch die Ordnung des Profanen am Gedanken des Gottesreichs aufgebaut, Historisches unmittelbar auf Messianisches bezogen – und Theokratie politisch.« Sein Fazit: »Eine Theokratie des fremden Gottes, der das apokalyptische Ende dieser Welt will, kämpft nicht für bessere Tage, sondern aller Tage Ende. Blochs Radikalismus verschmäht die Abschlagzahlung auf die Brüdergemeinde, die man in dieser Welt Demokratie nennt, und beschwört das Kollektiv im Namen von »Christus, mystischer Weltrepublik, Theokratie« «[134]

Gerade dadurch verhindert Bloch also eine Verbesserung der Verhältnisse, weil er die Verbesserung auf das Ende aller Tage vertagt. Freilich sah er das Ende aller Tage nahe und zwar ausgerechnet im Bolschewismus. Diesen Sündenfall des Geistes gilt es festzuhalten: Blochs Jerusalem ist Moskau; »ubi Lenin, ibi Jerusalem«, sagte er. Durch keines der stalinistischen Verbrechen in der Metropole der Erlösung ließ er sich von diesem Glauben abbringen. Er ignorierte die Verbrechen oder er verteidigte sie. Nur zwei Beispiele; ansonsten sei auf den Aufsatz von Jan Robert Bloch verwiesen: »Wie können wir verstehen, daß zum aufrechten Gang Verbeugungen gehören«.[135]

Zu den Entsetzensschreien in der westlichen Publizistik angesichts der Moskauer »Säuberungen« 1937 und 1938 schreibt Ernst Bloch: »Nicht der Prozeß hat Schaden angerichtet, sondern die rätselhafte Art dieser Publizistik.«

Dazu Jan Robert Bloch: »... als hätten nicht die Terrorprozesse gegen die Revolutionäre von 1917, gegen Bucharin, Sinovjew, Kamenjew, Pjatakow, Rykow und viele andere des roten Oktober der Sowjetunion geschadet, sondern die Reaktionen des sogenannten rechtsbürgerlichen Exils. Während Bloch dieses schreibt, vernichtet Stalin tausende Angehörige des Offizierskorps und wird damit verantwortlich für die großen Verluste der Roten Armee beim Einmarsch der Deutschen.«

Als André Gide, ein Anhänger des Bolschewismus, 1937 die Sowjetunion besuchte, kam er enttäuscht zurück und schrieb darüber »Retour de l'U.S.S.R.«, worauf die Linke über ihn herfiel. Klaus Mann berichtet: Sie behandelten »in ihren polemischen Äußerungen den großen Schriftsteller nicht nur wie einen Verräter, sondern wie einen etwas geistesschwachen, genußsüchtigen alten Sünder, dessen Verrat zwar ekelhaft, aber kaum von geistiger Bedeutung ist.«[136]

Becher, Bloch, Brecht, Kisch, Kurella beteiligten sich an der Hetze gegen den großen Gide. Dann fuhr der kleine Lion Feuchtwanger nach Moskau und kam begeistert zurück: »Moskau 1937« heißt seine Gegenschrift zu Gide. Nicht zuletzt die elegante Durchführung der stalinistischen Prozesse fand Feuchtwanger bewundernswert:

»Die Männer, die da vor Gericht standen, waren keineswegs gemarterte, verzweifelte Menschen vor ihrem Henker, sondern gutgepflegte, gutgekleidete Herren von lässigen, natürlichen Gebärden. Sie tranken Tee, hatten Zeitungen in den Taschen und schauten viel ins Publikum. Das ganze glich weniger einem Prozeß als einer Diskussion, geführt im Konversationston von gebildeten Männern.«

Von den siebzehn »gebildeten Männern« wurden dreizehn sogleich nach Prozeß-Ende von Stalins Henkern hingerichtet, die andern vier wurden in sibirischen Lagern umgebracht. Feuchtwanger: »Es tut wohl, nach all der Halbheit des Westens ein solches Werk zu sehen, zu dem man von Herzen Ja, Ja, Ja sagen kann.«[137]

Als Lion Feuchtwanger 1940 sein französisches Exil verlassen mußte, ging er nicht in das Land, zu dem er »Ja, Ja, Ja« sagen konnte, sondern in die dekadenten USA, wo er in einer Villa in Kalifornien lebte. Auch Brecht und Bloch gingen nicht in die bewunderte Sowjetunion, sondern in das ungeliebte Amerika. Warum wohl?

Bloch rezensierte jedenfalls Feuchtwangers Propagandaschwarte für Stalin folgendermaßen:

»Die kleine Schrift kommt rechtzeitig an... Vor kurzem hat bekanntlich ein anderer berühmter Schriftsteller die Sowjetunion bereist und sie, verglichen mit den mitgebrachten Illusionen über den gleichen Gegenstand, zu leicht befunden. ...Feuchtwangers Freunde sind zahlreich, er hat vor allem das Ohr der angelsächsischen Welt, und wer sieht nicht die Wichtigkeit, daß eine vertrauenerweckend positive Stimme über die Sowjetunion dorthin gelangt?«

Es ist eine Lüge, wenn behauptet wird, auch von Ernst Bloch, daß man für Stalin sein mußte, wenn man gegen Hitler war. Es gab genug deutsche Antifaschisten, die gegen Hitler waren und gegen Stalin. Unter den deutschen Emigranten in Paris hatte sich nach den Erfahrungen mit den bolschewistischen Machenschaften eine Gruppe von kritischen Intellektuellen zusammengetan, die das Prinzip der Freiheit gegen Hiltler und gegen Stalin verteidigten. Hans Sahl berichtet darüber; das Manifest der Autoren aus dem Jahre 1938 verdient es, festgehalten zu werden:

»Deutsche Schriftsteller und Journalisten im Exil, in deren Vollmacht die Unterzeichneten sprechen, haben sich zu einem Bunde zusammengeschlossen.
Sie halten geistige Freiheit, moralische Sauberkeit und Verantwortungsgefühl für die Grundlage jeder öffentlichen geistigen Wirksamkeit.
Sie haben um dieser Überzeugung willen die Verbannung auf sich genommen. Sie wollen diese Überzeugung auch in der Verbannung nicht antasten lassen.
Sie wollen alle sammeln, die sich aufrichtig zu den gleichen Grundsätzen bekennen.
Sie glauben, daß die Sache der deutschen Freiheit nur in dieser geistigen Haltung vor der Welt vertreten werden kann. Sie sind überzeugt, daß der Kampf gegen die Unterdrückung der Freiheit in Deutschland nur mit diesen Grundsätzen zu gewinnen ist.

Sie fordern alle Schriftsteller und Journalisten, die gleicher Gesinnung sind, auf, sich ihnen anzuschließen.
Hugo Bieber, Alfred Döblin, Theodor Fanta, Bruno Frank, Leonhard Frank, Konrad Heiden, Iwan Heilbut, Hans A. Joachim, Hermann Kesten, Rud. Lang, Ernst Leonard, Klaus Mann, Valeriu Marcu, Walter Mehring, Ernst Erich Noth, Karl Otten, Heinz Pol, Joseph Roth, Hans Sahl, Leopold Schwarzschild, Hilde Walter, Hans W. von Zwehl.«[139]

Wichtig ist dieser Aufruf auch wegen der Namen, die auf ihm fehlen: Becher, Brecht, Bloch, Seghers. Es sind Autoren, die nach 1945 in die Sowjetische Besatzungszone gingen.

Die Höhen der Philosophie und die Niederungen des Lebens: Ernst Bloch und Martin Heidegger

»Kaum denkbar, daß Bloch vom roten Oktober gelassen hätte – dazu war er zu religiös«, so Jan Robert Bloch über Ernst Bloch. Wenn Moskau Jerusalem ist, die Stätte des Heils, dann ist es das immer und für alle Zeit, komme, was da wolle.

Bloch verwechselte theologische Kategorien mit politischen, seine Geschichte ist eine Heilsgeschichte. Diese Verwechslung war eine absichtliche Vertauschung, denn die Hoffnungen messianischer Religion wollte Bloch auf ihr eigentliches Ziel, die Emanzipation des Menschen, hinlenken. Er holte sie, wie er meinte, aus dem Himmel herunter auf den Boden der Geschichte. Aber gerade damit stürzte er sie ins Bodenlose. Denn kein politisches System, wie vollkommen es auch sein mag, kann messianische Erwartungen erfüllen.

Gerade auf der Vertauschung des Theologischen mit dem Politischen beruht Blochs Faszination. Eine sachliche politische Analyse bewegt nur wenige, eine emphatische Predigt lockt nur wenige in die Kirche, aber eine politische Predigt auf dem Marktplatz der Sensationen, die das Heil für diese Welt verspricht, lockte viele, schon wegen ihrer Neuheit, aber natürlich auch wegen des realen Elends, unter dem viele Menschen leiden. Die Heilslehre, die im religiösen Bereich für viele unglaubhaft geworden war, wurde für viele ausgerechnet im politischen Bereich zu einer glaubhaften Möglichkeit. Gerade das führte zum Unheil, weil es dazu verleitete, die Politik nicht mehr unter politischen Gesichtspunkten zu beurteilen, sondern »sub specie aeternitatis«, was letztlich ein Freibrief für die Politiker war, die sich als Werkzeuge des Weltgeistes betrachteten. Es ist die Vertauschung des Theologischen mit dem Politischen, diese beabsichtigte Unreinheit des Denkens, die zu unreinem Handeln führte oder es doch legitimierte. Was zum Heil führen sollte, führte zum Unheil.

Von diesem Unheil ließ Bloch sich nicht beeindrucken. Er war auf erstaunliche Weise unpolitisch, insofern er sich nicht für die Fakten der Politik interessierte, nicht für Parteien, Gewerkschaften, Unternehmensführung, Konflikte, Konfliktlösungen, das waren ihm lästige Niederungen des Lebens, parlamentarisches Geschwätz, Gedanken der »Koofmichs«. Bloch war unpolitisch, weil er das, was Politik ausmacht, nicht verstand und nicht verstehen wollte. Trotzdem machte er sich anheischig, zur Politik Wesentliches beitragen zu können. Der Philosoph ist immer und überall kompetent, er kann zu allem etwas sagen, so meint der Philosoph. Bloch sah die Grenzen seiner Kompetenz nicht, wie er überhaupt Selbstzweifel nicht kannte und Kritik, die ihn hätte treffen können, verhinderte, wenn er konnte.

Seine Philosophie der offenen Möglichkeiten ließ sich durch die Wirklichkeit nicht stören, nur deshalb funktionierte sie; er hatte sie wetterfest gegen alle Widrigkeiten des politischen Lebens abgedichtet. Das Paradoxon ist nur: zugleich machte er Aussagen zur Politik, propagierte seine politische Option für eine Partei und eine Bewegung. So etwa im »Prinzip Hoffnung«, wo er tatsächlich in der FDJ der DDR, die damals Hymnen auf Stalin sang, die neue Hoffnung sich regen sah.

Die stalinistischen Prozesse verteidigte er, die Massenmorde in der Sowjetunion irritierten ihn nicht, nicht die Blockade West-Berlins, die immerhin eine Stadt von zweieinhalb Millionen Menschen aushungern sollte, nicht der bolschewistische Putsch in Prag mit anschließender Repression, nicht die Slansky-Prozesse, nichts irritierte ihn, weil er all dies ignorierte. Die Sowjetunion besuchte Bloch nie. Er emigrierte in die USA, die er verachtete, und später in die Bundesrepublik, die doch ein Überbleibsel des Kapitalismus war.

Jan Robert Bloch zitiert den Satz Ernst Blochs: »Wie doch ein bloßes Wegtun uns reich machen kann«, und fährt fort: »das Motiv schien umgreifend zu gelten. 1949, kurz vor der Abreise nach Leipzig, nach einem Jahrzehnt voll Mord und Totschlag, schreibt Bloch: »Das neue Buchmanuskript habe ich S. 281 sozusagen mitten im Satz unterbrochen und werde am neuen Schreibtisch fortfahren, als wäre nichts geschehen. Es ist ja auch nichts geschehen«. Hernach geschah in Leipzig ebenfalls einiges nicht: insbesondere solche Ereignisse, die jenseits des kulturellen und philosophischen Bezirks lagen. Der Arbeiteraufstand am 17. Juni 1953 hat Stefan Heym zum Buch »5 Tage im Juni« bewegt, bei Bloch sind diese Tage weggetan oder, genauer: sie wurden kaum zur Kenntnis genommen. Das wiederum mag mit dem aufrechten Gang zusammenhängen, denn mit der Last ungelegener Wirklichkeit kann man nicht mehr so gut aufrecht gehen. Es drückt halt. Die Enthüllungen auf dem 20. Parteitag der KPdSU 1956 bedeuteten: die Aufrechten hatten Unrecht, die, nach Willi Bredel & Co., »erbärmlichen Kreaturen, Verräter, schädliche Fremdkörper, Lumpen und Verbrecher« hatten Recht. Die sogenannte revolutionäre Logik der Schauprozesse wurde als terroristische Willkür entschleiert, nunmehr nicht von der »bürgerlichen amerikanischen Presse, deren Greuelmärchen man nicht glaubte«, sondern vom Parteivorsitzenden Chruschtschow. *Die Parteilichkeit Blochs hatte eben nicht zur Wahrheit geführt, sondern zum Unrecht.*«[140]

Der kindliche, rührende Glaube Ernst Blochs, daß uns eine bessere Zukunft auf dieser Welt leuchte, ließ sich durch nichts beirren. Eine Philosophie, die durch kein Ereignis der Wirklichkeit korrigiert wird und korrigiert werden kann: was sagt uns diese Philosophie über die Wirklichkeit, in der zu leben wir gezwungen sind? Nichts! Oder doch: sie zeigt uns, wie die Wirklichkeitsblindheit des Philosophen Voraussetzungen zu den Schrecken der Wirklichkeit schufen, Voraussetzungen, die dazu führten, daß Verbrechen ermöglicht wurden, und dazu, daß Verbrechen, die geschahen, entschuldigt oder ignoriert wurden.

In zwei Punkten ähnelt der »Fall Bloch« dem »Fall Heidegger«, der ungleich ausführlicher in der Öffentlichkeit verhandelt wird als der Blochs: 1. Beide sind zutiefst unpolitisch, haben aber, von ihrer Philosophie ausgehend, politische Urteile ausgesprochen und Partei für totalitäre Bewegungen ergriffen. 2. Beide paktierten mit der totalitären Macht in der Hoffnung, eine führende Rolle, etwa als Chef-Philosoph des Systems, zu erhalten.

Als Bloch nach Leipzig ging, beflügelte ihn die Hoffnung, der führende Philosoph des ersten Arbeiter- und Bauernstaates auf deutschem Boden zu werden. Und er gab sich alle Mühe dazu. Daß man ihn schließlich zurückwies, lag nicht an ihm. Die Partei-Ideologen wollten sich nicht reinreden lassen, sie fürchteten den genialen Mann, der in der akademischen Jugend eine Begeisterung weckte, die ihnen hätte gefährlich werden können.

Die Partei trennte sich 1957 von Bloch, nicht Bloch von der Partei. Was Bloch ihr dann vorzuwerfen hatte, war einzig dies: daß sie ihn, den großen Philosophen, so schlecht behandelt hatte. Wahrhaftig: hätte die SED nichts Schlimmeres getan, stünde sie vor der Geschichte vortrefflich da.

Nun zu Heidegger. Für ihn ist das erschütterndste Ereignis seines Lebens – er erlitt einen Zusammenbruch – keine politische Nachricht, es sind nicht die Toten von Stalingrad und schon gar nicht die von Auschwitz, es ist sein eigenes Schicksal: die Entlassung aus dem akademischen Amt 1945. Das stürzte den Denker der Krise in eine tiefe Krise. Er besann sich sogar eines Bekannten aus Meßkirch, den er zwölf Jahre lang schroff gemieden hatte: des Erzbischofs von Freiburg, bei dem er vorstellig wurde, nicht um für Kriegsgefangene oder Verfolgte einzutreten, sondern für sich selbst, den großen Philosophen.

Dabei hatte er nur die Quittung für sein nationalsozialistisches Gebaren erhalten. Hugo Ott hat mit wünschenswerter Genauigkeit die Akten offen gelegt.[141] Martin Heidegger gehörte schon vor der Machtergreifung zu den Sympathisanten des Führers und danach zum harten Kern der Nazi-Dozenten an der Universität Freiburg. Sein Rektorat wurde von dieser Gruppe vorbereitet. Aus der demokratisch verkommenen Universität sollte endlich eine Führer-Universität werden. Und Heidegger selbst, der den Führer verehrte, wollte diese »führen«. Heidegger hatte die Hoffnung, der Chef-Philosoph des Dritten Reiches zu werden. Nach Berlin zu gehen, getraute er sich zwar immer noch nicht, wohl auch zur Nazi-Zeit hätte die Großstadt dem Provinzler zu schaffen gemacht. Doch er trat demonstrativ am 1. Mai 1933 der Partei bei und blieb – trotz aller Vorbehalte – bis Kriegsende Mitglied. Noch vom Volkssturm ließ er sich durch den nationalsozialistischen Dozentenbund freistellen. Daß er nicht der Chefideologe der Nazis wurde, lag wiederum nicht an ihm. Die kleinen Nazi-Ideologen wußten sich des großen und schwierigen Mannes zu entledigen.

Am 11. November 1933 nahm Heidegger in Leipzig an einer Veranstaltung deutscher Wissenschaftler teil, die dem Führer akklamierten, der gerade aus dem Völkerbund ausgetreten war, um ungehindert seine Kriegspolitik vorbereiten zu können. Heidegger hielt eine Rede:

»Wir haben uns losgesagt von der Vergötzung eines boden- und machtlosen Denkens. Wir sehen das Ende der ihm dienstbaren Philosophie. Wir sind dessen gewiß, daß die klare Härte und die werkgerechte Sicherheit des unnachgiebigen einfachen Fragens nach dem Wesen des Seins wiederkehren. Der ursprüngliche Mut, in der Auseinandersetzung mit dem Seienden an diesem entweder zu wachsen oder zu zerbrechen, ist der innerste Beweggrund des Fragens einer völkischen Wissenschaft . . . und so bekennen wir, denen die Bewahrung des Wissenwollens unseres Volkes künftig anvertraut sein soll: Die nationalsozialistische Revolution ist nicht bloß die Übergabe einer vorhandenen Macht im Staat durch eine andere dazu hinreichend angewachsene Partei, sondern diese Revolution bringt die völlige Umwälzung unseres deutschen Daseins ... Die Wahl, die jetzt das deutsche Volk zu vollziehen hat, ist schon allein als Geschehnis, noch ganz unabhängig vom Ergebnis, die stärkste Bekundung der neuen deutschen Wirklichkeit des nationalsozialistischen Staates ... diesen Willen hat der Führer im ganzen Volke zum vollen Erwachen gebracht und zu einem einzigen Entschluß zusammengeschweißt ... Heil Hitler«.[142]

Hier spricht wieder ein unpolitischer Philosoph, der von Politik nichts versteht, aber den das nicht hindert, Partei zu ergreifen. Wie sehr der philosophische Jargon Heideggers sich zur Unterstützung der Nazi-Politik eignete, wird aus dem Rede-Ausschnitt klar: »Fragen nach dem Wesen des Seins«, »Fragen nach einer völkischen Wissenschaft«, das paßt vortrefflich zusammen. Der weitgehend leere philosophische Begriffsapparat Heideggers, der aber gewichtig und bedeutend klingt, nützt vorzüglich der Rechtfertigung nationalsozialistischer Politik; weil er nichts Konkretes sagte, ließ er sich mit beliebigem Konkreten füllen. Und weil die Nazis auch nicht so genau sagen wollten, was sie vorhatten, war eine diffuse Begrifflichkeit für sie außerordentlich nützlich. Thomas Rentsch dazu:

»Das »Dasein« – Grundbegriff von »Sein und Zeit« – ist zum »deutschen Dasein« existentiell-ontisch vulgarisiert. Die Freiheit der »Eigentlichkeit«, das »Wählen der Wahl« sind auf ein Plebiszit für Hitler bezogen. Die »ursprüngliche Entschlossenheit« der eigentlichen Freiheit ist offenbar nicht mehr durch die Uneigentlichkeit der Verfallenheit an das öffentliche »Man« verstellt und verdeckt, sondern durch den Führer »zum vollen Erwachen gebracht« – der Führer hat die »Entschlossenheit« heraufgeführt.
Dieser Anschluß wichtiger Teile seiner philosophischen Terminologie an die faktische Politik erfolgt nicht mühevoll und gequält, sondern ohne besondere Probleme, weil die formale existenziale Analytik und die immer mitgeführte Seins-Terminologie von sich aus zu leer und zu neutral sind, um konkretere Kriterien für das praktische Leben, für ethische und politische Fragen zu geben. Die Philosophie Heideggers bot kein Bollwerk gegen die tatsächliche, undemokratische und irrationale Politik der Nazis. Sie bot indessen in manchen ihrer Aspekte definitive Anschlußmöglichkeiten für nationalsozialistische Denk- und Handlungsweisen. Die systematischen Defizite von »Sein und Zeit« – vor allem die alleinige Engführung auf den Tod anstelle einer Existenzialen Analyse vernünftigen und »eigentlichen« Miteinanders – wirken sich in der Praxis des Engagements verheerend aus.«[143]

So wenig Bloch eine Philosophie des Alltags oder der Politik anzubieten hatte, so wenig Heidegger: es gab und gibt keine »praktische Philosophie« von Heidegger, keine philosophische Reflexion auf Politik, Ökonomie, Recht, keine Ethik. Nicht daß er das nicht hätte leisten können, er wollte es nicht, er hielt es nicht für wichtig. Da er keine Begrifflichkeit zum Verständnis der geschichtlichen Situation, in der er war, besaß, packte er die Situation in seine vorhandene Begrifflichkeit, die aber nicht für die Politik, sondern für die Grundfragen allen Lebens gedacht war. So wurde der Führer, dieses unsägliche Männlein, zu einem ursprünglichen Ereignis des Seins hochstilisiert.

Dabei hätte Heidegger sich bei den politischen Theoretikern Belehrung holen können, etwa bei Max Weber. Aber da er sich für den Größten hielt, lehnte er jede Belehrung ab, auch philosophische. Otto Pöggeler:

»In brüsker Weise führte Heidegger ausgerechnet in seiner Freiburger Antrittsvorlesung den Bruch mit Husserl herbei; das Angebot der Dilthey-Schule zur Diskussion ließ ihn kalt. Selbst die Weggefährten Jaspers und Bultmann blieben bald links liegen. Für die Öffentlichkeit zeigt die Davoser Diskussion mit Cassirer dieses Sichabsetzen von jeder bloß akademischen Philosophie. Heidegger hat mehrfach darauf hingewiesen, daß er sich die »geschichtliche Lage« nunmehr durch Ernst Jüngers Arbeiten vergegenwärtigte: durch den Aufsatz »Die totale Mobilmachung« aus dem Band »Krieg und Krieger« von 1930 und das darauf fußende Buch »Der Arbeiter« von 1932. Er hat in einem kleinen Kreis mit seinem Assistenten Brock (der dann emigrieren mußte) diese Schriften durchgesprochen und zu verstehen versucht, daß innerhalb der planetarischen Geschichte nunmehr alles im Licht der universalen Herrschaft des Willens zur Macht stehe – möge es »Kommunismus heißen oder Faschismus oder Weltdemokratie«.«[144]

Ausgerechnet ein Blinder soll dem Blinden sagen, wie die Welt aussieht, ausgerechnet Ernst Jünger soll Heidegger sehen machen. Jüngers »Die totale Mobilmachung« und sein Buch »Der Arbeiter« zeigen einen Autor, der vom Kasernenhof und vom Krieg etwas verstehen mag, aber von dem komplexen Geflecht der modernen Industriegesellschaft gar nichts versteht. Über Schmetterlinge soll sich Jünger inzwischen viel Wissen angeeignet haben, leider hat er versäumt, sich auch über das Zusammenleben der Menschen Wissen anzueignen. Auch Jünger ist ein unpolitischer Mensch, der ohne jedes soziologische Werkzeug die Gesellschaft zu deuten versucht. So bleibt ihm nur seine Erfahrung von der Front, auf die er rekurriert.

Ernst Jünger ist der Dandy, der den Bürger verachtet, also auch den Liberalismus in seiner politischen und ökonomischen Ausprägung. Er stellt »dem Bürger« den Typ »des Arbeiters« entgegen, der natürlich mit dem Arbeiter, den man in der Fabrik antrifft und über den Jünger nichts wußte, nichts zu tun hat. Jünger will endlich den halbherzigen preußischen Militarismus überwinden und zu einem totalen Militarismus kommen, zu einer »totalen Mobilmachung« des sog. Arbeiters zu Friedens- und Kriegszeiten, so daß der Unterschied zwischen Krieg und Frieden, unter dem der Offizier Jünger zu leiden hatte, endlich verschwunden ist. Die sog. Arbeiter sollen gewissermaßen zu Maschinen werden, die vollkommen den Zwecken des Staates im technischen Zeitalter unterworfen sind.

Wenn die Militärs mit einem Putsch die Macht übernehmen, in welchem Staat der Erde auch immer, machen sie sehr rasch aus der Gesellschaft einen Kasernenhof, etwas anderes verstehen sie nicht, bis die Gesellschaft ruiniert ist und die Militärs endlich abtreten müssen. Diese politische Vorstellung einer Militärdiktatur ist die einzige politische Vorstellung, zu der Jünger bis heute fähig ist, weshalb das Gesellschaftsmodell, das er etwa in seinen Romanen »Heliopolis« oder »Eumeswil« anbietet, immer das nämliche ist: das faschistische.

Martin Heidegger studierte also ausgerechnet bei Ernst Jünger Politik. Die beiden unpolitischen Denker bereiteten auf ihre Weise das Terrain im gebildeten Bürgertum, das dann die Nazis betraten. Die »totale Mobilmachung« der gesamten Bevölkerung fand schließlich statt, die Gesellschaft wurde vollkommen militarisiert, der Frieden diente nur zur Vorbereitung des Krieges und der Krieg zerstörte schließlich Staat, Wirtschaft, Kultur. Und dann?

Es kommt noch ein dritter Punkt, in dem Ernst Bloch und Martin Heidegger bei aller Unterschiedlichkeit Ähnlichkeiten aufweisen: die großen Denker waren beide nicht fähig, ihr politisches Versagen zu durchdenken. Von Heidegger gibt es wenigstens mündliche Äußerungen und Briefe, in denen er über 1933 zu sprechen versuchte, von Bloch gibt es gar nichts. Gerade die beiden großen Denker versagen in diesem entscheidenden Punkt, in dem wir von ihnen hätten lernen können. Sie blieben beim großen Gestus, der durch kleinliche Selbstkritik doch nur gestört worden wäre, sie blieben selbstgerecht. Die unpolitischen Philosophen, die von Theologie sprachen oder Ontologie und Politik meinten, trugen erheblich zur Verwirrung der politischen Öffentlichkeit bei und überließen es ihren Söhnen oder Schülern, die Verwirrung wieder aufzulösen.

Hugo Ball, der nicht so bedeutend war wie die beiden Genannten, schrieb mit seiner »Kritik der deutschen Intelligenz«, die 1919 erschien, eine Warnung vor der deutschen Philosophie, eine Warnung vor der Despotie nach Karl Marx, eine Warnung vor der Verwahrlosung nach Nietzsche, dem Jünger und Heidegger anhingen. Hugo Ball wurde nicht gehört. Die großsprecherischen Philosophen, die falsche Versprechungen machten, fanden in der Öffentlichkeit dagegen Gehör.

Hugo Ball, der Ernst Bloch gegen Ende des ersten Weltkriegs in Bern kennenlernte, machte Bloch auf den Reformator Thomas Müntzer aufmerksam, über den Bloch dann später ein enthusiastisches Buch schrieb. Ball sah als erster in Müntzer die Hoffnung auf entschiedene politische Reform in Deutschland, die durch den Reformator Luther zunichte gemacht worden sei. Vielleicht handelte Martin Luther klug: hätte er mit der kirchlichen Reform auch die politische durchsetzen wollen wie Thomas Müntzer, wären die Fürsten gegen ihn vorgegangen. Ihm wäre das Schicksal von Jan Hus und Thomas Müntzer nicht erspart geblieben: man hätte ihn umgebracht. So verzichtete er auf die politische Reform um der kirchlichen willen; damit unterwarf er aber die evangelische Kirche der weltlichen Obrigkeit der Fürsten.

Für Deutschland hatte die Reformation in einem Teil des Landes verhängnisvolle Folgen: der dreißigjährige Krieg ruinierte das Land, und die anhaltende religiöse Spaltung belastete es schwer. Diese Spaltung war einzigartig in Europa: kein Land sonst ist zur Hälfte evangelisch und zur Hälfte katholisch. Hier liegt, scheint mir, die eigentliche Wurzel der wuchernden deutschen Philosophie: in Deutschland mußte alles »sub specie aeternitatis« gerechtfertigt werden, nichts war selbstverständlich, immer mußte es unter dem letzten Geichtspunkt gedeutet werden. Dadurch ging den Deutschen ihr Alltag verloren, auch der politische, er wurde ihnen fremd. Eine praktische Philosophie wie die Angelsachsen kam nicht zur Blüte. Die deutschen Philosophen interessierten sich für die letzten Dinge, sie setzten den Religionskrieg auf ihre Weise fort: besonders Karl Marx und Friedrich Nietzsche. Marx und Nietzsche sind die Vordenker des deutschen Elends im 20. Jahrhundert, Bloch und Heidegger sind die Mitdenker. Und viele Schriftsteller sind die Mitläufer, die nachplapperten, was die großen Philosophen predigten.

Blicken wir ins katholische Österreich, zu Robert Musil und Ludwig Wittgenstein. Musil ist ein Schriftsteller und Essayist, der im Gegensatz zu Jünger seinem Thema gewachsen ist: in seinen Essays und in »Der Mann ohne Eigenschaften« ist er auf der Höhe des Wissens seiner Zeit. Er reflektiert die Probleme der Industriegesellschaft, die wir bis heute nicht gelöst haben. Der Philosoph

Ludwig Wittgenstein predigt keine politische Ideologie und keine verpflichtende Weltanschauung. Er fragt vielmehr bescheiden, was denn Philosophie heute noch zu leisten vermag.

Da erkennen wir wieder die sozialen Grenzen der großen Denker. Wittgenstein war Großbürger aus einer der reichsten Familien Österreichs, er verzichtete auf sein Erbe, er ging in den hintersten Winkel Österreichs als Volksschullehrer und er war nur schwer zu einer Professur in Cambridge zu überreden. Dagegen der enragierte Kleinbürger Heidegger, der sich mühsam hoch kämpfte, immer sich von den anderen aggressiv absetzen mußte, immer mißtrauisch und intrigant, immer seine Karriere im Blick.

Karl Löwith, ein jüdischer Schüler Heideggers, traf seinen Lehrer 1936 noch einmal in Italien, wohin Löwith emigriert war:

»Heidegger hatte selbst bei dieser Gelegenheit das Parteiabzeichen nicht von seinem Rock entfernt. Er trug es während seines ganzen römischen Aufenthalts, und es war ihm offenbar nicht in den Sinn gekommen, daß das Hakenkreuz nicht am Platz war, wenn er mit mir einen Tag verbrachte.« Nach längerer Zeit bringt Löwith das Gespräch auf die Politik und äußert unverblümt seine Meinung, »daß seine (Heideggers) Parteinahme für den Nationalsozialismus im Wesen seiner Philosophie läge. Heidegger stimmte mir ohne Vorbehalt zu und führte mir aus, daß sein Begriff von der »Geschichtlichkeit« die Grundlage für seinen politischen »Einsatz« sei. Er ließ auch keinen Zweifel über seinen Glauben an Hitler; nur zwei Dinge habe er unterschätzt: die Lebenskraft der christlichen Kirchen und die Hindernisse für den Anschluß von Österreich. Er war nach wie vor überzeugt, daß der Nationalsozialismus der für Deutschland vorgezeigte Weg sei; man müsse nur lange genug »durchhalten«. Bedenklich schien ihm bloß das maßlose Organisieren auf Kosten der lebendigen Kräfte. Der destruktive Radikalismus der ganzen Bewegung und der spießbürgerliche Charakter all ihrer »Kraft-durch-Freude«-Einrichtungen fiel ihm nicht auf, weil er selbst ein radikaler Kleinbürger war.«[145]

Ernst Bloch, Martin Heidegger, Ernst Jünger, Gottfried Benn und Bert Brecht hatten ihre Sozialisation vor 1918 im wilhelminischen Kaiserreich, in dem der Bürger politisch entmündigt war, was er durch Großsprecherei kompensierte. So unterschiedlich diese Fünf auch sind, sie leiden alle an der Zerstörung der politischen Vernunft und Moral, die sich in diesem kurzen und unglückseligen Reich vollzog: durch die Politik Bismarcks und seiner Nachfolger und durch die Philosophie Nietzsches und seiner Nachbeter. Und diese Fünf haben jeder auf seine Weise die Zerstörung fortgesetzt: sie sind zutiefst antidemokratisch.

Nietzsche und die Folgen:
Warnung vor der deutschen Philosophie

Karl Kraus wirft Heinrich Heine vor, er habe das Mieder der deutschen Sprache gelockert, so daß jetzt jeder Commis ihr an den Busen greifen könne. Ähnliches ließe sich von Friedrich Nietzsche sagen: er hat der Moral das Mieder gelöst, so daß jetzt jeder Gernegroß ihr an den Busen fassen kann.

Nietzsche läßt sich gut in der Polarität von Bourgeois und Bohemien begreifen: er ist der entlaufene Bürger und Pfarrerssohn, der das Bürgertum und das Christentum haßt, an dem er immer noch Anteil hat, gerade auch in seinem Haß und seiner Wut. Er ist der Deutsche, der die Deutschen verabscheut und gerade darin typisch deutsch ist. Er hat mit der Bismarck-Zeit, die er ablehnte, mehr Ähnlichkeit, als ihm bewußt war: die großsprecherische Wichtigtuerei teilt er mit den wilhelminischen Deutschen und die moralische Skrupellosigkeit teilt er mit Bismarck. So wie Bismarck auf dem Felde der Politik die Moral und die Demokratie für lästige Hindernisse hielt, so Nietzsche auf dem Feld der Philosophie, deren Feld das gesamte Leben ist. Nietzsche glaubte, er allein könne zurechtrücken, was Jahrhunderte verschoben hatten. Er ließ in der Philosophie keinen Stein auf dem anderen, auch wenn er überkommene Begriffe übernahm, mußte er sie neu bestimmen. Sein Haß gegen alles Gewachsene hatte verhängnisvolle Folgen. Er bereitete damit denen den Weg, die nach Bismarck im 20. Jahrhundert mit Blut und Eisen Politik machten und buchstäblich keinen Stein auf dem anderen ließen.

Nietzsches Ausgangspunkt war der Nihilismus, den er vorzufinden glaubte, zu dessen Beförderung aber niemand so viel beigetragen hat wie er: Nihilismus wurde nach ihm zum Gemeinplatz, mit dem man jede Schandtat rechtfertigen konnte.

Gott war schon tot, bevor Nietzsche es erkannte und aussprach. Das kann man bei Jean Paul und Georg Büchner nachlesen. Man hatte sich schon fast an den Tod des traditionellen Gottesbildes gewöhnt, als Nietzsche auf seine hysterische Art das Ganze noch einmal dramatisierte. Es war sein eigenes Problem, das er jedoch bei seiner horrenden Selbstüberschätzung für das Europas hielt. Denn es war ja nicht Gott, der tot war, sondern das Gottesbild, das man dem kleinen Fritz beigebracht hatte, war unglaubhaft geworden: Gott als Vater im Himmel, der die Menschen, seine Kinder, belohnt und bestraft. Die große Chance, daß diese Kinder nun endlich erwachsen werden konnten, bemerkte Nietzsche nicht. Sie konnten nun eine Moral entwickeln, die nicht aus der Angst vor göttlicher Strafe kam, sondern aus dem vernünftigen Miteinander. Das sah er nicht, im Gegenteil: mit dem Zerfall des konventionellen Gottesbildes sah er auch alle Werte zerfallen und er gab ihnen noch einen Fußtritt, darauf hielt er sich etwas zugute. Dabei hätte doch die Aufgabe des Philosophen darin bestanden, nun eine neue Moral zu begründen. Ansätze dazu gab es doch: weil ich nicht von dem anderen überwältigt werden will, überwältige ich ihn nicht, die Achtung beruht auf Gegenseitigkeit. Die Freiheit des Einen hat ihre Grenze an der Freiheit des Anderen. Eine wechselseitige Abhängigkeit ist gegeben, keiner lebt für sich allein, und auf Grund dieser Abhängigkeit läßt sich doch ein Konsens für ein vernünftiges Miteinander finden. Den Gedankengang des Einzelgängers Nietzsches erläutert Walter Kaufmann:

»Wir haben unseren Glauben an Gott zerstört. Uns ist nur Leere geblieben. Wir stürzen. Unsere Würde ist dahin. Unsere Werte sind verlorengegangen. Wer kann uns sagen, wo oben und wo unten ist? Es ist kälter geworden, die Nacht bricht herein. Nietzsches Krankheit soll hier nicht wegerklärt werden, aber man kommt heute kaum daran vorbei, sie auch symbolisch aufzufassen. »Nicht nur die Vernunft von Jahrtausenden – auch ihr Wahnsinn bricht an uns aus«. Nietzsches Einsicht in sein eigenes Geschick läßt sich nicht von seiner Vorausahnung einer allgemeinen Katastrophe trennen.«[146]

Nietzsches Krankheit soll nicht wegerklärt werden, sagt Walter Kaufmann, der immer Sympathie für Nietzsches Standpunkt aufbringt und um Verständnis für ihn wirbt. Das ist ein Satz, der festgehalten werden muß: es ist tatsächlich die Krankheit eines Einzelnen, in der sich die Krankheit der Gesellschaft ankündigte. Nietzsche hielt sich für den Arzt, der diese Krankheit diagnostizierte, er war aber ein Patient: es gibt ja Patienten, die sehr genau über ihre Krankheit Bescheid wissen und doch nicht in der Lage sind, sich zu heilen. Zu diesen Patienten gehört Nietzsche. Noch einmal Walter Kaufmann:

»Nun kann man freilich fragen: Wenn Nietzsche die herrschenden Werte einer Kritik unterzieht und dazu beiträgt, sie zu zerstören, beschleunigt er damit nicht die Heraufkunft des Nihilismus? Versucht er nicht, erst einmal unseren Glauben an Gott zu untergraben, ehe er sein »Wehe uns« hinzusetzt? Trägt er nicht das Seine dazu bei, die verhängnisvolle Leere herbeizuführen, die er voraussagt? Nietzsche beantwortet diese Fragen wohl am deutlichsten mit der folgenden Zeile aus Zarathustra: »was fällt, soll man auch noch stoßen!««[147]

Nietzsche hat die Heraufkunft des Nihilismus beschleunigt, wenn nicht herbeigeredet; er hat gute Gründe dafür geliefert, daß man sich an die tradierten Werte nicht mehr zu halten braucht. Neue Werte hat er nicht gesetzt, außer so mißverständliche wie Übermensch und Herrenrasse. Für die Mißverständnisse ist er allerdings mitverantwortlich. Man kann nicht solche Begriffe in die Welt setzen, ohne zu bedenken, wie sie aufgefaßt werden können. Man kann nicht von jedem Leser verlangen, daß er Nietzsche-Philologe ist und das Gesamtwerk liest, um feinsinnige Nuancierungen an entlegenen Stellen zu finden.

Nietzsche hat die traditionellen, vom Christentum und vom Humanismus mühsam in Jahrhunderten aufgerichteten Hemmschwellen beseitigt. Diese Hemmschwellen haben viele Verbrechen nicht verhindert, aber ohne diese Hemmschwellen wären wohl noch andere Verbrechen begangen worden und man hätte sie nicht einmal als Verbrechen angesehen. Der Unterschied zwischen den Tugendidealen und dem tatsächlichen Verhalten hat auch zu einer Heuchelei geführt, die Nietzsche verabscheute. Diese Heuchelei kann man natürlich abschaffen, indem man die Tugendideale abschafft. Doch dann gibt man eben einen Freibrief für jegliche Missetat.

Mitleid lehnt Nietzsche ab. Er definiert natürlich Mitleid neu, daß es leichter zurückgewiesen werden kann. Am Schluß der Argumentation steht jedenfalls: Mitleid ist schädlich, was auch immer darunter verstanden wird. Der verständnisvolle Walter Kaufmann:

»Nach Nietzsches Verständnis ist Mitleid für beide schlecht: für den, der es empfindet ebenso wie für den, der bemitleidet wird. Für diesen ist es schlecht, weil es ihm gerade nicht dabei hilft, glücklich zu werden, sich zu vervollkommnen und besser zu leben. Außerdem erniedrigt das Mitleid, weil es immer mit einem gewissen Maß von Herablassung einhergeht, mitunter sogar Verachtung mit einschließt. Wenn wir jemanden bewundern, dann bemitleiden wir ihn nicht. Dazu kommt, daß der Mitleidige nur selten die »ganze innere Folge« und die »gesamte Ökonomie ... [der] Seele« versteht: »er will helfen und denkt nicht daran, daß es eine persönliche Notwendigkeit des Unglücks gibt«. Eine Religion, die Mitleid predigt, geht von der Auffassung aus, daß Leiden etwas Schlechtes ist, und ist insofern, in einem gewissen Sinn, eine »Religion der Behaglichkeit«. Zur Selbstvervollkommnung dringt man aber nur durch Leiden vor, und das höchste Glück des Menschen, der sich selbst überwunden hat, schließt auch Leiden nicht aus. Deshalb sagt Nietzsche zu den Mitleidigen: »Ach, wie wenig wißt ihr vom Glücke des Menschen, ihr Behaglichen und Gutmütigen«.«[148]

Dem genialen Bohemien ist der Bourgeois, der in Frieden leben will, allemal ein Graus. Nietzsche will ein großes, leidvolles, starkes Leben. Weil das nicht alle Menschen wollen, teilt er die Menschheit in zwei Lager: die wenigen Großen und die vielen Kleinen, die den Tieren ähnlicher sind als den Großen. Tatsächlich: den Tieren ähnlicher als den großen Männern! Walter Kaufmann:

»Schon bei der Darstellung von Nietzsches früher Philosophie wurde gesagt, daß diese Lehre Dynamit war: sie läuft darauf hinaus, daß die Kluft zwischen einigen wenigen Menschen und den vielen anderen einschneidender ist, als die zwischen Mensch und Tier. Aber zugleich wurde gezeigt, daß Nietzsche eine Erhebung der Menschen über die Tiere, bzw. einiger Menschen über die Masse der Menschheit unmißverständlich von Kunst, Religion und Philosophie erwartet hat, und nicht von der Rasse. Auf diese Unterscheidung kommt aber alles an. Nietzsches Lehre ist, so oder so, »aristokratisch«, aber die Art ihres Verhältnisses zu demokratischen Philosophien hängt von diesem Punkt ab«.«[149]

Die Aristokraten sind natürlich Aristokraten des Geistes, wiewohl es an anderer Stelle wiederum heißt, daß es nur den Adel des »Geblüts« gebe. Aber: wer ist Aristokrat und wer nicht? Und wer bestimmt, wer was ist?

Jeder Nietzsche-Leser wird sich zu den Aristokraten rechnen und nicht zur blöden Plebs. Das ist so wie im Kabarett, wo die Bürger im Zuschauerraum herzlich lachen, wenn die Bürger auf der Bühne angegriffen werden, weil sie immer annehmen, daß nicht sie, sondern die anderen gemeint sind. So auch hier: jeder wird sich zu den Großen zählen und demgemäß sich verhalten, also geringschätzig auf die anderen Kleinen herabblicken, wiewohl Nietzsche nur wenige zu den Großen zählte. Sich selbst hielt er für groß, für sehr groß. An seinem Größenwahnsinn kann ja wohl kein Zweifel sein. Wenn wir aber sehen, wen dieser Große sonst noch als Großen schätzte, ist er in seinem Geschmack von den Spießern, die er nicht leiden konnte, nicht weit entfernt: Napoleon und Cäsar.[150]

Schon zu Zeiten der alten Griechen konnten die spitzfindigen Sophisten nachweisen, daß es keinen elementaren Unterschied zwischen Bürgern und Sklaven, zwischen Griechen und Barbaren gibt, daß alle Menschen sind. Das Christentum setzte schließlich den Gleichheitsgrundsatz durch: alle Menschen sind Kinder Gottes, also gleich. Natürlich heißt Gleichheit nicht, daß alle Menschen gleichartig sind, sie sind höchst unterschiedlich, jedes Individuum ist einzigartig, deshalb gerade hat jedes sein Recht auf sein Leben. Gleichheit heißt also: gleiche Rechte und gleiche Pflichten für alle. Wie hieß der Wahrspruch der französischen Revolution: Freiheit, Gleichheit, Brüderlichkeit.

Nietzsche hat sich gegen den Rassismus gewandt, aber den Begriff der Herrenrasse in Umlauf gesetzt. Er hat sich gegen den deutsch-nationalen Spießer gewandt, aber den Begriff Übermensch verbreitet. Er hat sich für die großmütige Haltung des Starken ausgesprochen, aber die Schwachen diffamiert. Er hat das normale Leben diskreditiert, so daß jeder ruhige gesellschaftliche Gang höchst suspekt wurde. Große und schöne und schreckliche Ereignisse wurden gefragt. Das 20. Jahrhundert hat sie dann geliefert.

Nietzsche setzte mit seiner großmäuligen Philosophie Krankheitserreger in Umlauf, die in Deutschland zu Krankheitsherden führten bis zu epidemischen Erkrankungen: Intellektuelle unterschiedlicher Herkunft und unterschiedlichen Niveaus haben die Erreger verbreitet. Da mögen die italienischen und die französischen Leser von Nietzsche fasziniert sein, weil er für sie keine Gefahr bedeutet, die deutschen Leser können sich der Faszination nicht hingeben, ohne an die ungeheuren Gefährdungen zu denken, die Nietzsche in Deutschland hervorgerufen hat.

Nietzsche mag als Dichter seinen Rang behaupten, Nietzsche mag als Philosoph wichtige Einsichten vermitteln, seine Verdienste werden jedoch verwischt von der größenwahnsinnigen Attitude, die alles Bisherige in Grund und Boden verdammte und lustvoll die kommenden Katastrophen vorhersagte und herbeiredete. Im letzten Abschnitt von »Ecco Homo« – »Warum ich ein Schicksal bin« – heißt es:

»Es wird sich einmal an meinen Namen die Erinnerung an etwas Ungeheures anknüpfen – an eine Krisis, wie es keine auf Erden gab, an die tiefste Gewissens-Kollision, an eine Entscheidung, heraufbeschworen gegen alles, was bis dahin geglaubt, gefordert, geheiligt worden war. Ich bin kein Mensch, ich bin Dynamit [. . .]. Ich will kein Heiliger sein, lieber noch ein Hanswurst [. . .]. Und trotzdem, oder vielmehr nicht trotzdem – denn es gab nichts Verlogneres bisher als Heilige – redet aus mir die Wahrheit. – Aber meine Wahrheit ist furchtbar: denn man hieß bisher die Lüge Wahrheit. – Umwertung aller Werte: das ist meine Formel für einen Akt höchster Selbstbesinnung der Menschheit, der in mir Fleisch und Genie geworden ist. Mein Los will, daß ich der erste anständige Mensch sein muß, daß ich mich gegen die Verlogenheit von Jahrtausenden im Gegensatz weiß [. . .]. Ich erst habe die Wahrheit entdeckt, dadurch, daß ich zuerst die Lüge als Lüge empfand [. . .] ich widerspreche, wie nie widersprochen worden ist, und bin trotzdem der Gegensatz eines neinsagenden Geistes. Ich bin ein froher Botschafter [. . .]; erst von mir an gibt es wieder Hoffnungen. Mit alledem bin ich notwendig auch der Mensch des Verhängnisses. Denn wenn die Wahrheit mit der Lüge von Jahrtausenden in Kampf tritt, werden wir Erschütterungen haben, einen Krampf von Erdbeben, eine Versetzung von Berg und Tal, wie dergleichen nie geträumt worden ist. Der Begriff Politik ist dann gänzlich in einen Geisterkrieg aufgegangen, alle Machtgebilde der alten Gesellschaft sind in die Luft gesprengt – sie ruhen allesamt auf der Lüge: es wird Kriege geben, wie es noch keine auf Erden gegeben hat. Erst von mir an gibt es auf Erden große Politik.«[151]

Hier wird in der Tat eine Errungenschaft rückgängig gemacht, die in der deutschen Kulturgeschichte schon erreicht worden war: die der Selbstironie. Bei Jean Paul und bei E. T. A. Hoffmann können wir das nachlesen. Wer sich selbst ironisch sieht, tut das aus einer klugen Einsicht: weil ich beschränkt bin – in meinem Leben, das von Geburt und Tod begrenzt wird, und in meiner Erkenntnis, die ihre rationalen Grenzen hat –, deshalb lächle ich über mich.

Daß er beschränkt sein könnte, auf diese Einsicht kommt Nietzsche hier nicht. Nur daß alle anderen beschränkt sind, das scheint ihm sicher. Er ist von einer entsetzlichen Humorlosigkeit.

»Ecco Homo«: mit diesen Worten weist Johannes der Täufer auf Christus. Nietzsche ist sein eigener Johannes und sein eigener Evangelist, der seine eigene »frohe Botschaft« – also das Evangelium – verkündet. Und er selbst ist »Christus«, also der, der sich an dessen Stelle setzt: der »Antichrist«. In der christlichen Vorstellung ist der Antichrist eine Ausprägung des Teufels. In Nietzsches Vorstellung hier ist es der »erste anständige Mensch«, der gegen »die Verlogenheit von Jahrtausenden« aufsteht. Daß viel gelogen und betrogen wird, daß anständige Menschen selten sind, wenn sie auch hie und da vorkommen, dieser Einsicht kann man sich nicht verschließen. Doch daß es in Jahrtausenden *nur* Verlogenheit gab und daß nun der erste, der allererste anständige Mensch auftritt, das kann nur verwundern. Wenn aber vollends der, der hier spricht, *sich selbst* für den ersten anständigen Menschen hält und von sich selbst sagt: »... erst von mir an gibt es wieder Hoffnung«, dann wird man diese ganze Rede nur noch als Teil einer Krankengeschichte lesen können.

Nicht in der Philosophiegeschichte, aber in der politischen Geschichte begegnen uns Männer von ähnlichem Anspruch: etwa Robespierre, der »Blutmessias«, wie er in Georg Büchners »Dantons Tod« heißt, oder Hitler, der die Deutschen ins Tausendjährige Reich führen wollte, beides »Antichristen«, die, wie es in der christlichen Vorhersage vom Antichristen heißt, nicht als Teufel, sondern als Erlöser auftraten.

Karl Löwith in seinem Aufsatz »Nietzsche nach sechzig Jahren«, geschrieben 1956 und 1960:

»Nietzsches Schriften haben ein geistiges Klima geschaffen, in dem bestimmte Dinge möglich wurden, und die Aktualität ihrer Massenauflagen während des Dritten Reiches war kein bloßer Zufall. Umsonst betonte Nietzsche, daß sein Wille zur Macht ausschließlich ein Buch zum Denken sei; denn sein Gedanke war eben doch der Wille zur Macht, von dem er wußte, daß er den Deutschen als Prinzip durchaus verständlich sein werde. Wer die »Sprache der Weltregierenden« spricht und sich so wie Nietzsche als ein europäisches Schicksal weiß, kann nicht umhin, dieses Schicksal auch selbst »in die Hand zu nehmen«, um zu beweisen, daß er es ist. Der Versuch, Nietzsche von seiner geschichtlich wirksamen Schuld entlasten zu wollen, ist darum ebenso verfehlt wie der umgekehrte Versuch, ihm jeden untergeordneten Mißbrauch seiner Schriften aufzubürden. Gewiß hätte sich Nietzsche so wenig in Hitler wiedererkannt wie Rousseau in seinem Verehrer Robespierre; aber das ändert nichts daran, daß beide einen Umsturz vorbereiteten und andern Wege öffneten, die sie selber nicht gingen. Es gibt zwar zwischen dem Gedanken, den ein bedeutender Schriftsteller ausspricht, und seinen möglichen geschichtlichen Folgen keine eindeutige Zuordnung, aber jeder öffentlich ausgesprochene Gedanke hat solche Folgen, zumal wenn er schon selbst provozierend ist und zur Tat herausfordert. Die Verantwortung eines Denkens hat immer zwei Seiten: die direkte Selbstverantwortung des Autors für das, was er mit seiner Aussage mitteilen wollte, und die indirekte Mitverantwortung für die mögliche Antwort, die sein Anspruch hervorrufen soll. Zwischen beiden besteht keine Gleichung, aber auch keine Gleichgültigkeit; denn die unmittelbare Verantwortung für die bewußten Absichten einer Veröffentlichung schließt mit ein die mittelbare für ihre mögliche Aufnahme von seiten derer, für die ein Gedanke veröffentlicht wird.«[152]

Meine Damen und Herren, ich warne Sie vor den deutschen Philosophen; ich empfehle Ihnen: lesen Sie die Angelsachsen. Lesen Sie nicht Nietzsche, lesen Sie Alfred North Whitehead. Whitehead in seinem Buch »Wissenschaft und moderne Welt« von 1925: »Heute leidet die westliche Welt unter der begrenzten Moralvorstellung der drei vorangegangenen Generationen.«[153]

Georg Büchner: eine Zwischenbilanz

Zu einer Zwischenbilanz, mehr kann es nicht sein, verhilft ein Blick auf Georg Büchner, dessen Leben und Werk in mehrfacher Hinsicht lehrreich ist. Büchner engagierte sich in der Politik, was zu seiner Zeit nicht ungefährlich war, und er schrieb ein dramatisches Werk über ein politisches Ereignis, das den Beginn des demokratischen *und* des despotischen Europa bildet: die französische Revolution.

Im Großherzogtum Hessen-Darmstadt, in dem Büchner aufwuchs, gab es keine freie Presse und keine legale Opposition, so wenig wie in den anderen deutschen Staaten der ersten Hälfte des 19. Jahrhunderts. Die Regierung des Großherzogs unterdrückte jede abweichende Meinung, so daß derjenige, der eine solche Meinung äußern wollte, sogleich kriminalisiert wurde. Büchner verfaßte zusammen mit dem Butzbacher Pfarrer Ludwig Weidig 1834 eine Flugschrift; heimlich mußte das geschehen und heimlich mußte sie verbreitet werden. Eine Mitteilung über das Steueraufkommen des Großherzogtums und dessen Verteilung, die heute in jeder Zeitung Platz hätte, galt als Konspiration. So wurde derjenige, der seine Meinung äußern wollte, zum Revolutionär gestempelt, der nicht nur eine Maßnahme der Regierung infragestellte, sondern die Regierung und den Staat als Ganzes, weil dieser Staat keinerlei Kritik an irgendeiner Maßnahme der Regierung duldete. Wir kennen die Situation aus den Despotien des 20. Jahrhunderts: je repressiver die Regierung, um so radikaler die Opposition. Büchner entging damals mit knapper Not einer Verhaftung, er floh nach Frankreich; Pfarrer Weidig wurde festgenommen und in jahrelanger Haft zu Tode gequält.

In derselben Zeit, in der Büchner an dieser revolutionären Konspiration in Hessen teilnahm, schrieb er sein Drama »Dantons Tod« über die Schreckens- herrschaft der Revolution in Frankreich. In diesem Drama wird die Revolution nicht verherrlicht. »La terreur« wird als das dargestellt, was sie war: ein sinnloses Blutvergießen. Hier ist der erste wichtige Gesichtspunkt, den Büchner uns lehrt: das politische Engagement des Autors ist eines, die künstlerische Darstellung eines politischen Ereignisses ist etwas anderes. Als Künstler ist der Autor mehr denn als Politiker: als Künstler stellt er die ganze Breite des Lebens dar, ohne einseitig Partei zu ergreifen. Er unterwirft sein Werk nicht seiner Parteimeinung! Das hat den Marxisten, die »Dantons Tod« interpretieren und inszenieren wollten, immer arge Mühe bereitet. Den Schlächter Robespierre, der ihnen sympathisch war, versuchten sie gegen die Intention des Stückes als Vorbild hervorzuheben. Im Stück ist er nicht sympathisch: ein kalter Verstandesmensch, der seinem politischen Ziel jedes Opfer bringt, wobei er nicht an sich selbst als Opfer denkt, sondern nur an die anderen, die er hinmordet. Büchners Darstellung entspricht insofern der historischen Realität, wie sie uns überliefert ist. Robespierres Worte und St. Justs Worte in Büchners Drama sind zum Teil historisch verbürgt.

Anders Danton, dem Büchner eine Position zuteilt, die er in der Wirklichkeit nicht hatte. Und hier lernen wir einen zweiten wichtigen Gesichtspunkt, diesmal aus dem Werk Büchners: der Position Robespierres, der im Besitze der Wahrheit zu sein glaubt, weshalb er sich zu den schrecklichsten Maßnahmen berechtigt fühlt, steht Dantons Position gegenüber, der nicht weiß, was Wahrheit ist, dem alles fragwürdig geworden ist, so daß er resigniert. Danton vertritt bei Büchner eine pluralistische Konzeption; er nennt das epikuräisch, nach dem Philosophen Epikur. Demnach will jeder Mensch seinen eigenen Weg zu seinem Glück gehen, sich gemäß seinen eigenen Maßstäben verwirklichen, wobei es höchst unterschiedliche Arten der Selbstverwirklichung gibt. Auch Jesus, sagt Danton provozierend, war Epikuräer. Danton streitet also jeglicher Instanz, sei es einer religiösen, einer philosophischen oder einer politischen, das Recht ab, den Menschen vorzuschreiben, wie sie zu leben haben. Dagegen Robespierre: er weiß, wie man zu leben hat und preßt den anderen sein Konzept mit Gewalt auf. Wer nicht nach seinem Konzept lebt, hat kein Recht zu leben und wird vernichtet. Der Totalitarismus des 20. Jahrhunderts ist bereits in diesem Robespierre Gestalt geworden und in seiner Politik. In Danton sehe ich das Konzept des Liberalismus verkörpert: jeder soll und kann nach seiner Façon selig werden. Mit den Worten des Dantonisten Hérault in Büchners Drama:

»In unsern Staatsgrundsätzen muß das Recht an die Stelle der Pflicht, das Wohlbefinden an die der Tugend und die Notwehr an die der Strafe treten. Jeder muß sich geltend machen und seine Natur durchsetzen können. Er mag nun vernünftig oder unvernünftig, gebildet oder ungebildet, gut oder böse sein, das geht den Staat nichts an. Wir alle sind Narren, es hat keiner das Recht, einem andern seine eigentümliche Narrheit aufzudringen. – Jeder muß in seiner Art genießen können, jedoch so, daß keiner auf Unkosten eines andern genießen oder ihn in seinem eigentümlichen Genuß stören darf.«[154]

Jeder soll also die Möglichkeit haben, nach seinen Vorstellungen zu leben, was natürlich bedeutet, daß die Freiheit des einen ihre Grenze an der des anderen findet. Der eine kann nicht den anderen töten, um sich zu verwirklichen. Hier wäre eben der Pluralismus am Platze, der viele Möglichkeiten nebeneinander bestehen läßt und Konflikte friedlich und einvernehmlich auszutragen versucht.

Nicht nur mit seinem »Dantons Tod«, auch mit seinem »Lenz«, seinem »Woyzek« und mit »Leonce und Lena« lehrt uns Georg Büchner einen dritten wichtigen Gesichtspunkt. Büchner stand zwischen zwei Epochen, kann man sagen: die Erklärungsmodelle des deutschen Idealismus waren ihm fragwürdig geworden, die späteren des Materialismus, den dann sein erfolgreicher Bruder Ludwig vertrat, waren ihm ebenfalls fragwürdig, und der überkommene Glaube, den die Kirchen lehrten, war schon in der Krise. Büchner zeigt in seinem Werk die Fülle des Lebens, die von den Reduktionen der Theologie, der Philosophie, der Ideologie nicht erfaßt wird. Er zeigt die »Erklärungsdefizite«

aller vereinfachenden, abstrahierenden, systematisierenden, schematisierenden Erklärungsmodelle. Nicht zuletzt deshalb ist er ein großer Dichter. Laut Wolfgang Iser ist dies eine Aufgabe der großen Literatur in der Moderne: die Fülle des Lebens gegen die Systematisierungen der Ideologien zu behaupten. Deshalb die Zurückhaltung des Erzählers bzw. Dramatikers im Werk; er erniedrigt das Werk nicht zum Sprachrohr eines Erklärungsmodells, sei es, welches es wolle. Deshalb sagen uns Georg Büchners Werke auch heute noch etwas, weil sie mehr sagen, als eine vergangene Ideologie uns sagen könnte. Das Buch Ludwig Büchners »Kraft und Stoff«, seinerzeit ein Welterfolg, ist heute nur noch von historischem Interesse.

Als die Intellektuellen des 18. Jahrhunderts in Frankreich den Klerus angriffen, taten sie dies nicht nur, um die alten Vorurteile zu bekämpfen und die Menschen zu neuer Mündigkeit zu führen. Es war auch ein Konkurrenzkampf: sie setzten sich schließlich an die Stelle des Klerus. Und das war, soweit sie sich zum Diener einer neuen Heilslehre machten, verhängnisvoll: denn mit derselben Inbrunst, mit der einst der Klerus seinen Glauben verbreitet hatte, was ihm Macht und Einfluß verbürgte, verbreiteten diese Intellektuellen nun ihre Ersatzreligionen, damit sie zu Macht und Einfluß kamen.

Nachdem das christliche Weltbild zurückgewiesen worden war, blühten die Ideologien, Popularisierungen der Philosophie und der Wissenschaft: Idealismus, Materialismus, Darwinismus, Marxismus. Die Intellektuellen des 20. Jahrhunderts erfanden nichts Neues, sie lebten aus dem abgelebten ideologischen Fundus des 19. Jahrhunderts: vom Darwinismus bis hin zum Rassismus, vom Nationalismus bis hin zum Faschismus, vom Marxismus bis hin zum Stalinismus. Das sind alles Bastarde des 19. Jahrhunderts, die bestrebt waren, die Leere, die die Kirchen hinterlassen hatten, durch neue Lehren zu schließen, den Umbruch der Industriegesellschaften durch wohlfeile Identitätsangebote zu erleichtern. Und gerade Intellektuelle, die sich auf ihren kritischen Verstand so viel zugute hielten, wurden zum neuen Klerus, der neue Vorurteile verbreitete, ungleich primitivere als das alte Christentum, nämlich falsche Metaphysik: statt Religion Ersatzreligion, statt Mythologie Pseudo-Mythologie, statt Wissenschaft Populärwissenschaft. *Niemand hat derart zur Verblödung der Menschen im 19. und 20. Jahrhundert beigetragen wie der Stand der Intellektuellen!* Diese trifft die Kritik besonders hart, weil sie ja mit dem Anspruch der Aufklärung und der Emanzipation angetreten waren, was die Politiker aller Schattierungen nie zu ihrem Lebenszweck erklärten.

Der Nationalismus, sagte einmal Robert Musil, habe keines der Probleme gelöst, zu dessen Lösung er angetreten sei. Dasselbe läßt sich vom Nationalsozialismus sagen, der einen Ausstieg aus der Industriegesellschaft versprach und die Menschen mit nie gekannter Brutalität der Technik unterwarf. Nationalismus und Nationalsozialismus haben mit den beiden Weltkriegen und letzterer mit der systematischen Ausrottung ganzer Völker Zerstörungen betrieben, die jedes bisherige Ausmaß übertrafen. Und Intellektuelle waren ihre Wegbereiter und Apologeten. Genauso der Bolschewismus, dessen Opfer in der Sowjetunion so zahlreich waren wie die des Zweiten Weltkriegs. Thomas Schmid zu den über 70 Jahren Herrschaft des Bolschewismus in Rußland:

»Der Sozialismus hat nicht nur keines der Probleme, zu deren Überwindung er erfunden und dann installiert worden ist, gelöst; er hat darüber hinaus in allen Ländern, derer er habhaft werden konnte, nicht nur ein wirtschaftliches Trümmerfeld, sondern vor allem eine gesellschaftliche Ödnis hinterlassen, der man selbst mit den raffiniertesten Kniffen einer Theorie der Ungleichzeitigkeit kaum irgendeinen Sinn abgewinnen kann. Nichts ist durch den Sozialismus leichter geworden; die Gesellschaften aber, die er eingefroren hielt, haben viel Zeit verloren. Sie stehen wieder am Anfang aller politischen und wohl auch gesellschaftlichen Fragen. Der Sozialismus ist, wie ein dürftiger, aber zutreffender Kalauer weiß, das schwierige Übergangsstadium vom Kapitalismus zum Kapitalismus.«[155]

Dem muß ich hinzufügen: und dieser Bolschewismus, ich lehne es ab, ihn Sozialismus zu nennen, dieser Bolschewismus ist von zahlreichen, hervorragenden, hoch begabten, auch genialen Schriftstellern, Künstlern, Wissenschaftlern enthusiastisch begrüßt und begleitet worden. Wer nicht uneingeschränkte Sympathie für die Sowjetunion hatte, hatte doch eine eingeschränkte, und wer dies nicht hatte, war doch wenigstens Marxist, und wer nicht Marxist war, war doch wenigstens links. Die überwiegende Mehrzahl der Intellektuellen unseres Jahrhunderts, und zwar die klügeren und die besseren, waren mehr oder weniger glühende Anhänger des Marxismus. Der Faschismus mit seinem kruden ideologischen Gebräu zog immer nur die Dummköpfe an, von wenigen Ausnahmen abgesehen, und der Faschismus ist von Anfang an als verbrecherische Organisation aufgetreten, so daß er vor allem die Zyniker und Karrieristen anzog. Die kommunistische Partei dagegen hatte ein immerhin rationales Instrumentarium der Analsye zu bieten: die Lehre von Karl Marx, die kluge Einsichten bietet. Und sie hatte die Absicht, eine bessere und gerechtere Weltordnung zu bauen.

Die rationalen Einsichten wurden jedoch schon von Marx in eine Weltanschauung verpackt, in eine Ideologie mit unumstößlichem Wahrheitsanspruch. Diese durchzusetzen, fanden sich schließlich genug kleine und große Robespierres: Lenin, Trotzkij, Stalin usw. Dadurch, daß die demokratischen Grundregeln außer Kraft gesetzt wurden, die Partei als einzig maßgebende Instanz installiert wurde, jede Kontrollinstanz liquidiert wurde, wurde der Schreckensherrschaft der Weg bereitet: die immensen Zerstörungen begannen mit Lenins Putsch in Petersburg. Es wird mehrere Generationen dauern, bis die schlimmsten Folgen dieses Putsches beseitigt werden, Folgen auch im Fühlen und Denken der Menschen.

Daß Intelektuelle diesen Bolschewismus propagierten, verteidigten, verwirklichten, sollte uns höchst mißtrauisch machen gegen alles, was sie uns sagen. Der Bankrott des Bolschewismus ist auch ein Bankrott der ideologiebesessenen Intellektuellen, die ein für allemal abgewirtschaftet haben. Genauso mißtrauisch wie wir den Politikern gegenüber sind aufgrund schrecklicher Erfahrungen, genauso mißtrauisch müssen wir den Intellektuellen gegenüber sein, ebenfalls aufgrund schrecklicher Erfahrungen.

Das Fazit jedenfalls, das wir schon bei Georg Büchner hätten lernen können, lautet: Absage an jede Heilslehre, die für alle Menschen verpflichtend zu sein behauptet. Die Grundfragen des Lebens kann nur jeder für sich selbst beantworten: was ist die Welt, was ist das Leben, warum leben wir überhaupt? Hier können Theologie, Philosophie, Wissenschaft nur Angebote machen, aber keine alle Menschen bindenden Aussagen. Dieser Bereich sollte aus dem politischen Diskurs ausgeklammert sein. Im politischen Diskurs geht es um konkrete Fragen, die wissenschaftlich zu bedenken, die politisch zu verwirklichen sind, über die in der Diskussion ein Konsens erzielt werden muß. Hier sind uns die kritischen Intellektuellen von Nutzen, wenn sie nicht partikulare Interessen, sondern die allgemeinen Interessen im Blick haben. Gerade darin wären sie ein notwendiges Korrektiv der Politiker und der Wirtschaftler.

Die Berufspolitiker, die sich nach dem Studium an eine Partei binden, um Karriere zu machen, haben vor allem ihre Karriere und die nächste Wahl im Auge. Die Wirtschaftsleute, die in einem Unternehmen Karriere machen, haben vor allem ihre Karriere und die Bilanzen ihres Unternehmens im Blick. Sie vertreten partikulare Interessen: Partei-Interessen, Unternehmens-Interessen. Sie sehen auf den Termin der nächsten Wahl oder der nächsten Aktionärsversammlung, weiter blicken sie selten.

Hier sind die kritischen Intellektuellen, in deren eigenem Interesse es liegt, allgemeine Interessen zu vertreten, gefragt. Sie könnten plebiszitäre Kontrollen in Gang bringen: Bürgerbewegungen, die in konkreten Fragen korrigierend in den Partei-Mechanismus einwirken können.

Die Probleme, die der Nationalismus, der Faschismus, der Bolschewismus nicht lösen konnten, sind immer noch da: es sind die Probleme der modernen Industriegesellschaft. Ob sie der demokratische Kapitalismus zu lösen in der Lage ist, steht noch dahin. Es sind *soziale* Probleme: wenn Teile der Bevölkerung keine Arbeit oder keine Wohnung haben, können sie die politischen Freiheiten, die sie besitzen, nicht nutzen. Es sind *ökonomische* Probleme: das permanente Wachstum, auf das der Kapitalismus angewiesen ist, kann nicht ins Unendliche steigen. Ist ein »Nullwachstum« möglich? Es sind nicht zuletzt *ökologische* Probleme: wenn unsere Art der Produktion und der Konsumtion die Grundlagen unseres Lebens zerstört – Wasser, Erde, Luft, die Wälder sterben, die Ozonschicht schwindet –, trägt diese Wirtschaftsweise den Keim ihrer Zerstörung in sich. Wir sägen sozusagen den Ast ab, auf dem wir sitzen. Das heißt, unser Wirtschaftssystem trägt nicht nur die Zerstörung in sich, sondern auch die Selbstzerstörung. Wer dieses System erhalten will, muß es verändern! Das ist keine Angelegenheit der Moral, sondern eine der Vernunft: wer über das Haushaltsjahr hinaussieht und über den nächsten Wahltermin, wer bis zur nächsten oder übernächsten Generation blickt, wird sich dieser Einsicht nicht verschließen können. Deshalb müssen alle lernen, über ihre partikularen Interessen hinauszugehen und Verantwortung für das Ganze wahrzunehmen, um ihrer selbst willen. Die allgemeinen Interessen liegen also letztlich im höchst eigenen Interesse eines jeden. Die Geschichte des Bolschewismus lehrt uns: ein System, das nicht zur Selbstkorrektur fähig ist, kollabiert früher oder später.

Rainer Maria Rilke: die sanfte Moral des Poeten

Die Zerstörung der Moral »ex cathedra« durch die Philosophie führte zu immensen Zerstörungen von Menschen und Gesellschaften. Die Schriftsteller, die sich den Philosophen anschlossen, haben ihren Teil zu dieser Zerstörung beigetragen. Die anderen Schriftsteller, die sich abseits hielten und eine sanfte Moral verkündeten, eine sanfte Moral im Umgang der Menschen miteinander und im Umgang mit der Natur, wurden zwar als Dichter anerkannt, aber nicht als Vorbilder einer menschlichen oder gar politischen Haltung. Nur die Schriftsteller, die sich politischen Bewegungen anschlossen, hatten auch politischen Einfluß, d. h. sie verstärkten die bereits vorhandenen Entwicklungen. Die Schriftsteller, die als Außenseiter sich quer stellten, wurden als reine Künstler aufgefaßt, ihre Vorschläge wurden nicht aufgenommen. Ihre Haltungen galten als Teil ihres Werkes, waren also unverbindlich. So blieb die Naturfrömmigkeit Goethes, Hölderlins, Novalis' ohne Folgen, die Bescheidenheit Franz Kafkas, Robert Walsers, Rainer Maria Rilkes blieb ohne Wirkung. Sie waren Einzelgänger, die man als Künstler bewunderte, aber nicht wirklich ernst nahm. Manche halten sie sogar für ein bißchen verrückt; das gehört doch schließlich zum Künstler, meint der Bürger.

Ich will es am Beispiel der Religion erläutern, denn religiöses und gesellschaftliches Verhalten bedingen einander, und auch da, wo wir längst die Religion hinter uns gelassen haben, vertreten wir noch Haltungen, die die Religion in uns erzeugte. Die alte »monarchistische« Vorstellung von der geistigen Welt wurde bei Goethe, wird bei Rilke durch eine neue »demokratische« abgelöst. Die alte kann man gut an mittelalterlichen Darstellungen erkennen: Gott als König im Himmel auf seinem Thron, um ihn herum die Großen der Krone, die Engelscharen, darunter geordnet die irdischen Stände, alles hierarchisch gestuft zum Monarchen an der Spitze hin, auf den als Pater und Patron die Menschen schauen, damit er sie wie ein Vater liebt, belohnt, bestraft. Dagegen die neue »demokratische« Vorstellung, die nicht zuletzt durch die Rezeption des Philosophen Spinozas entstanden und nur unzulänglich mit »pantheistisch« bezeichnet ist: Gott als Prinzip, die lebendige Natur um uns und in uns, deus sive natura, die Natur als Verkörperung des Göttlichen. Ein vielfältiges Geflecht von Kräften, ein Miteinander und Ineinander und Gegeneinander. Ich nenne das die »demokratische« Vorstellung. An der alten monarchischen halten die christlichen Kirchen unverbrüchlich fest und die Gotteshäuser entleeren sich konsequent; die alte Vorstellung paßt in die neue Gesellschaft nicht. Die neue Vorstellung, bei Goethe, bei Rilke dargestellt, wird dagegen nicht populär. Sie hat keine Wortführer in der Öffentlichkeit. So bleibt zunächst die siegreiche Naturwissenschaft, die sich auf die meßbare Realität verläßt, als ob das die einzige Realität wäre. Diese Konzeption setzt sich in der Öffentlichkeit durch und bleibt dort auch, als längst die Naturwissenschaft mit Aussagen über das, was jenseits der Grenze des Meßbaren ist, vorsichtig wird.

Goethe schrieb zwei große Hymnen, die eine wurde berühmt, die andere nicht. Wiewohl er sie immer nebeneinander in seinen Schriften abdruckte, weil sie zusammengehören, wurde nur die eine rezipiert: »Prometheus«. Es ist die Rebellion des Titanen gegen die Götter, vor allem gegen Zeus, den Vatergott, von dem sich Prometheus »emanzipiert«. Prometheus geht den Schritt aus der Abhängigkeit von den Göttern und der Natur zur Eigenständigkeit des Menschen in der Kultur: er brachte den Menschen das Feuer vom Olymp. In dieser Hymne gibt es eine Strophe, die aus dem antiken Mythos heraustritt und als Absage an den persönlichen Christengott gelesen werden kann. Zuerst heißt es:

> »Ich kenne nichts Ärmer's
> Unter der Sonn' als euch Götter.
> Ihr nähret kümmerlich
> Von Opfersteuern
> Und Gebetshauch
> Eure Majestät
> Und darbtet, wären
> Nicht Kinder und Bettler
> Hoffnungsvolle Toren.«

Und dann:

> »Da ich ein Kind war,
> nicht wußte, wo aus, wo ein,
> Kehrte mein verirrtes Aug'
> Zur Sonne, als wenn drüber wär'
> Ein Ohr, zu hören meine Klage,
> Ein Herz wie meins,
> Sich des Bedrängten zu erbarmen.«[156]

Die Haltung des Prometheus, Vorbild des Künstlers und des Ingenieurs zugleich, also des »Genies«, des Selbstbestimmers und Selbsthelfers, ist nicht ohne Grund populär geworden. Sie spricht aus, was geschah und geschieht: die Lossagung vom persönlichen Gott, die Polemik gegen diesen bis hin zu seiner Verneinung im Atheismus. Auch der Atheist gehört ja in die Kategorie derjenigen, die von einem persönlichen Gott sprechen, indem sie ihn verneinen; der »Pantheismus« kann vom »Atheismus« nicht getroffen werden. Prometheus ist der moderne Mensch des Industriezeitalters, der hier selbstbewußt spricht, weil er noch nicht weiß, daß ihm die Geister, die er zu beherrschen meint, noch erheblich zu schaffen machen werden. Am Schluß seines Faust spricht Goethe die düsteren Ahnungen, die uns Gewißheit werden, aus: die Elemente, überwältigt, rächen sich an ihren Überwältigern.

Die zweite Hymne Goethes greift ebenfalls einen antiken Mythos auf: »Ganymed«. Das ist ein schöner Knabe, der von Zeus geraubt und auf den Olymp entführt wird; es ist eine der vielen Begegnungen zwischen Gott und Mensch in der Liebe, siehe etwa: Maria und der Heilige Geist. Bei Goethe ist der

Mythos ins pantheistische verzeichnet: Ganymed sehnt sich nach der Gottheit, es ist die Natur, die er erstrebt, wenn auch am Schluß der Hymne wieder der alliebende Vater konventionell erwähnt wird. Wir erkennen hier auch den Übergang vom Buch der Überlieferung, von der Heiligen Schrift als der göttlichen Offenbarung, zum Buch der Natur. Als die Schrift fragwürdig wurde, zum historischen Werk erniedrigt wie andere auch in der Kritik der Aufklärung, wurde die Natur Anhaltspunkt: in ihr suchte man zu finden, was die Schrift nicht mehr zu verbürgen schien. Deus sive natura. Gott in der Natur, die Natur als Gottheit. Und solange die Natur lebendig um uns und in uns ist, ist diese Gottheit unzweifelhaft am Werke. Ob wir ihr gerecht werden und damit auch uns selbst, ist eine andere Frage.

»Ganymed

Wie im Morgenrot
Du rings mich anglühst,
Frühling, Geliebter!
Mit tausendfacher Liebeswonne
Sich an mein Herz drängt
Deiner ewigen Wärme
Heilig Gefühl,
Unendliche Schöne!

Daß ich dich fassen möcht'
In diesem Arm!

Ach, an deinem Busen
Lieg' ich, schmachte,
Und deine Blumen, dein Gras
Drängen sich an mein Herz.
Du kühlst den brennenden
Durst meines Busens,
Lieblicher Morgenwind,
Ruft drein die Nachtigall
Liebend nach mir aus dem Nebeltal.

Ich komme! Ich komme!
Wohin? Ach, wohin?

Hinauf, hinauf strebt's,
Es schweben die Wolken
Abwärts, die Wolken
Neigen sich der sehnenden Liebe,
Mir, mir!

In eurem Schoße
Aufwärts,
Umfangend umfangen!
Aufwärts
An deinem Busen,
Alliebender Vater!«[157]

Goethes »Ganymed« faßt also das Göttliche in der Natur und als Natur, das Göttliche ist das Natürliche; die Hymne endet aber dann doch wieder konventionell mit der »Vater«-Gottheit. Nicht nur wegen dieser konventionellen Wendung ist das Gedicht schwächer als das vorangegangene: Hingabe ist weniger faszinierend als Rebellion. Doch beide gehören zusammen, sagt Goethe, wie Einatmen und Ausatmen, wie Konzentration und Expansion: die »Verselbstung« des Prometheus und die »Entselbstung« des Ganymed.

Diese Entselbstung, diese Hingabe des Ganymed ist ein Grundzug, wenn nicht der Grundzug im poetischen Schaffen Rilkes. Die Rebellion des Prometheus ist die Haltung, die sich in der Öffentlichkeit durchsetzte, es ist also nur eine Seite von zweien, weshalb es zur Vereinseitigung unseres Lebens kam, die andere Seite wird belächelt, gelästert, ignoriert, weshalb Rilke gerade sie verstärkt. Bei ihm, ließe sich sagen, ist das Miteinander und Gegeneinander von »Verselbstung« und »Entselbstung« im poetischen Schaffensprozeß selbst enthalten: die Entselbstung in der Offenheit für das andere, von den unscheinbaren Dingen bis zu Pflanzen, Tieren, Städten, Landschaften, Menschen; das ist also die Hingabe, in der das Selbst sich verliert. Aber gerade dadurch wird es bereichert, erweitert, gestärkt. Durch die Konzentration des lyrischen Schaffens wird die Verselbstung forciert, also durch die strenge Gestaltung des Gedichts. Die Hingabe macht es Rilke auch möglich, alte Formen der Verehrung, im »Stundenbuch« und im »Marienleben«, wieder aufzunehmen, weil er sich den alten Haltungen öffnet und sie dadurch auf seine Weise fortsetzt. Aber auch dies geschieht aus derselben Hingabe wie der an eine blaue oder rosa Hortensie. So unterschiedlich die Haltung in »Stundenbuch«, »Marienleben« und in den Dinggedichten: gemeinsam ist ihnen die Hingabe, weshalb ich auf diese als Grundzug des Rilkeschen Schaffens hinweise.

Dieser Grundzug führt vom frühen »Stundenbuch«, in dem Rilke die herkömmlichen Vorstellungen von Gott umkreist und infragestellt, ganz im Sinne des Unsagbaren, wie er es bei Meister Eckhart gelernt hat, zu der Absage an die konventionelle Gottesvorstellung, bis hin zum Verschwinden des Wortes Gott. Wenn es verschwindet, verschwindet nicht die religiöse Haltung: er wendet sich den Dingen zu und der Natur, den Erscheinungen, die ihn umgeben, und nimmt sie in sich hinein. Es ist ein Wechselprozeß, den als »Vermittlung von Subjekt und Objekt« schon Goethe beschrieb: das Subjekt, der Dichter, der Betrachter, richtet seine Aufmerksamkeit auf das Objekt, die äußere Erscheinung, und öffnet sich dieser, nimmt also dieses Äußere in sich hinein. Dadurch wird gewissermaßen das Objekt zum Subjekt, indem es den Dichter, den Betrachter wiederum anschaut, ihn wahrnimmt und dadurch ihm zu einer Selbsterkenntnis verhilft: er sieht sich als ein anderer wie von außen. Am deutlichsten ist das in dem berühmten Gedicht Rilkes »Archaischer Torso Apollo«, nach seiner Lehre bei Meister Rodin beschrieben. Der Torso hat keinen Kopf mehr und doch sieht dieses göttliche Werk den Betrachter an: »... denn da ist keine Stelle, die dich nicht sieht. Du mußt dein Leben ändern.«

Dieser Schluß des Gedichts erfaßt den Vorgang, den uns die Gedichte Rilkes lehren: sie sehen uns an wie der Torso den Betrachter, wenn sie auch keine Augen haben, und sie stellen uns auf die Probe: sind wir ihnen gewachsen? Wenn nicht, müssen wir unser Leben ändern. D. h. wir müssen diese selbstsüchtige Haltung ablegen und uns öffnen lernen. Dieses Öffnen genauer zu beschreiben, will ich jetzt, wie unzureichend auch immer, anhand von Beispielen aus Gedichten Rilkes versuchen. Ich kann diese Gedichte hier nicht interpretieren, ich benutze sie – das ist nicht fair den Gedichten gegenüber –, um an ihnen eine so wichtige, uns schmerzlich fehlende Offenheit zu erläutern.

> »Gerüchte gehn, die dich vermuten,
> und Zweifel gehn, die dich verwischen.
> Die Trägen und die Träumerischen
> mißtrauen ihren eignen Gluten
> und wollen, daß die Berge bluten,
> denn eher glauben sie dich nicht.
>
> Du aber senkst dein Angesicht.
>
> Du könntest den Bergen die Adern aufschneiden
> als Zeichen eines großen Gerichts;
> aber dir liegt nichts
> an den Heiden.
>
> Du willst nicht streiten mit allen Listen
> und nicht suchen die Liebe des Lichts;
> denn dir liegt nichts
> an den Christen.
>
> Dir liegt an den Fragenden nichts.
> Sanften Gesichts
> siehst du den Tragenden zu.«[158]

In diesem Gedicht aus dem »Stundenbuch« werden vor allem die genannt, die Gott nicht erreichen, an denen Gott nichts liegt: die, die vermuten oder zweifeln, die Zeichen wollen und Liebe, die »Fragenden«. Also alle, die Gott erfassen wollen, sei es durch Spekulation, sei es durch Liebe und Gegenliebe, die ihn besitzen wollen. Diejenigen, die Rilke dieser Gruppe gegenüberstellt, werden nur einmal genannt: die »Tragenden«. Es sind also die, die nicht über sich hinausstreben nach anderem, sondern die in sich selbst ruhen und das ihnen Gemäße »tragen«. Nur wer Gott nicht will, der hat etwas von ihm, wäre die paradoxe, durch Meister Eckhart bekannte Haltung, die Rilke hier beschreibt. Er fährt mit folgendem Gedicht fort:

> »Alle, welche dich suchen, versuchen dich.
> Und die, so dich finden, binden dich
> an Bild und Gebärde.
>
> Ich aber will dich begreifen
> wie dich die Erde begreift;
> mit meinem Reifen
> reift
> dein Reich.
>
> Ich will von dir keine Eitelkeit,
> die dich beweist.
> Ich weiß, daß die Zeit
> anders heißt
> als du.
>
> Tu mir kein Wunder zulieb.
> Gieb deinen Gesetzen recht,
> die von Geschlecht zu Geschlecht
> sichbarer sind.«[159]

Auch hier spricht einer, der von Gott nichts will, der ihn nicht an Bilder und Begriffe fesselt, die ihm doch nicht entsprechen. Das »Tragen« in dem vorigen Gedicht wird hier ergänzt durch das »Reifen«: jeder soll also das, was in ihm angelegt ist, austragen, dann und nur dann erschließt sich ihm Göttliches. Der Gegensatz, um den es hier geht, ließe sich mit »Haben und Sein« umschreiben; so nannte Erich Fromm ein Büchlein, das dieselbe Konstellation erläutert. Wer immer nur haben will, besitzen will, lebt im Ungenügen, das nach immer neuer Erfüllung vergeblich drängt. Ein letztes Beispiel aus dem »Stundenbuch«, in dem Rilke die Fragwürdigkeit jeglichen Besitzes umschreibt, jeglichen, denn das, was hier als religiöse Haltung umrissen wird, ist ja eine Lebenshaltung, eine Haltung des Besitzens, die unser heutiges Leben ganz bestimmt und die ihren Ursprung, wie nicht nur Rilke in »Der Brief des jungen Arbeiters« weiß, im Christentum hat.

Zunächst das Gedicht:

> »Du mußt nicht bangen, Gott. Sie sagen: mein
> zu allen Dingen, die geduldig sind.
> Sie sind wie Wind, der an die Zweige streift
> und sagt: mein Baum.
>
> Sie merken kaum,
> wie alles glüht, was ihre Hand ergreift, –
> so daß sie's auch an seinem letzten Saum
> nicht halten könnten ohne zu verbrennen.
>
> Sie sagen mein, wie manchmal einer gern
> den Fürsten Freund nennt im Gespräch mit Bauern,
> wenn dieser Fürst sehr groß ist und – sehr fern.
> Sie sagen mein von ihren fremden Mauern
> und kennen gar nicht ihres Hauses Herrn.
> Sie sagen mein und nennen das Besitz,
> wenn jedes Ding sich schließt, dem sie sich nahn,
> so wie ein abgeschmackter Charlatan
> vielleicht die Sonne sein nennt und den Blitz.
> So sagen sie: mein Leben, meine Frau,
> mein Hund, mein Kind, und wissen doch genau,
> daß alles: Leben, Frau und Hund und Kind
> fremde Gebilde sind, daran sie blind
> mit ihren ausgestreckten Händen stoßen.
> Gewißheit freilich ist das nur den Großen,
> die sich nach Augen sehnen. Denn die Andern
> wollens nicht hören, daß ihr armes Wandern
> mit keinem Dinge rings zusammenhängt,
> daß sie, von ihrer Habe fortgedrängt,
> nicht anerkannt von ihrem Eigentume,
> das Weib so wenig haben wie die Blume,
> die eines fremden Lebens ist für alle.
>
> Falle nicht, Gott, aus deinem Gleichgewicht.
> Auch der dich liebt und der dein Angesicht
> erkennt im Dunkel, wenn er wie ein Licht
> in deinem Atem schwankt, – besitzt dich nicht.
> Und wenn dich einer in der Nacht erfaßt,
> so daß du kommen mußt in sein Gebet:

Du bist der Gast,
der wieder weiter geht.

Wer kann dich halten, Gott? Denn du bist dein,
von keines Eigentümers Hand gestört,
so wie der noch nicht ausgereifte Wein,
der immer süßer wird, sich selbst gehört.«[160]

Dieses Gedicht schrieb Rilke 1901. »Der Brief des jungen Arbeiters« stammt von 1922; die Einsicht, um die es hier wie dort geht, ist dieselbe; ein Beleg dafür, daß dieser Grundzug in allen Entwicklungsphasen, die der Lyriker vollzog, erhalten blieb. In diesem Brief von 1922 heißt es:

»Sie haben aus dem Christlichen ein métier gemacht, eine bürgerliche Beschäftigung, sur place, einen abwechselnd abgelassenen und wieder angefüllten Teich. Alles, was sie selber tun, ihrer ununterdrückbaren Natur nach (soweit sie noch Lebendige sind), steht im Widerspruch mit dieser merkwürdigen Anlage, und so trüben sie ihr eigenes Gewässer und müssen es immer wieder erneun. Sie lassen sich nicht vor Eifer, das Hiesige, zu dem wir doch Lust und Vertrauen haben sollten, schlecht und wertlos zu machen, – und so liefern sie die Erde immer mehr denjenigen aus, die sich bereit finden, aus ihr, der verfehlten und verdächtigten, die doch zu Besserm nicht tauge, wenigstens einen zeitlichen, rasch ersprießlichen Vorteil zu ziehn. Diese zunehmende Ausbeutung des Lebens, ist sie nicht eine Folge, der durch die Jahrhunderte fortgesetzten Entwertung des Hiesigen? Welcher Wahnsinn, uns nach einem Jenseits abzulenken, wo wir hier von Aufgaben und Erwartungen und Zukünften umstellt sind. Welcher Betrug, Bilder hiesigen Entzückens zu entwenden, um sie hinter unserm Rücken an den Himmel zu verkaufen! O es wäre längst Zeit, daß die verarmte Erde alle jene Anleihen wieder einzöge, die man bei ihrer Seligkeit gemacht hat, um Überkünftiges damit auszustatten. Wird der Tod wirklich durchsichtiger durch diese hinter ihn verschleppten Lichtquellen? Und wird nicht alles hier Fortgenomme, da nun doch kein Leeres sich halten kann, durch einen Betrug ersetzt, – sind die Städte deshalb von so viel häßlichem Kunstlicht und Lärm erfüllt, weil man den echten Glanz und den Gesang an ein später zu beziehendes Jerusalem ausgeliefert hat? Der rechte Gebrauch, das ists. Das Hiesige recht in die Hand nehmen, herzlich liebevoll, erstaunend, als unser, vorläufig, Einziges: das ist zugleich, es gewöhnlich zu sagen, die große Gebrauchsanweisung Gottes, die meinte der heilige Franz von Assisi aufzuschreiben in seinem Lied an die Sonne, die ihm im Sterben herrlicher war als das Kreuz, das ja nur dazu da stand, in die Sonne zu weisen.«[161]

Die Geringschätzung alles Irdischen führte zu dessen Entwertung und damit zu dessen rücksichtsloser Ausbeutung. Denjenigen, die die Erde als ihren Besitz betrachten und kurzfristigen Gewinn daraus ziehen, ist dieser Besitz letztlich gleichgültig. Nur der Gewinn, den er abwirft, interessiert sie. Dagegen stellt Rilke: »Das Hiesige recht in die Hand nehmen, herzlich liebevoll, erstaunend.« Das ist das Gegenteil des Besitzens; Besitzen heißt ja: es *nicht* anschauen, sondern es ausnützen. Nicht, was es ist, interessiert, sondern was es bringt. Rilkes Aufforderung dagegen lautet: es anschauen als das, was es ist, weshalb ich von mir, von meinem Eigennutz dabei absehen muß. Erst wenn mir das gelingt, dann kann ich es tatsächlich erkennen und dann lehrt es mich: zu sein und nicht nur haben zu wollen.

In seinem berühmten Gedicht »Es winkt zu Frühling fast aus allen Dingen« hat Rilke das Wechselverhältnis zwischen Ding und Betrachter, zwischen Objekt und Subjekt beschrieben. Das Objekt wird zum Subjekt, insofern es einen Anspruch an den Betrachter richtet. Der Betrachter wiederum wendet sich diesem Ding zu, so daß es durch ihn »erwarmt«, also lebendig wird, sich ihm äußert. Subjekt wird zu Objekt und Objekt wird zu Subjekt. Haus, Wiesenhang, Abendlicht, die in diesem Gedicht beispielhaft genannt werden, bringen es »beinah zum Gesicht«, wenn der Mensch sie ansieht. Werden solchermaßen die Grenzen zwischen Subjekt und Objekt aufgehoben, wird das Drinnen zum Draußen und das Draußen zum Drinnen, es entsteht ein einziger Raum: »Durch alle Wesen reicht der *eine* Raum: Weltinnenraum.« Auch bei Goethe finden wir diesen Gedankengang: wenn in allem das Göttliche ist, ist es nicht nur in mir, dem Betrachter, es ist genauso in der Natur, die ich betrachte und die also auch mich betrachtet. Goethe in Übersetzung eines Satzes von Plotin:

»Wär nicht das Auge sonnenhaft,
Die Sonne könnt' es nie erblicken;
Läg' nicht in uns des Gottes eigne Kraft,
Wie könnt' uns Göttliches entzücken?«

Noch ein Beispiel aus den späten Gedichten Rilkes. Nach den Duineser Elegien und den Sonetten an Orpheus, den großen Versuchen, aus der christlichen und antiken Mythologie und aus Eigenem eine neue Mythologie zu schaffen, hat Rilke in diesen späten Gedichten eine gehärtete Bildersprache erreicht, die das mythologische Zitat fast ganz entbehren kann und doch ausspricht, was er bis dahin immer wieder zu formulieren versuchte.

»Wilder Rosenbusch

Wie steht er da vor den Verdunkelungen
des Regenabends, jung und rein;
in seinen Ranken schenkend ausgeschwungen
und doch versunken in sein Rose-sein;

die flachen Blüten, da und dort schon offen,
jegliche ungewollt und ungepflegt:
so, von sich selbst unendlich übertroffen
und unbeschreiblich aus sich selbst erregt,

ruft er dem Wandrer, der in abendlicher
Nachdenklichkeit den Weg vorüberkommt:
Oh sieh mich stehn, sieh her, was bin ich sicher
und unbeschützt und habe was mir frommt.«[162]

Es ist nicht ohne Ironie: dieser angeblich mit sich selbst beschäftigte »esoterische« Dichter hat in seiner Position sich behauptet, während die anderen, die »Weltzugewandten«, die vom technischen und politischen Fortschritt, vom Haben und Noch-mehr-Haben schwärmten und dabei immer auch von sich selber sprachen, heute hoffnungslos veraltet sind. Wozu die Ausbeutung der Natur und des Menschen im sogenannten Sozialismus – es war ja keiner – geführt hat, haben wir gerade erlebt; wozu die Ausbeutung der Natur und des Menschen im Kapitalismus – es ist ja einer – führt, das werden wir noch erleben. Rilke 1924:

»»O das Neue, Freunde, ist nicht dies,
daß Maschinen uns die Hand verdrängen.
Laßt euch nicht beirrn von Übergängen,
bald wird schweigen, wer das »Neue« pries.

Denn das Ganze ist unendlich neuer,
als ein Kabel und ein hohes Haus.
Seht, die Sterne sind ein altes Feuer,
und die neuern Feuer löschen aus.

Glaubt nicht, daß die längsten Transmissionen
schon des Künftigen Räder drehn.
Denn Aeonen reden mit Aeonen.

Mehr, als wir erfuhren, ist geschehn.
Und die Zukunft faßt das Allerfernste
rein in eins mit unserm innern Ernste.«[163]

Dichter sind keine Religionsstifter, sie haben ihr Leben, das sie gestalten müssen, wie wir unseres, und ihre Aufgabe, die sie bewältigen müssen, wie wir unsere. Sie können nur anregen zu weiterer Arbeit an uns selbst: zu Aufmerksamkeit für das, was in uns und um uns sich bewegt, zu selbstloser Aufmerksamkeit und zu »erfülltem Sein«: *Nicht* Besitzen, *nicht* Haben-Wollen – das ist der Motor unserer zerstörerischen Industriegesellschaft – sondern Sein: hier und jetzt.

Nicht distanzierte Bewunderung, nicht Verehrung ist es, die Rilke uns abfordert, das wäre die alte, obsolet gewordene Haltung der Heiligenverehrung, bei der wir den Heiligen möglichst weit weg von uns halten, um von ihm etwas zu erbitten. Immer verlangen wir etwas wie Kinder von der Mutter. Und wenn wir freundlich sind, dann nur, um dafür belohnt zu werden. Eine kindische Haltung. Wir wollen nicht erwachsen werden. Immer Kinder Gottes bleiben. Doch wie betet Christus am Ölberg: Nicht mein, sondern *dein* Wille geschehe. Wir sollen also einmal die eigenen Wünsche zurücklassen, selbstlos sein, gerade dadurch könnten wir unser Selbst »verwirklichen«.

Nachwort

Ich habe hier gegen zwei, drei Spielregeln verstoßen, mit Absicht, um auf die Regeln aufmerksam zu machen. Die einzige Freiheit, die wir haben, meint Pierre Bourdieu, ist die, uns unserer Abhängigkeit bewußt zu werden; er meint die Abhängigkeit auf dem sozialen Feld, hinzufügen kann man: die Abhängigkeit auf dem Feld der Natur.

Ich komme aus dem Kleinbürgertum und habe es dank der Bildungsexpansion zu einer akademischen Position gebracht. Ich habe die Regeln erst lernen müssen, ich bin nicht mit ihnen aufgewachsen; so sind sie mir nie selbstverständlich geworden, sie sind mir immer fragwürdig – im ursprünglichen Sinne des Wortes – geblieben. Darin spüre ich eine Verwandtschaft zu Bourdieu, der aus der französischen Provinz nach Paris kam.

Ich habe die Frage meiner Großmutter nicht vergessen, wozu all das Reden nützlich sei. Ich glaube, daß man an fast jedem Platz Gutes und Schlechtes tun kann. Und daß es keinen Platz gibt, an dem man, wenn man ihn endlich erreicht hat, nur noch Gutes tut, wie manche Künstler und Wissenschaftler uns glauben machen wollen. Es gibt viele eitle und dumme Intellektuelle, so wie es viele eitle und dumme Politiker gibt. Wir brauchen Intellektuelle und Politiker, also müssen wir sie prüfen, um zu sehen, was sie taugen. Übrigens: auch ich bin ein Intellektueller!

Den Massen-Enthusiasmus habe ich an mir selbst erlebt: in den Zeiten der Studentenrebellion um 1968 in Berlin. Ich habe diesen Enthusiasmus als Entfremdung von mir selbst erlebt. Heute kann ich mir nicht mehr erklären, warum ich nach Reden von Rudi Dutschke in Begeisterung ausbrach. Lese ich die Reden, finde ich nur krudes, angelesenes Zeug. Ich hatte noch Glück: Rudi Dutschke war kein großer Denker, aber er war ein harmloser Kerl.

An dem moralischen Impuls der Studentenrebellion, ihrem besten Teil, meiner Meinung nach, halte ich fest. Dieser polemische Essay ist aus diesem moralischen Impuls geschrieben: die Heuchelei zu demaskieren, den ideologischen Schleier zu zerreißen, um den Blick auf die Realitäten wieder frei zu geben, und für die Opfer zu sprechen, die mundtot gemacht wurden.

Nach dem Ende der DDR ist mir die grundlegende Bedeutung unserer parlamentarischen Demokratie wieder vor Augen getreten. Sie ist zu kostbar, als daß wir sie den Berufspolitikern und den Verwaltungsbeamten überlassen sollten. Wir sollten mitreden, wir sind nicht viel dümmer als die meisten von ihnen. Wir sollten diese Demokratie weiter entwickeln.

Anmerkungen

[1] In: Literatur und Kritik, H. 247/48, 1990, S. 290
[2] a.a.O., S. 291
[3] M. Gregor-Dellin: H. B. Nach dem Leben gezeichnet. In: Horst Bienek. Aufsätze, Materialien, Bibliographie. Hrg. v. Tilman Urbach. München 1990, S.190
[4] M. Gregor-Dellin, a.a.O., S. 190
[5] Ch. Reinig: Erinnerungen an einen Häftling. In: Horst Bienek. Aufsätze, Materialien, Bibliographie, S. 200
[6] Ch. Reinig, a.a.O., S. 201
[7] Zitiert nach Thomas Schmid: Vom spezifischen Gewicht der Worte. Der Fall »Sofri«, die Intellektuellen und die Gewalt. In: Freibeuter, 46, 1990, S. 67–79
[8] Th. Schmid, a.a.O., S. 79
[9] St. Hermlin: Aufsätze, Reportagen, Reden. Hrg. v. Ulla Hahn. München 1980, S. 109/110 – Dieses Kapitel über Hermlin wurde in »Text und Kritik«, 108, 1990 vorabgedruckt.
[10] Hermlin, Aufsätze, a.a.O., S. 169
[11] St. Hermlin: Abendlicht. West-Berlin 1979, S. 33–4
[12] S. Schlenstedt: Stephan Hermlin. Sein Leben und Werk. Ost-Berlin 1985, S. 190–193
[13] Abendlicht, a.a.O., S. 42–3
[14] Abendlicht, S. 93–4
[15] Gerd Koenen: Die großen Gesänge. Lenin, Stalin, Mao, Castro. Sozialistischer Personenkult und seine Sänger von Gorki bis Brecht, von Aragon bis Neruda. Frankfurt a. M. 1987, S. 119
[16] St. Hermlin: Gesammelte Gedichte. Frankfurt a. M. 1982, S. 10
[17] Ges. Gedichte, S. 11
[18] Ges. Gedichte, S. 15
[19] Ges. Gedichte, S. 28
[20] Ges. Gedichte, S. 42
[21] St. Hermlin: Mansfelder Oratorium. Leipzig 1951
[22] St. Hermlin: Erzählungen. Ost-Berlin 1977, S. 71
[23] Erzählungen, S. 215 ff.
[24] S. Schlenstedt, a.a.O., S. 179
[25] Erzählungen, S. 223
[26] Aufsätze, S. 133
[27] Aufsätze, S. 135
[28] Abendlicht, S. 21
[29] Aufsätze, S. 219 ff.

[30] Hans Magnus Enzensberger: Einzelheiten. Frankfurt a. M. 1962, S. 323 ff.
[31] Einzelheiten, S. 326
[32] Einzelheiten, S. 333
[33] Einzelheiten, S. 348
[34] Einzelheiten, S. 345
[35] Einzelheiten, S. 353
[36] H. M. Enzensberger: Berliner Gemeinplätze. In: Kursbuch 12, 1968, S. 164
[37] Berliner Gemeinplätze, a.a.O., S. 164–5
[38] H. M. Enzensberger: Das Verhör von Habana, Frankfurt a. M. 1972, S. 23
[39] Das Verhör von Habana, S. 18
[40] H. M. Enzensberger: Der Untergang der Titanic. Frankfurt a. M. 1978, S. 20 und S. 26
[41] H. M. Enzensberger: Hitlers Wiedergänger. In: Der Spiegel, 6, 1991, S. 26 ff.
[42] Einzelheiten, S. 212
[43] J. W. Goethe: Gedichte, 2 Bde. Hrg. v. E. Trunz, Frankfurt a. M. 1964, Bd. 1, S. 106–7
[44] J. R. Becher: Danksagung. In: Text und Kritik, 108, 1990, S. 95
[45] Text und Kritik, 108, 1990, S. 14
[46] Text und Kritik, 108, 1990, S. 59
[47] Werner Reichelt: Das braune Evangelium. Hitler und die NS-Liturgie. Wuppertal 1990, S. 71
[48] W. Reichelt, a.a.O., S. 57
[49] G. Benn: Der neue Staat und die Intellektuellen. Stuttgart 1933
[50] Der neue Staat . . ., S. 12
[51] Der neue Staat . . ., S. 16
[52] Der neue Staat . . ., S. 169
[53] Der neue Staat . . ., S. 35–6
[54] H. G. Reuth: Mord am Bülowplatz. In: Frankfurter Allgemeine Zeitung, 23. 3. 91, Wochenendbeilage
[55] G. Benn: Der neue Staat . . ., S. 172
[56] G. Benn: Doppelleben (1950). In: Prosa und Autobiographie. Frankfurt a. M. 1984, S. 433–4
[57] G. Benn: Gedichte. Frankfurt a. M. 1982, S. 25
[58] Gedichte, S. 245
[59] Prosa und Autobiographie, S. 350–1
[60] Gedichte, S. 424
[61] Th. Cramer: Solus creator est deus. Der Autor auf dem Weg zum Schöpfertum. In: Daphnis. Zeitschrift für Mittlere Deutsche Literatur. Bd. 15, H. 2-3, 1986, S. 262–276
[62] Jochen Schmidt: Die Geschichte des Genie-Gedankens in der deutschen Literatur, Philosophie und Politik 1750–1945. Bd. 1, Darmstadt 1985, S. 26
[63] J. Schmidt, a.a.O., S. 1
[64] J. Schmidt, a.a.O., S. 38
[65] Gerhard Kaiser: Klopstock. Religion und Dichtung. Gütersloh 1963, S. 329
[66] G. Kaiser, S. 328
[67] G. Kaiser, S. 329
[68] G. Kaiser, S. 345
[69] G. Kaiser, S. 346

[70] Wilhelm Heinrich Wackenroder/Ludwig Tieck: Herzensergießungen eines kunstliebenden Klosterbruders. Stuttgart 1955 (Reclam 7860)
[71] Wackenroder/Tieck, S. 124
[72] Wackenroder/Tieck, S. 122/3
[73] Wackenroder/Tieck, S. 133–4
[74] Hans Dieter Zimmermann: Der babylonische Dolmetscher. Zu Franz Kafka und Robert Walser. Frankfurt a. M. 1985, Kap. 9
[75] S. Kierkegaard: Über den Unterschied zwischen einem Genie und einem Apostel. 1847
[76] Gerd Stein (Hrg.): Dandy – Snob – Flaneur. Frankfurt a. M. 1985
[77] G. Stein, a.a.O., S. 10
[78] G. Stein, S. 43–44
[79] H. Kreuzer: Die Bohéme. Beiträge zu ihrer Beschreibung. Stuttgart 1968
[80] H. Kreuzer, S. 47
[81] H. Kreuzer, S. 52
[82] H. Kreuzer, S. 56
[83] H. Kreuzer, S. 153
[84] H. Kreuzer, S. 185
[85] H. Kreuzer, S. 187
[86] H. Kreuzer, S. 289
[87] H. Kreuzer, S. 354
[88] H. Kreuzer, S. 355
[89] Zitiert nach Richard Faber: Von ästhetischer Mystik zurück zu politischer Mythik. In: Faszination des Mythos. Hrg. von R. Schlesier. Frankfurt a. M. 1985, S. 326–7
[90] R. Faber, a.a.O., S. 324–5
[91] A. Bronnen: Tage mit Brecht. Geschichte einer unvollendeten Freundschaft. Frankfurt a. M. 1990, S. 21–1
[92] A. Bronnen, S. 24
[93] Bert Brecht: Baal. In: Stücke, Bd. 1. Frankfurt a. M. 1964, S. 84–5
[94] B. Brecht: Bei Durchsicht meiner ersten Stücke. In: Stücke, Bd. 1, a.a.O., S. 8
[95] Siehe den Anhang zu B. Brecht: Der Jasager und der Neinsager. Vorlagen, Fassungen, Materialien. Hrg. v. P. Szondi. Frankfurt a. M. 1966
[96] Der Jasager und der Neinsager, a.a.O., S. 26–7
[97] Der Jasager und der Neinsager, S. 48–50
[98] B. Brecht: Die Maßnahme. Kritische Ausgabe mit einer Spielanleitung von P. Steinweg. Frankfurt a. M. 1972, S. 131–4
[99] Auf dem Brecht-Colloquium der Stadt Frankfurt a. M. 1978 vertrat ich diese Position bereits in meinem Referat »Die Last der Lehre. Fünf Thesen zu den späten Stücken Bert Brechts«. (In: Frankfurter Rundschau, 11. 10. 1978, und in »Brecht Yearbook« 1983.) Jan Knopf antwortete darauf mit einer Polemik »Die Lust der Unwissenheit«, in »Brecht-Jahrbuch« 1980.
[100] W. Mittenzwei: Brecht. Von der »Maßnahme« zu »Leben des Galilei«. Berlin 1965, S. 54
[101] W. Mittenzwei, S. 57–8. Wie realistisch Brechts Vorwegnahme des stalinistischen Terrors ist, zeigt die Publikation »Die Säuberung. Moskau 1936. Stenogramm einer geschlossenen Parteiversammlung« (Hrg. v. R. Müller, Reinbek

1991). Es sind die Protokolle der Bezichtigungen und Selbstbezichtigungen kommunistischer Schriftsteller in Moskau: Willi Bredl, Johannes R. Becker, Friedrich Wolf u.a.; es sind Schriftsteller, die später das kulturelle Leben in der DDR bestimmten. Was Frank Warschauer an Brechts »Jasager« auffiel – »die offene Apotheose der Treulosigkeit, der menschlichen Gemeinheiten« – das wird in den Protokollen dokumentiert: die Erniedrigung und Selbsterniedrigung der Intellektuellen ist schon beispiellos, aber erschreckend ist der Verrat der besten Freunde. »Verrat« ist zuwenig gesagt: sie werden ans Messer geliefert. Diese Treulosigkeit und Gemeinheit ist dann mit den »Inoffiziellen Mitarbeitern« des Staatssicherheitsdienstes der DDR konstitutiver Bestandteil dieses Staates geworden.

[102] Bertolt Brecht. Epoche-Werk-Wirkung. Von Jörg-Wilhelm Joost, Klaus-Detlef Müller und Michael Voges. Hrg. v. K.-D. Müller, München 1985, S. 154–55
[103] B. Brecht. Epoche-Werk-Wirkung, S. 155
[104] Hans Sahl: Das Exil im Exil. Memoiren eines Moralisten II, Frankfurt a. M. 1990, S. 147
[105] Heiner Müller: Zur Lage der Nation. Interviews mit F. Raddatz. Berlin 1990, S. 96
[106] H. Müller: Germania, Tod in Berlin. Berlin 1977, S. 13
[107] H. Müller: Mauser. Berlin 1988. S. 58–9
[108] H. Müller: Mauser, S. 68
[109] In: Text und Kritik, 108, 1990, S. 63. Dort schreibt R. Herzinger auch weitere schöne Sätze, die seinem Gegenstand angemessen sind, z.B. »Der unproduktive Terror gefährdet die revolutionäre Dynamik, da er die Symbiose von Henker und Opfer in der Lebensproduktion zerstört.« (S. 63). Es gibt auch produktiven Terror? Und wer ist Henker, wer Opfer, wenn beide in schöner Symbiose zusammenleben? Und inwiefern führt diese schöne Symbiose von Henker und Opfer zur »Lebensproduktion«? Führt sie nicht zur »Todesproduktion«? Welchen produktiven Terror kennt Herzinger, der nicht den Tod, sondern das Leben bringt? Zuviele Fragen an einen schönen Satz, der nicht befragt werden will, sondern schön klingen. Herzinger hat inzwischen sicher mit solch schönen Sätzen promoviert.
[110] Germania, Tod in Berlin, S. 33
[111] Germania, Tod in Berlin, S. 25
[112] H. Müller: Zur Lage der Nation, S. 88
[113] Germania, Tod in Berlin, S. 61–3
[114] H. Weber: Geschichte der DDR. München 1989, S. 237
[115] Weber, S. 239–240. Der dort erwähnte Heinz Brandt, der 12 Jahre in Nazi-Zuchthäusern und KZs saß, floh 1958 aus der DDR nach Westen. Von den Stasi-Fängern des Dreckschweins Markus Wolf wurde er 1961 in West-Berlin gekidnappt und nach Ost-Berlin entführt, wo man ihn zu 13 Jahren Zuchthaus verurteilte. Erst auf Druck der westlichen Öffentlichkeit wurde er 1964 nach Westen entlassen. Heinz Brandt starb 1986. Markus Wolf läuft heute frei im Westen herum.
[116] Zitiert nach Genia Schulz: Heiner Müller. Stuttgart 1980, S. 139.
[117] V. Havel: Fernverhör. Ein Gespräch mit K. Hriždala. Reinbek 1987, S. 218–9
[118] J. Habermas: Heinrich Heine und die Rolle des Intellektuellen in Deutschland. In: Merkur, 6, 1986, S. 454

[119] P. Bourdieu: Satz und Gegensatz. Über die Verantwortung der Intellektuellen. Berlin 1989. – Das Bändchen enthält einige Interviews, in denen Bourdieu die Ergebnisse seiner Forschungen zusammenfaßt.

[120] J. Habermas, a.a.O., S. 454

[121] J. Habermas, S. 458

[122] J. Habermas, S. 460

[123] P. Bourdieu: Satz und Gegensatz, S. 22

[124] Ein Ausschnitt des Gesprächs, das seinerzeit der Hessische Rundfunk aufzeichnete und sendete, erschien in: Neue Rundschau, 2, 1985.

[125] Das Kapitel über Peter Huchel wurde vorabgedruckt in: Die Zeit, 2, 3. Januar 1991. – Alle Zitate zu Huchels Situation in der DDR sind dem 2. Band der Werke entnommen, die Axel Vieregg herausgegeben hat: Frankfurt a. M. 1984.

[126] P. Huchel: Werke, I, S. 155

[127] P. Huchel: Werke, I, S. 225

[128] P. Bourdieu: Die feinen Unterschiede. Interview mit H. D. Zimmermann. In: L'80, 28, 1983, S. 137. Dieses Interview ist in erweiterter Fassung auch in »Satz und Gegensatz« enthalten. Titel dort: »Mit den Waffen der Kritik«.

[129] Beide Zitate aus der »Frankfurter Allgemeinen Zeitung« vom 17. 8. 91

[130] Ch. Hein: Die Ritter der Tafelrunde. Frankfurt a. M. 1989

[131] H. Ball: Kritik der deutschen Intelligenz. Frankfurt a. M. 1980, S. 204–5. Was Bakunin vorausgesehen, trat ein. Der Politologe Ossip K. Flechtheim 1957: »Da der heutige bolschewisierte Kommunismus ein aggressiv-totalitäres Zwangssystem darstellt, das durch die Politisierung aller Lebensbereiche jegliche persönliche Freiheit vernichtet, kann er das Attribut »sozialistisch« nicht mehr in Anspruch nehmen. Ähnlich wie das totalitäre System des Nationalsozialismus, dessen angebliche Volksgemeinschaft eine neuartige Kastengesellschaft verhüllte, hat er die Bezeichnung »sozialistisch« propagandistisch mißbraucht.« (Stichwort »Sozialismus« in Fischer-Lexikon »Staat und Politik«, Frankfurt a.M. 1957 ff., S. 277).

[132] R. Dahrendorf: Pfade aus Utopia. In: Gesellschaft und Freiheit. Zur soziologischen Analyse der Gegenwart. München 1962, S. 49–132

[133] N. Bolz: Auszug aus der entzauberten Welt. Philosophischer Extremismus zwischen den Weltkriegen. München 1989, S. 36

[134] N. Bolz, S. 38

[135] In: Bloch-Almanach, 9, 1989. Ernst-Bloch-Archiv Ludwigshafen. Alle Zitate von Jan Robert Bloch aus diesem Aufsatz, der in »Sinn und Form«, 5/6, 1991 nachgedruckt wurde.

[136] J. R. Bloch, a.a.O. S.84–85

[137] Siehe zu Lion Feuchtwanger die vorzügliche Arbeit von Karl Kröhnke: Lion Feuchtwanger – Der Ästhet in der Sowjetunion. Stuttgart 1991. In diesem Zusammenhang siehe auch die bedeutende Arbeit von Michael Rohrwasser, die auch zu Bloch und Brecht wichtige Einsichten bringt: Der Stalinismus und die Renegaten. Die Literatur der Exkommunisten. Stuttgart 1991.

[138] J. R. Bloch, a.a.O., S. 85

[139] H. Sahl: Das Exil im Exil, a.a.O., S. 67

[140] J. R. Bloch, a.a.O., S. 93

[141] H. Ott: Martin Heidegger und der Nationalsozialismus. In: A. Gethmann-Siefert/O. Pöggeler (Hrg.): Heidegger und die praktische Philosophie. Frank-

furt a.M. 1988, S. 64 ff. Dort auch bibliographische Angaben zu den anderen Arbeiten von Ott über Heidegger.

[142] Thomas Rentsch: Martin Heidegger. Das Sein und der Tod. München 1989, S. 168

[143] Th. Rentsch, a.a.O., S. 169

[144] O. Pöggeler: Heideggers politisches Selbstverständnis. In: Heidegger und die praktische Philosophie, a.a.O., S. 17

[145] Th. Rentsch, a.a.O., S. 172–3

[146] W. Kaufmann: Nietzsche. Philosoph – Psychologe – Antichrist. Darmstadt 1982, S. 113

[147] W. Kaufmann, S. 127

[148] W. Kaufmann, S. 429

[149] W. Kaufmann, S. 332

[150] W. Kaufmann, S. 366–370

[151] Siehe Karl Löwith: Nietzsche nach sechzig Jahren. In: K. Löwith: Sämtliche Schriften, Bd. 6, Stuttgart 1987, S. 450

[152] K. Löwith, a.a.O., S. 451–2

[153] A. N. Whitehead: Wissenschaft und moderne Welt. Frankfurt a.M. 1984, S. 227

[154] G. Büchner: Dantons Tod. In: Werke und Briefe. München 1977, S. 7

[155] Th. Schmid: Last Exit Popper? In: Kursbuch 104, 1991, S. 1

[156] Goethe, Gedichte, a.a.O., Bd. 1, S. 45

[157] Goethe, Gedichte, a.a.O., Bd. 1, S. 46

[158] R. M. Rilke; Die Gedichte. Frankfurt a. M. 1990, S. 264

[159] Rilke, Die Gedichte, S. 265

[160] Rilke, Die Gedichte, S. 283

[161] R. M. Rilke: Sämtliche Werke, Frankfurt a. M. 1966, Bd. VI, S. 1114–5

[162] Rilke, Die Gedichte, S. 950

[163] Rilke, Die Gedichte, S. 921

Namensregister

A

Abusch, Alexander 120
Adorno, Theodor W. 29, 30, 119
Aichinger, Ilse 112
Andersch, Alfred 107, 108, 109, 110, 112, 114
Aquin, Thomas von 53
Argan, Carlo 15, 16

B

Bachmann, Ingeborg 109, 112, 113, 114
Bahr, Egon 115
Bakunin, Michael 133
Ball, Hugo 133, 144
Bangert, Otto 42
Barlach, Ernst 119
Baudelaire, Charles 20, 59
Becher, Johannes R. 29, 36, 37, 51, 78, 121, 137, 138
Benjamin, Walter 119, 136
Benn, Gottfried 9, 11, 29, 43, 44, 45, 46, 47, 48, 49, 50, 51, 59, 88, 145
Benz, Richard 57
Bernhard, Thomas 12, 13
Bichsel, Peter 11, 52, 112
Bieber, Hugo 138
Bienek, Horst 13, 14
Biermann, Wolf 80, 127
Bismarck, Otto von 145, 146
Blacher, Boris 121, 122
Bloch, Ernst 9, 11, 29, 30, 32, 99, 119, 123, 124, 135, 136, 137, 138, 139, 140, 141, 143, 144, 145
Bloch, Jan Robert 10, 11, 136, 139, 140
Boccaccio, Giovanni 53
Bohrer, Karl-Heinz 9, 66, 67, 68
Böll, Heinrich 102, 112, 122
Bolz, Norbert 136
Bompressi, Ovidio 15, 16
Bonaparte, Napoleon 38, 39, 40, 48, 148
Born, Nicolas 112
Börne, Ludwig 97, 101
Bourdieu, Pierre 10, 11, 97, 103, 126, 166
Brandt, Heinz 95
Brandt, Willy 103, 115
Braun, Otto 46
Brecht, Bert 9, 11, 13, 14, 23, 28, 69, 70, 71, 72, 73, 78, 79, 81, 89, 119, 120, 121, 124, 137, 138, 145
Bredel, Willi 120, 140
Breton, André 64
Bronnen, Arnolt 64, 69, 70
Brüsewitz, Oskar 129
Brust, Alfred 70
Buch, Hans-Christoph 112
Büchner, Georg 58, 80, 146, 150, 152, 153, 154, 155
Büchner, Ludwig 154
Bultmann, Rudolf 143
Burckhardt, Jacob 45

C

Calabresi, Luigi 15
Campanella 30
Cäsar, Julius 148
Cassirer, Ernst 143
Castro, Fidel 30, 32
Celan, Paul 112, 114
Chruschtschow, Nikita Sergejewitsch 140
Cramer, Thomas 53
Curtius, Ernst Robert 99

D

Dahrendorf, Ralf 134, 135
Danton, George 153
Derleth, Ludwig 64
Döblin, Alfred 97, 101, 124, 138

Dostojewskij, Fjodor M.   117
Dreyfus, Alfred   97, 98
Dutschke, Rudi   32, 166

E
Eco, Umberto   15
Eich, Günter   112
Engels, Friedrich   23, 37, 38
Enzensberger, Hans Magnus   9, 10, 11, 27, 28, 29, 30, 31, 32, 34, 35, 59, 112, 113, 115
Eörsi, Istvan   40
Epikur   153

F
Fanta, Theodor   138
Felsenstein, Walter   120
Feuchtwanger, Lion   137
Fichte, Johann G.   45
Fink, Heinrich   129
Fischer, Ernst   119
Flaubert, Gustave   20, 103, 117
France, Anatole   97
Frank, Bruno   138
Frank, Leonhard   138
Freud, Sigmund   60
Fromm, Erich   162

G
Gandhi, Mahatma   94
Gehlen, Arnold   99
George, Stefan   59, 64, 69, 70
Gide, André   136
Ginzburg, Natalia   15, 16
Goebbels, Joseph   92
Goethe, Johann Wolfgang   29, 36, 39, 40, 48, 53, 157, 158, 160, 164
Gorbatschow, Michail   99
Gorki, Maxim   100
Gottsched, Johann Chr.   54, 57
Grass, Günter   11, 31, 102, 110, 112, 113, 115, 118
Gregor-Dellin, Martin   13
Grimm, Reinhold   83
Guggenheimer, Walter Maria   109
Günther, Siegfried   76

H
Haas, Willy   120
Habermas, Jürgen   98, 100, 101
Hacks, Peter   35

Hager, Kurt   20, 119, 124
Hahn, Ulla   17, 25
Hartung, Rudolf   121
Hausmann, Raoul   63
Havel, Vaclav   96, 98, 99, 127, 129, 135
Havemann, Robert   80, 127
Heidegger, Martin   9, 11, 29, 43, 47, 90, 139, 140, 141, 142, 143, 144, 145
Heiden, Konrad   138
Heilbut, Iwan   138
Hein, Christoph   132, 135
Heine, Heinrich   28, 29, 80, 97, 101, 102, 146
Hemingway, Ernest   116, 117
Hermlin, Stephan   9, 10, 11, 17, 18, 19, 20, 21, 22, 23, 24, 25, 26, 27, 28, 29, 35, 41, 78
Hesse, Hermann   99
Heuss, Theodor   99
Heym, Stefan   126, 140
Hiller, Kurt   64, 99
Hitler, Adolf   9, 10, 29, 35, 41, 43, 79, 85, 90, 92, 109, 137, 150
Hoffmann, E. T. A.   60, 61, 62, 150
Hoffmannsthal, Hugo von   100
Hölderlin, Friedrich   22, 52, 57, 157
Höllerer, Walter   11
Holthusen, Hans Egon   114
Honecker, Erich   90, 132
Horkheimer, Max   119
Huchel, Peter   18, 80, 105, 119, 120, 121, 122, 123, 124, 127
Hülsenbeck, Richard   63
Hus, Jan   144
Hussein, Saddam   35

I
Ihering, Herbert   120
Iser, Wolfgang   154

J
Jahnn, Hans Henny   119
Janka, Walter   18
Jaspers, Carl   99, 143
Jens, Walter   112
Joachim, Hans A.   138
Johnson, Uwe   80
Johst, Hanns   41, 100
Jung, Franz   64
Jünger, Ernst   9, 11, 66, 67, 68, 88, 100, 143, 144, 145
Just, Antoine de Saint   153

K

Kafka, Franz   19, 52, 58, 157
Kaiser, Georg   70
Kaiser, Gerhard   55, 56
Kaiser, Jakob   133
Kaiser, Joachim   112
Kaufmann, Walter   147, 148
Kesten, Hermann   111, 138
Kierkegaard, Sören   58
Kisch, Egon E.   137
Kleist, Heinrich von   29, 58
Klopstock, Friedrich G.   54, 55, 56
Knopf, Jan   9
Kolbenhoff, Walter   109
Konrad, Görgy   98
Kraus, Karl   19, 146
Krauss, Werner   121
Krenz, Egon   127
Kreuzer, Helmut   62
Kuby, Erich   107
Kundera, Milan   96
Kurella, Alfred   123, 124, 137

L

Landauer, Gustav   63, 80
Lang, Rud.   138
Lemmer, Ernst   133
Lenau, Nikolaus   57
Lenin, Wladimir Iljitsch   30, 80, 94, 155
Lenz, Jacob M. R.   57
Leonard, Ernst   138
Loest, Erich   18
Löwith, Karl   145, 150
Lukács, Georg   28, 100, 119
Luther, Martin   144
Luxemburg, Rosa   94

M

Mandel'štam, Ossip   17
Mann, Heinrich   97
Mann, Klaus   45, 136, 138
Mann, Thomas   31, 60, 101, 111, 124
Marcu, Valeriu   138
Marcuse, Herbert   31, 119
Marino, Leonardo   15, 16
Marx, Karl   17, 23, 37, 38, 80, 87, 88, 101, 133, 155
Mayer, Hans   11, 112, 117, 119, 121, 123
Mehring, Walter   138
Meinhof, Ulrike   32
Meyer, Martin   9

Michnik, Adam   98
Mielke, Erich   46, 132
Mitscherlich, Alexander   102
Mittenzwei, Werner   81, 82
Mühsam, Erich   63
Müller, Heiner   11, 84, 86, 87, 88, 89, 90, 91, 92, 93, 94, 96, 126
Müller, Klaus-Detlef   9, 81, 82, 83, 84
Müntzer, Thomas   144
Musil, Robert   19, 144, 154

N

Neher, Carola   14
Neruda, Pablo   27, 29, 31
Neumann, Robert   111
Nietzsche, Friedrich   44, 45, 67, 71, 144, 145, 146, 147, 148, 149, 150, 151
Noth, Ernst Erich   138
Novalis   157

O

Ossietzky, Carl von   80, 99
Ott, Hugo   141
Otten, Karl   138

P

Paeschke, Hans   50
Palach, Jan   128, 129
Panizza, Oskar   63
Paul, Jean   146, 150
Pieck, Wilhelm   92
Pietrostefani, Giorgio   15, 16
Pilnjak, Boris   100
Pinelli, Giuseppe   15
Piper, Klaus   114
Platon   30
Plotin   164
Pöggeler, Otto   143
Pol, Heinz   138
Ponge, Francis   30
Ponto, Jürgen   32
Porzio, Domenico   15, 16
Proudhon, Pierre Joseph   133

R

Reich-Ranicki, Marcel   112
Reinhardt, Max   70
Reinig, Christa   14
Rentsch, Thomas   142
Richter, Hans Werner   11, 102, 105

Rilke, Rainer Maria 157, 160, 161, 162, 163, 164, 165
Ringer, Fritz K. 99
Robespierre, Maximilien de 150, 152, 153
Roth, Joseph 138
Rousseau, Jean-Jacques 150

S

Sade, Donatien A. Fr. Marquis de 71, 135
Sahl, Hans 84, 85, 137, 138
Salin, Edgar 64, 69
Samperi, Salvatore 15, 16
Sartre, Jean-Paul 103
Schädlich, Hans-Joachim 80
Schelsky, Helmut 99
Schickele, René 99
Schiller, Friedrich 56
Schlenstedt, Silvia 20, 25
Schmid, Thomas 16, 154
Schmidt, Helmut 115
Schmidt, Jochen 54
Schmitt, Carl 88
Schnabel, Ernst 114, 115
Schneyder, Werner 12, 13
Schnurre, Wolfdietrich 109, 112
Schröder, Richard 129, 130
Schulze-Boysen, Harro 65
Schwarzschild, Leopold 138
Seghers, Anna 121, 138
Shakespeare, William 58
Shaw, George B. 70
Sieburg, Friedrich 102, 114
Sofri, Adriano 15, 16
Sophokles 88
Stalin, Josef 9, 10, 20, 22, 29, 37, 38, 40, 41, 51, 80, 85, 90, 106, 136, 137, 155
Stark, Michael 99
Steinweg, Reiner 81
Stendhal 117
Strasser, Otto 64
Strauss, Franz-Joseph 115

T

Thälmann, Ernst 37
Theophrast 123
Tieck, Ludwig 56
Toller, Ernst 84
Tretjakov, Sergej 14
Trotzki, Leo 106, 155
Tucholsky, Kurt 101
Tumler, Franz 48, 121

U

Uhse, Bodo 120
Ulbricht, Walter 46, 90, 120, 132

V

Vieregg, Axel 123
Vinci, Leonardo da 53
Volquardt, G. 55
Voltaire 97

W

Wackenroder, Wilhelm Heinrich 56, 57
Wallraff, Günter 31
Walser, Martin 9, 102
Walser, Robert 52, 58, 157
Walter, Hilde 138
Weber, Hermann 94, 133
Weber, Max 23, 99, 142
Weidig, Ludwig 152
Weiskopf, F. C. 120
Weyhrauch, Wolfgang 111
Whitehead, Alfred North 151
Wilde, Oscar 59
Wittgenstein, Ludwig 144, 145
Wolf, Christa 90, 126
Wolf, Konrad 122
Wolf, Markus 127, 132

Z

Zehrer, Hans 100
Zoff, Marianne 70
Zola, Emile 97, 102, 103
Zuckmayer, Carl 70
Zwehl, Hans W. von 138
Zweig, Arnold 121